曹操墓の真相

河南省文物考古研究所◉編著
渡邉義浩◉監訳・解説

国書刊行会

はしがき

歴史には多くの偶然の一致が隠されているようである。王朝と都城の関係もその一つである。西安や北京に都を置くと、その王朝はほぼみな国力強大となり、長期にわたって安定する。南京に都を置くと、政権は転覆し、短命に終わってしまう。

しかるに、この安陽を都とした国家には、別の命運が待っているようである。すなわち、これらの国家はいずれもやむことのない戦乱に陥っている。

安陽《あんよう》は、前十四世紀の殷《いん》王朝に始まり、曹魏《そうぎ》・後趙《こうちょう》・冉魏《ぜんぎ》・東魏《とうぎ》・北斉《ほくせい》と歴史上六度、都となった。

一九五二年十一月、毛沢東が突然、安陽にやってきた。

彼は殷の帝王たちを訪問するためにこの地へ来たのだろうか。それとも、この千古の宿命を研究するためだろうか。我々には、偉人の当時の心情を推察するすべはない。

ただし、これは特別な旅行であった。

安陽の小屯《しょうとん》村は、かつて殷代の王族の宮殿と宗廟《そうびょう》が置かれ、殷王朝の甲骨が出土した地である。

このとき毛沢東は、小屯村の農地の用水路の側に腰掛けた。二四年後、その場所から、保存状態が完全な殷代の女性貴族墓が出土した。この墓の被葬者は婦好《ふこう》という名で、殷王武丁《ぶてい》の妻であった。彼女は生まれつき美しく、聡明で才能があり、国王の深い寵愛《ちょうあい》を受けた女性である。そして婦好墓が掘り出されたこの年、毛沢東は世を去った。

毛沢東のこの安陽行には、もう一つの偶然の一致があった。しかし当時、そのことに気づく者はいなかった。

この日、毛沢東は安陽で、不意に漳河《しょうが》と曹操《そうそう》について話しはじめた。

漳河は、曹操が水軍を訓練した地だ。曹操もまた素晴らしい人物だった。彼はこの地で勢力を拡大し、またこの一帯で屯田制を実施して民の衣食を足らしめ、力を蓄え、北方を統一し、のちに晉《しん》が全国を統一する基礎を築いたのだ。

数十年の後、偶然の一致が再び浮かび上がってきた。漳河と曹操が、全国の注目の的となったのである。

二〇〇九年十二月二十七日、河南省文物局は公式の記者会見を開き、発表を行なった。

漳河の南岸、安陽市西高穴村《せいこうけつ》で、曹操墓が発見された、と。

目次

第一章　西高穴大墓の発掘調査

「魯潜墓誌」が暴露した秘密

西高穴《せいこうけつ》村は、豫北《よほく》（河南省の黄河以北）の目立たない小村である。

ごく普通の規模、特別な建造物もないこの村は、人口二〇〇〇人足らず、一一〇軒の瓦葺《かわらぶ》きの家々は、やや乱雑ながら一ヵ所に集まっている。村内の小道は、狭くぬかるんでいる。このような村の情景は、豫北地区のどこにでも見られるものである。

西高穴の三字には、ある秘密が隠されているようである。「西」は、当然方位を示すのだろうが、「高穴」とは何を意味しているのだろうか。いまだ合理的に解釈しえた者はなく、一つの謎が残る。

西高穴村は、河南省安陽市市街区の西北一六㎞に位置し、行政上は安陽県安豊《あんほう》郷に所属している。この村は、西は太行《たいこう》山脈に依り、北は漳《しょう》河《が》に臨み、現地の人びとはしばしば「依水臨峰（水に依り峰に臨む）」という表現で周囲の環境を描写する。この言葉には、誇り高い思いが満ちあふれている。

西高穴村がいつ誕生したのか、歴史書には記されていない。

彼らの栄光の過去は、散在する隣村や村々の間に延々と続く田畑の中から明らかとなる。村民たちにとって、耕地で秦漢代の磚瓦《せんが》や古銭、貝の欠片などを拾うことが、昔からの習慣となっていたのである。

一九七〇年代、西高穴村に焼成レンガの製作所が建てられた。しかしレンガの質が悪く、結局売れなかった。レンガの土の中に瓦や磁器の破片が大量に混じってしまったためと言われている。

西高穴

西は太行山脈に依り、北は漳河に臨む。漳河を挟み、曹操が兵を訓練した「講武城」や曹魏の鄴城遺址および有名な北朝墓群と隣接する。これらと曹操墓との位置に関する一連の証拠や、当地で発見された魯潜墓誌は、この村の重要な歴史を暗示している。

西高穴村の隣の漁洋《ぎょよう》村には、龍振山《りゅうしんざん》という人物がいる。骨董収集を趣味とする彼は、人びとから「土博士」と呼ばれている。

龍振山のコレクションは、漁洋村付近の農地からの遺物にも着目している点に特徴がある。彼は長年にわたり、銅器や磁器、卜骨《ぼくこつ》を収集するかたわら、歴代の陶器片を大量に拾って持ち帰ってきた。そのコレクションはすでに三〇〇〇件あまりに達するという。彼は自宅の敷地に展示室を建て、来客に無料で鑑賞させている。以前、考古学者が龍振山を訪ねた際、彼のコレクションには驚くべきことに先史時代から明清時代に至る文物が含まれていることが判明した。このことは、漁洋村が「少なくとも六〇〇〇年にわたり間断のない」古村であることを教えてくれる。(1)

龍振山のコレクション中には、一点の銅製の門釘《もんてい》がある。外観は簡潔で落ち着きがあり、紫禁城《しきん》（北京の故宮）の大紅朱門《だいこうしゅもん》のそれを想起させる。この門釘を目にした考古学者たちはみな、規格の高い建築物の遺物であり、後漢か遅くとも魏晋期のものであると断定する。

この漁洋村と隣接する西高穴村一帯にもまた、分厚い歴史的背景があると想定できよう。西高穴村の北には以前、槐蔭寺《えんいんじ》という名の古刹《こさつ》があった。この寺院は、後漢代にはすでに存在していたと伝えられる。また村の南方にもいくつかの無名塚があり、現地の人びとによると、これらは千年以上の年月を経ているという。

かつて北宋の名宰相・韓琦《かんき》は、ここで「西山の遺冢　累累と在り、衰草の寒煙　幾度の秋」という詩句を詠んだ。

西高穴村から北に漳河を越えた先には、往時に曹操が兵を訓練したという「講武城《こうぶじょう》」がある。さらに北に向かうと、有名な北朝期の墓群がある。また西高穴村から東に三〇㎞の地には、曹魏から北斉時期にかけての鄴《ぎょう》城遺址がある。この鄴城と西高穴村の間には、文献中で「車馬大道」と呼ばれる南北方向の大道の古路がある。(2) 二〇〇一年、中国社会科学院の考古隊がこの大道の基礎部分を発見し、現在の国道一〇七号線と基本的に平行であることが確認された。「車馬大道」の両側にも、数多くの古跡がある。

このように古跡に囲まれた西高穴村であるが、自身の歴史的ルーツはどこにあるのだろうか。ある偶然の事件が、西高穴村の秘密を暴露することとなった。

一九九八年四月、西高穴村民の徐玉超《じょぎょくちょう》が村の西北で焼成レンガのための土取りをしていたところ、ほぼ四角形の青石を発見した。石の表面には文字が刻まれていた。

このことを耳にした漁洋村の土博士こと龍振山は、すぐに徐玉超を訪ねた。青石を目にした龍振山は大いに驚いた。これは「墓誌《ぼし》」ではないか、と。

墓誌とは、古人が死去した際に副葬された特殊な文物である。墓誌には死者の生涯が記録されるため、考古学者たちが死者の身分を探究する際のもっとも重要な物証となる。

龍振山はまず拓本を一枚作成し、墓誌を文物部門に提出するよう提案した。徐玉超はこの勧めを受け、二人はすぐに墓誌を携えて安陽市に向かい、文物に関する業務を担当する安陽市文化局の党項魁《とうこうかい》局長と市文物工作隊の孟憲武《もうけんぶ》隊長を訪問した。

党項魁と孟憲武は、心を込めて龍振山らを歓待した。

この墓誌は幅三一・五cm、高さ二〇・七cm、厚さ四・五cmで、一四行一二六字が刻まれている。全文は以下の通りである。

趙建武十一年、大歳在乙巳、十一月丁卯朔、故大僕卿駙馬都尉勃海趙安県魯潜、年七十五、字世甫、以其年九月廿一日戊子卒、七日癸酉葬。墓在高決橋陌西行一千四百廿歩、南下去陌一百七十歩。故魏武帝陵西北角西行四十三歩、北廻至墓明堂二百五十歩、陟上党解建、字子泰所安。墓入四丈、神道向南。

趙の建武十一年、大歳（木星のこと）は乙巳に在り、十一月丁卯朔、故の大僕卿・駙馬都尉《ふばとい》の勃海《ぼっかい》趙安県《ちょうあん》の魯潜《ろせん》、年七十五、字は世甫、其の年の九月廿一日戊子を以て卒し、七日癸酉に葬らる。墓は高決橋陌より西に行くこと一千四百廿歩、南に下りて陌より去ること一百七十歩に在り。故の魏の武帝陵の西北角より西に行くこと四十三歩、北に廻りて墓の明堂に至るまで二百五十歩、陟上党の解建、字は子泰の安んずる所なり。墓は入ること四丈、神道は南に向かう。

墓誌の文章はさほど奥深くはなく、多少の歴史的背景に関する知識があれば、主な内容を理解できよう。

墓誌中の「趙」とは、古代の少数民族である羯《けつ》族が建てた政権「後趙《こうちょう》」を指す。後趙が存在した期間は短く、西暦三一九年に建国され、三五一年に同じく短命の王朝である冉魏《ぜんぎ》（三五〇〜五二）に滅ぼされた。

墓誌の主は魯潜という名で、生前に後趙の「大僕卿・駙馬都尉」となった。これは朝廷の重臣である。彼は後趙の建武十一年、すなわち西暦三四五年に死去した。享年は七五歳。墓葬（考古学用語で「墓」「古墳」のこと）の主が魯潜であることから、魯潜墓誌と呼ばれている。

魯潜墓誌は、西高穴村の身の上に関する謎の一部に回答している。この墓誌には「高決橋」とあるが、古代では「高決」と「高穴」は通じていた。すなわち、高穴という地名は後趙の時期にはすでに存在していたことになるのである。

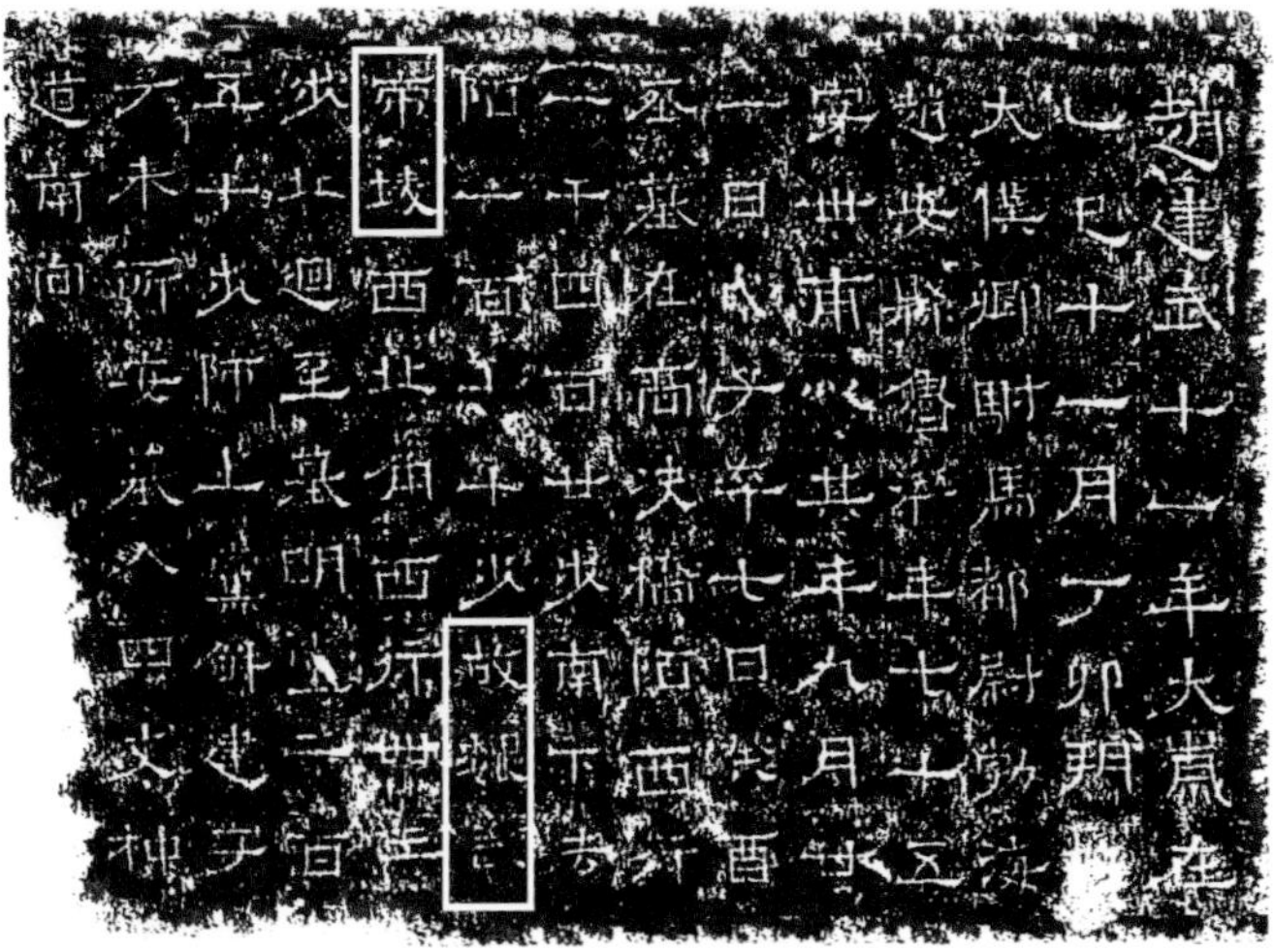

「魯潜墓誌」拓片
十六国時代後趙の魯潜墓から出土した。この墓誌には、魯潜墓と魏武高陵（曹操墓）の具体的な位置関係が記されている。

しかし、魯潜墓誌のもっとも重要な点は、魏の武帝について言及していることだろう。歴史を学んだことがあれば誰でも知っていよう。魏の武帝とは、曹操のことである。

魯潜墓誌には「故の魏の武帝陵の西北角より西に行くこと四十三歩、北に廻りて墓の明堂に至るまで二百五十歩」とあるが、これははからずも、曹操の陵墓の位置を暴露している。すなわち、魏の武帝陵の西北隅から西に四三歩、さらに北に二五〇歩進むと魯潜墓の明堂にたどり着く、ということになる。

では、四三歩、二五〇歩とはどれくらいの距離なのだろう。

西晋前後の度量衡によると、一歩は五尺、一尺はおよそ現在の二四・五㎝に相当する。(3)したがって、四三歩は約五二・六七ｍ、二五〇歩は三〇〇ｍあまりとなる。

すなわち、曹操墓は魯潜墓の明堂の東南三〇〇mあまりの範囲内にあることになる。
この墓誌を目にした党項魁と孟憲武は、事が重大であると判断し、研究のために中国社会科学院考古研究所安陽工作隊の唐際根《とうさいこん》博士を招待した。墓誌の文を読んだ唐際根博士もまた、「魏の武帝陵」とは曹操の高陵《こうりょう》のことを指す可能性があると感じた。

慎重を期すため、唐際根と龍振山は魯潜墓誌の発見場所へ調査に赴いた。しかし惜しむらくは、現場はすでに破壊されてしまい、墓誌の発見地点は焼成レンガ用の土取りのために深さ一〇m近く、面積一万m^2あまりの巨大な坑となり、もはや魯潜墓の正確な位置を探し当てることは不可能だった。龍振山によると、一九九二年にレンガ製作所が土取りをした際、多くの古墓が発見された。これらの古墓はみなかなりの規模を有し、一般民の墓葬とは考えられなかった。また、そのうちの一基は魯潜墓誌の出土地と八mほどしか離れていなかった。ただし盗掘を受けた可能性があり、墓内には死者の遺骨のほか数枚の「橋型飾」と数枚の銅銭が残るのみであったという。龍振山は、ここはもともと後趙時の墓群であり、魯潜墓もそのうちの一つであったと推測している。

魯潜墓自体の所在は不明であるが、そのために墓誌の内容の価値が下がるということはない。墓誌の文面を読んだ者たちは龍振山に、話がこれで終わってしまうことのないよう、是が非でも墓誌の内容を考古学界に発表するよう勧めた。龍振山はすぐに、手中の拓本を基にし、また自身の調査した状況を合わせて簡報を執筆し、河南省文物考古研究所の主宰する『華夏考古』に送った[4]。この文章は、龍振山によって改稿を重ねられ、二〇〇三年、ついに『華夏考古』に掲載された。こうして魯潜墓誌は考古学界の多くの人びとに認知されることとなったのである。

龍振山はこの簡報の中で、魯潜墓誌の提示する位置の情報を根拠に、曹操墓は西高穴村の南方にあると推論している。

では、曹操墓の位置を把握したにもかかわらず、安陽市の文物部門はなぜ発掘申請の手続きを始めなかったのだろうか。

これは、法律面に原因があった。

『中華人民共和国文物保護法』第一章第四条では「文物工作は保護を中心とし、保存第一、合理利用、管理強化の方針を貫く（文物工作貫徹保護為主、搶救第一、合理利用、加強管理的方針）」（傍点訳者）と規定されている。これは、業界内で「十六字方針」と呼ばれているもので、もっとも重要とされるのが「保護を中心とする（保護為主）」ことである。すなわち、文物管理部門の把握する基準によれば、帝王の陵墓は原則的に発掘できないのである。

二〇〇三年に魯潜墓誌に関する文章が『華夏考古』に発表された後もなお、考古学界内で自主的に曹操墓の調査と発掘を申請する団体や個人はいなかった。その理由はここにあったのである。

しかしこうした考古学界の自律は、かえって強欲な犯罪者たちを阻止できなかった。

まもなくして、西高穴村が盗掘者の目にとまってしまったのである。

信じがたい盗掘行為は、この「曹操墓かもしれない墓」の発掘日程を早めることとなった。

現代の盗掘者たち

魯潜墓誌の発見に関する論文が世に出た年、河南省文物局は南水北調中線（南水北調は、慢性的な水不足に悩む中国北方地域に南方の水を送る国家プロジェクト）における文物一斉調査のプロジェクトを開始した。安陽県安豊郷は、このプロジェクトの河南省内における最北区にあたる。二〇〇三年に文物調査が開始されると、安豊郷の固岸《こがん》村で重要な墓地が発見された。この墓地は長期にわたって続いており、もっとも早い墓葬は戦国時代にさかのぼり、両漢・魏晋・隋唐《ずいとう》を経て元・明・清にまで至る。もっとも数が多いのは、東魏・北斉の墓である。

二〇〇五年、河南省文物局南水北調文物保護事務室は、固岸墓地の発掘を決定した。隊を率いるのは河南省考古研究所の潘偉斌《はんいひん》副研究員である。

二〇〇五年七月、固岸墓地考古隊の潘偉斌隊長が安豊郷に到着した。彼が固岸墓地の中でもっとも興味を抱いていたのは、魏晋墓であった。魏晋墓は考古発見例が少ないのである。

二〇〇六年五月、穏やかで暖かい風が、豫北の大地の慎み深い冬の装いを脱ぎ去らせた。千年の時は萌黄色におおわれ、ところどころに顔を出す緑色の黄土だけが、この地の歴史に対する関心を呼びさましてくれる。

西高穴村の老若男女は、普段通りそれぞれの生活にいそしみ、見知らぬ人びとが村へ向かってくることに注意を払う者はいなかった。

彼らは村には入らず、村の南方の高台へまっすぐに向かっていった。

この高台は周囲の田畑よりも四m近く高く、二〇畝（一・三三ヘクタール）ほどの面積がある。田地を分ける際、ここは一一の家々に分配されたが、地勢が高くて灌漑が難しく、けっしてよい土地とはいえない。西高穴村との長きにわたる密接な関係において、ここはまさに「瘠薄《せきはく》の地」であったろう。

訪問者は、安陽県安豊郷党委員会の賈振林《かしんりん》書記と河南省文物考古研究所固岸墓地考古隊の潘偉斌らであった。彼らは特別な目的があってここにやってきたようである。

賈振林は、安豊郷の最新の盗掘墓に関する情報を握っていた。彼は潘偉斌に、最近安豊郷西高穴村で大墓が盗掘を受けたため、現場へ行ってその古墓の価値を評価してほしいと伝えていた。

当初、潘偉斌にはためらいがあった。といっても、墓が盗掘を受けたという情報の真偽を疑っていたのではない。この安豊郷での日々、彼は毎晩のように重苦しい爆発音を耳にしていた。のちにこれが盗掘者による発破の音だと知った潘偉斌は、現地の派出所の警官が現場に向かい、盗掘者を捕らえるのに同行した。そのときの彼の関心は、賈振林の言う盗掘を受けた大墓がどれほど壮大で壮麗であるかという点にあった。ただし固岸墓地の発掘作業は多忙を極めていたため、彼は二人の考古隊員を現場に派遣して様子を確認させることにした。隊員たちの出発前、潘偉斌は現場の写真を撮影して報告させるため、デジタルカメラを持ってゆくよう指示した。

西高穴村は固岸村の西方わずか数㎞の距離であるにもかかわらず、派遣した隊員たちは半日経っても戻ってこなかった。潘偉斌が愚痴をこぼしそうになったころ、二人が扉を押し開けて入って来た。

若者たちは何も言わず、デジタルカメラを潘偉斌のノートパソコンに接続した。彼らが撮影した写真を見ているうちに、潘偉斌は武者震いした。彼は盗掘を受けたこの古墓は気宇が非凡で、墓主も並大抵の人物ではないと直感した。彼は手元の作業をひとまずおき、自らこの大墓を探訪することにした。こうして、今回の西高穴村訪問とあいなったのである。

高台に到着した潘偉斌の一行は、徒歩で一通り踏査した後、村の南方にある高台の西辺へと向かった。高台の西辺は南北の長さ二〇〇m以上、東西の幅一〇〇m近く、深さ五m以上に達する巨大な坑となっていた。この大坑は、西高穴村の村民たちが焼成レンガの土取りをして形成されたものである。二〇〇五年、国家が耕地保護の政令を公布したため、レンガ製作所は操業を停止した。すると深く穿《うが》たれた取土坑は、犯罪者たちが身を隠す格好の場所となってしまった。村民が高台の西辺でレンガを焼成しているころには、盗掘の名人が早くも地下の異様さに注目していた。この年の大晦日の夜、村民たちが爆竹を鳴らすタイミングを利用し、何者かが坑内の土が異質な個所に爆薬で穴を空け、地下三mに埋まっていた磚墓《せんぼ》を発見した。すぐに盗掘者が墓内に押し入り、財物を奪い去ってしまった。

ときに考古隊員たちは、盗掘者のことを「発丘中郎将《はっきゅうちゅうろうしょう》」や「摸金校尉《もきんこうい》」と呼ぶ。「発丘中郎将」や「摸金校尉」という呼び名は、三国時代に陳琳《ちんりん》が曹操へ「贈った」ものである。実際に曹操がこれらの官職を置いたかどうかは知るよしもないが、考古隊にとって盗掘者は天敵なのである。

考古隊は盗掘者を心底憎みながらも、つきあわざるをえない。彼らの今日の行動は、盗掘者によって引き起こされたものであった。

潘偉斌らはこの取土坑の淵に長くは留まらなかった。坑の淵はかなり険しく、一行は回り道をして坑の底へと移動した。

彼らは一目で、大坑内東側の断崖付近に暗く深い穴が空いていることに気づいた。賈振林は穴を指さし、ここだ、と言った。潘偉斌が頭を低くして中を覗くと、盗掘坑内は暗く、一m^2ほどが見てとれるだけだった。そこで穴の入り口に腹這いになり、中に入り込んでよく見てみると、盗掘坑の底が北に向かって傾斜しており、その下部にはさらに大きな穴があることが確認された。また、その穴の周囲には円状に積まれた青磚《せいせん》がぼんやりと見えた。再び中を見てみたが、今度は何も見えなかった。

潘偉斌は、盗掘坑に沿って下に降り、詳細を確かめることにした。そこでロープを捜してこさせ、一端を自身の腰に結び、もう一方を同行者にしっかりとつかませた。

潘偉斌は片手に懐中電灯を握り、盗掘坑をゆっくりと降りていった。ロープが三mほど降ったところで、彼は青磚が円状に積まれた部分が古墓の墓頂であることを確認した。盗掘坑は墓頂の青磚を穿ち、さらに墓室へと降っていた。磚の寸法を確認したところ、およそ長さ五〇cm、幅二五cmの大きさで、無地で光沢がある。潘偉斌は、これらの磚が千年以上前のものであり、墓葬の規格もきわめて高いということをはっきりと認識した。

潘偉斌は墓室に進入する決心をした。彼は地上に向かって大声で叫び、ロープをきつく握っているように頼んだ。

盗掘坑
なんとか身体が入るほどのこの狭い盗掘坑は、盗掘者たちがしばしば西高穴2号墓の墓室に侵入する通路として使用された。

西高穴2号墓の盗掘坑で発見された画像石の破片に白虎の図案が確認できる。

同行者たちの協力を受け、潘偉斌は墓室に向かって盗掘坑を降りて行った。四mほど滑り降りたところで、彼は足元に何かが当たる感覚をおぼえた。底に到着したと感じた彼は、縄をつかむ手をゆるめたところ思わず転倒し、深い土坑内に転げてしまった。顔を上方に向けると、穴の入り口のわずかな明かりが見えた。

このとき、潘偉斌は盗掘坑の入り口から八～九mの地下にいた。周囲は漆黒に包まれていたため、彼は携帯していた懐中電灯を手に取り、墓内の環境に目が慣れるよう努めた。そこで彼は、以下のことをはっきりと目にした。これはきわめて規模が大きく、規格も高い磚室墓《せんしつぼ》である。墓室は目の前にあるこの後室一つだけではなく、前室と側室もある。後室の磚の積み方はきわめて工夫されており、天井部の構造は考古学で四角攢尖式《しかくさんせんしき》（四角錐形）と呼ばれるものである、と。彼は後室から前方に向かって這って進んでゆき、通路から前室まで到達したところで、前室の墓門が完全には開けられていないことを確認した。

潘偉斌は墓葬の盗掘状況に注意を払い、墓室内にはかなりの泥が堆積しているが、多くの個所でかき回されていることを確認した。このことは彼を葛藤させた。すなわち、この墓は複雑な構造で、四角攢尖式の天井を採用していることから、王侯クラスないし帝王クラスの規格を備えているといえる。また魯潜墓誌には、付近に曹操墓があると記載されており、ここがそうである可能性も排除できない。しかし遺憾なことに、先にこの重要な古墓に侵入した盗掘者が、洗いざらい奪い去ってしまったのである。

潘偉斌は、長くは墓内に留まらなかった。盗掘坑をよじ登って地上に出た彼は、同行の安豊郷幹部に対し、すぐに穴の入り口を埋め戻し、警備のための人間を派遣するよう要請した。また一方で、この探訪の結果をすぐに上級指導者に報告することを決めた。

板挟みになった文物局

賈振林は、西高穴大墓の性格に対する潘偉斌の判断を切に知りたかった。潘偉斌が古墓の構造を観察したことで、彼は安心した。潘偉斌は、この墓は少なくとも王侯クラスの大墓であり、曹操墓の可能性も排除できない、と伝えた。

潘偉斌の意見は、賈振林を針のむしろに座っているような気分にさせた。このように重要な大墓が盗掘を受けてしまうとは、まるで頬にビンタを食らわされたようなものである。彼は潘偉斌に、発掘できるかどうか尋ねた。潘偉斌は首を横に振り、考古発掘を行なうには国家文物局の認可が必要で、政府当局の考古隊であっても勝手に発掘するのは違法であると伝えた。

賈振林は不満に思い、国家文物局の認可がない状態で盗掘坑から中に入り、墓葬の整理が行なうことを提案した。

潘偉斌は笑った。

「そんなことをしたら、盗掘者と一緒ですよ」

潘偉斌は、自身の編著である『魏晉南北朝隋陵』を賈振林に送り、魏晉南北朝墓の背景を学ぶように伝えた。この本はすぐに、郷党委員会書記の枕辺の書となった。二年が過ぎたころには、賈振林はこの本をボロボロになるまで読み込んでいた。彼はまたこの方面の書籍を大量に購入し、昼夜を問わず漢魏時代に関する歴史文献を研究し、三国時代の故事や葬送制度について詳細な理解を得るに至った。

鄭州《ていしゅう》に戻った潘偉斌は、西高穴大墓を探訪した際の状況を河南省文物考古研究所の指導者たちに報告した。所長の孫新民《そんしんみん》と副所長の張志清《ちょうしせい》がその報告を聴いた。

報告内容は二人の所長の心を強く動かした。

西高穴大墓が曹操と関係するかどうかについて現在のところ断定する方法はないが、このような規格の高い古墓は、取土坑から表土を除き去り、墓頂が外部に現れて盗掘坑が露出してしまうと、たとえ人を昼夜派遣したとしても、万全な警備は難しい。このままでは日が経つにつれ、墓内の文物が失われてゆくばかりでなく、墓の構造も破壊されてしまうだろう、と。

孫新民と張志清は何度も話し合い、河南省文物局に状況を報告したうえでこの墓の緊急発掘を申請することを決めた。

すぐに「考古発掘申請書」が省の文物局に送られ、責任者である副局長の孫英民《そんえいみん》がこれに目を通した。

孫英民はもともと大学教授として考古学を教え、のちに「転業」して指導者となった人物で、著書に『中国考古学通論』がある。孫英民は、この時点ではまだ西高穴大墓の現場を訪れておらず、報告資料の関連描写を通じて判断を下した。彼は報告資料中の、古墓が盗掘を受ける危険に直面しているという点に注目し、保護の必要性を考慮した。しかし、発掘申請については迷わずに否決した。

政策に照らすと、このような規格の高い大墓の発掘は原則として認可されない。また、もし彼が認可したとしても、文書はさらに国務院の文物行政部門に送られることになる。(5) 彼は国家のために第一の関門を守らなければならなかったのである。

孫英民は当然ながら古墓の安否を憂慮していた。彼は河南省文物考古研究所を通じて安陽県の地方政府に通達し、墓の保全に万に一つの失敗もないよう、盗掘坑を埋め戻して固め、昼夜警備をつけるよう指示した。

賈振林は西高穴大墓を発掘したいと望みながらも、ついにおいておかざるをえなかった。

二〇〇八年の春に目を転じよう。賈振林書記は再び固岸考古隊の駐屯地にやってきて潘偉斌を訪ね、重要な情報を伝えた。西高穴大墓でまた盗掘の痕跡が発見されたのである。

西高穴大墓の保護強化に関する通達を受けた安陽県は、現地の郷村の幹部に対し、文物部門の要請に応じて盗掘坑の入り口を埋め戻し、専門の人間を派遣して墓を警備するよう指示した。こうして盗掘活動が防止されることを期待していたが、実際に上記の処置を所定通りに実施することは難しかった。二〇〇七年末、懐中電灯・木棍《もっこん》・麻縄および土を掘るための鉄筋などを手にした十二人組の「盗掘小組」が、以前からある盗掘坑を通じて墓室に侵入してしまった。賈振林の報告した最新の盗掘の痕跡とは、この二〇〇七年末のものであった。

再び墓室内にやってきた潘偉斌は、以前よりも土がかなり高く堆積していることに気づいた。前回彼が墓室内に入った際には、足を着いた個所は盗掘坑からなお四mの深さがあったが、今回は三mもなかった。このことは、墓室内にさらに多くの土が堆積したことを意味している。では、これらの土はどこからきたのだろうか。盗掘者は盗掘のたびに古い盗掘坑から侵入し、この穴の入り口を埋め戻した土を洞穴内に押しやってきた。こうして墓室内の堆積土はしだいに高くなっていった。西高穴大墓の盗掘は一年以上にわたり繰り返されていたのである。

二〇〇八年初秋、安豊郷の派出所が盗掘団を捕らえ、彼らの手から比較的完全な状態の画像石を押収した。安陽県から画像石の鑑定を依頼された潘偉斌は、以下のように判断した。これは典型的な後漢の画像石であり、もし本当に西高穴大墓から出土したものだとすると、墓がすでに緊迫した状況にあることを示している。このまま犯罪者が盗掘を繰り返すにまかせたならば、雨水が入るなどして、墓室はすぐに崩れてしまうだろう、と。この心配と憂慮が潘偉斌に大きく圧しかかり、気の休まる間を与えなかった。

賈振林も潘偉斌と同じ思いを抱いていた。彼は潘偉斌を連れて安陽県の徐慧前《じょけいぜん》県長に文書で資料を送り、西高穴大墓が直面している危機について詳細に報告した。この報告では以下のことが強調された。たとえ安豊郷政府が盗掘者への対策を強化したとしても、彼らによる破壊を阻止するための有効な措置とはならない。実際、二〇〇六年から二〇〇八年のわずか二年間で安豊郷派出所はこの墓の盗掘事件を四件検挙し、盗掘者二〇人以上を捕らえている、と。

報告を受け取った徐慧前は潘偉斌に対し、省文物局と国家文物局へ緊急発掘を再申請するよう提言した。

潘偉斌はすぐに鄭州に戻り、河南省文物考古研究所の指導者たちに直接状況を報告した。報告を聴いた省文物考古研究所の孫新民所長は、事が重大であると感じ、副所長と協議して、すぐに新たな状況を文書で文物局に報告し、西高穴大墓の緊急発掘を再申請することを決定した。報告を受けた省文物局は、すぐに局長事務会議を開き、専門の人間を派遣して現場の安全状況を調査することを決定した。

孫英民は現場からの報告を聴取し、状況の特殊性を意識した。国家政策を考えると、西高穴大墓のような王侯クラスの大墓の発掘は原則的には認可されない。しかし状況が報告資料の通りであれば、決断が必要である、と。

孫英民は板挟みの状態に陥った。

孫英民は自ら西高穴村に赴き、すべてを確認することにした。現場に到着してひと目見るや、彼は次のように感じた。墓の盗掘の程度は想像をはるかに超えており、もし発掘の措置をとらなければ、大墓の文物と構造の安全は保証し難く、発掘を認可すれば、大墓の現状の構造と現存する文物を保護できる、と。

鄭州に戻った孫英民は、省文物考古研究所から送られてきた二度目となる西高穴大墓発掘の「考古発掘申請書」に目を通し、今度は多くを考えずにサインした。

この差し迫った決定は、まさに『中華人民共和国文物保護法』の文物保護方針における「搶救第一（保存第二）」の四字に相当するものであった。

申請書は電子申請システムで国家文物局に送られた。状況を了解した国家文物局は二〇〇八年十一月、河南省文物考古研究所の西高穴大墓発掘申請を承認した。

こうして、全国を揺るがす考古発掘の幕が正式に開かれたのである。

考古隊による発掘の始まり

二〇〇八年十二月六日、潘偉斌率いる省文物考古研究所の考古隊が、正式に西高穴村に進駐した。

潘偉斌は、西高穴大墓の発掘の開始を待ちかねていた。盗掘坑から初めて墓室に進入して以来、彼は墓主の問題について考え続けていた。潘偉斌は西高穴大墓の周囲の環境に関する研究に着手し、また魯潜墓誌の出土地点に幾度も赴いて実地調査を行なった。彼は文献史料に基づき、西高穴大墓は曹操と関係があるに違いないと感じていた。二〇〇七年、彼は『故宮文物月刊』に一篇の論文を執筆した。こうして掲載されたのが「曹操の高陵はいまどこにあるのか」である。彼はこの論文の中で、曹操の生涯や関連する歴史的伝説を考証し、曹操の埋葬地は豫北の漳河南岸西高穴村付近にあり、直接的にはこの大墓である、としている。

国家文物局が西高穴大墓の発掘申請を許可したと聞いた安陽市と安陽県の関連部門は、このことを非常に重視した。考古隊の発掘作業の順調な進行を保証するため、安陽県は副県長を派遣して専門に作業の調整を担当させた。県の文物部門は、考古隊の発掘のために全面的な支援と協力を提供した。

考古隊の作業の第一段階は、発掘区域に対するボーリング調査の実施である。

潘偉斌はボーリング調査の範囲を画定した。考古隊の熟練した数名の技術者が、現地で徴用された協力者を率い、まず地表の簡単な整理作業を行なった。

ボーリングの作業では、地中レーダー（GPR）や磁力計、電気抵抗測定器などの科学的手段は採用せず、考古学者の好む「洛陽鏟《らくようさん》（探鏟）」を使用した。「洛陽鏟」は、一〇〇年近く前に河南の盗掘者によって発明された。しかしこの半円形の鏟頭をもつ工具は考古隊員たちに愛用され、今日においても、中原《ちゅうげん》の黄土地帯で古墓をボーリング調査する際にはまずはじめに選ばれる。国外に「洛陽鏟」を紹介した者もいるという。

ボーリング調査が開始されてまもなく、重要な発見があった。技術員たちが手にした「洛陽鏟」が、大面積の版築《はんちく》（土に小石などを混ぜて突き固めた土壇）を検出したのである。版築の成層は明確かつ緻密な構造で、明らかに人の手によって形成されたものである。隊員たちがボーリング調査の結果を図上に示すと、二つの古墓の輪郭がはっきりと現れた。

高台の北側の墓葬は、平面は「包丁形」を呈する。墓道は東に向かい、その長さは数十m。墓室の後部は、高台の西辺にある大型の取土坑内にまで延びている。

洛陽鏟

盗掘者が発明した古墓を探索するための工具である。河南省洛陽の盗掘者が最初に発明したことから、「洛陽鏟」と呼ばれるようになったという。中国における考古学の始まりとともに、洛陽鏟は考古学者たちに使用され、フィールド考古学の発掘作業に不可欠なボーリング調査用工具となった。

一般的な洛陽鏟は頭部が半円筒形で、長さ20～40cm、直径5～20cm、端に柄があり、長杆とつなぐことができる。使用する際には、両手で長杆を握り、下に向けて垂直に地面を突くと、直径約十数cmの円洞が打ち出される。こうして鏟帯上の各土層の土壌の密度（硬度）や色、包含物などの分析を行ない、地下に古墓や遺跡があるかどうかを確認するのである。

経験豊富な者は、洛陽鏟を地下深くに入れた際の衝突音や手の微妙な感覚の違いで、地下の状況を判断できるという。たとえば、突き固められた墻壁と中が空洞の墓室・墓道は当然異なり、伝わってくる情報にも違いがあるのである。　（作図／譚碩）

発掘前

ボーリング調査が開始されてまもなく、重要な発見があった。技術者たちが手にした「洛陽鏟」が大面積の版築を検出したのである。成層ははっきりとしており、その構造は緻密である。この種の版築は、明らかに人の手によって形成されたものである。

高台の南側の墓葬は、北側の「包丁形」墓と平行にあり、両者の距離は三〇m、規模は「包丁形」墓よりもかなり大きい。この墓の墓道は東に向かい、墓室の一部は同じく取土坑内まで延びている。全体の平面の形は漢字の「甲」字のようである。

発掘作業に便とするため、考古隊は二つの墓を一号墓と二号墓とに編号した。両墓葬の墓室の後部は高台西辺の取土坑内にまで延びている。潘偉斌は比例計算により、南側の二号墓の総面積を八〇〇m^2以上と算定した。

考古隊員たちは「甲」字形の墓になじみがあった。「甲」字形の墓は古代中国によく見られる規格の高い墓葬である。世界文化遺産の安陽殷墟《いんきょ》遺跡では、一〇以上の「甲」字形墓が発見されている。

考古隊は北側の「包丁形」墓を一号墓とし、南側の「甲」字形墓を二号墓とした。

両墓葬の平面の形状を確認した後、考古作業は第二段階に入る。

第二段階の作業はどのように進めるのがもっとも合理的だろうか。もしこの重要な工程でミスが生じた場合、誰が責任を負うのだろうか。潘偉斌は大きな心理的プレッシャーを受けていた。潘偉斌はいくつもの発掘方案を立てたが、最終的に大面積に探方（グリッド）を配置する方法（グリッド調査）を採用し、まず墓葬の平面を整理した。

考古隊はまず、作業区域内に探方を配置した。各探方は南北方向の正方形で、一辺の長さは一〇m。探方とは、考古発掘において地層を区分し、出土した遺跡や遺物の位置を正確に記録するために設けられた座標システムである。この方法は、二〇世紀初頭にイギリス人ウィーラーが発明したもので、中国の考古学者たちはそれを手本とし、国内での発掘における実践の中で応用して有効性が実証されていた。このときの潘偉斌の心中は、明確だった。彼の配置した探方は、両大墓を完全に覆い、さらに東西南北の四周も整理対象の空間内に収められていた。

考古隊は作業の手順通り、まず探方の表土を除去した。ここでの表土とは、主に現代の農耕土をいう。

表土を移し終え、地層の変化を詳細に観察した潘偉斌と隊員たちは、すでに両大墓が埋められたときの地面に到達したと判断した。そこで各「探方」間の「隔梁」（セクション）を取り除き、すべての探方を一つにつなげた。彼は、各探方内で発見された考古現象をつなぎ合わせて総合的な分析を行なうこのときが、もっとも重要な作業となることを理解していた。

墓道両側遺跡
墓
道
西高穴2号墓
墓室
盗掘者はここから
墓室に侵入した

版築遺跡
墓道
西高穴1号墓
墓室

明らかになりゆく両墓の姿

丹念かつ根気強く土を削り取ってゆく作業を経て、両大墓の神秘的なベールがしだいにはがされてきた。平面を確認してもっとも鮮明となったのは、当然ながら南側の二号墓と北側の一号墓の輪郭である。両墓の範囲内の埋土は、周辺の土とは質や色が明らかに異なる。墓内の埋土には大量の姜石（岩石状になった炭酸カルシウム）が含まれ、また地突きされているために色が白っぽく、土質は堅固である。一方、周辺の土は黒っぽい色で、比較的柔らかい。こうして、両墓の輪郭が容易に確認できるのである。

考古隊員たちは数百kgの石灰を運んできて、作業員たちに次のように指示した。手順通りに作業面を平らに削ってゆき、土質や土の色に変化が見られたら石灰で示すように、と。作業員たちが作業面に各種の現象を示してゆくと、数多くの興味深い「遺跡現象」の輪郭が鮮明に描き出され、眼前に現れた。

二号墓の平面は「甲」字形を呈し、ボーリング調査の結果と同じ構造であった。この段階に至り、墓葬の寸法が正確に測量できるようになった。

墓道全体の大きさは、長さ三九・五m、幅九・八m。墓室部分の平面は「凸」字形を呈し、墓道に近い東側の端の幅は二二m、西端の幅は一九・五m、東西の長さは最大で約一八m。墓道と墓室の面積を合わせた二号墓の総面積は七四〇m²に達する。

二号墓の墓道周辺には、数十の密封された不思議な形状の幾何形坑が並んでいる。これらの坑には鈍角曲尺形と長方形の二種がある。前者は古代の楽器・石磬《せきけい》に形状が酷似していることから、考古隊員たちに磬形坑と呼ばれている。ひと通りの観察を経て、これらの坑には法則があることが判明した。

これらの「遺跡現象」は南北対称で、それぞれ二つずつが対応している。すなわち、墓道の北側のある場所に磬形坑が発見されれば、南側にも同じ形状で反対向きの磬形坑が確認できる。また、各磬形坑の凹んでいる個所は、いずれも長方形の坑を囲むようになっている。隊員と簡単に話し合った潘偉斌の胸には、ある答えが抱かれた。漢墓の周囲では、往々にして供物を埋蔵するための祭祀坑が置かれるのである。ただし発掘前の段階では、これらの坑の用途についてみだりに結論を下すことはできなかった。

これらの不規則な形状の「遺跡現象」の外側では、数十の柱洞《ちゅうどう》が発見された。柱洞は、考古学で遺跡現象を描写する際にしばしば用いられる語彙で、古代に立てられた木柱が腐敗して形成された痕跡のことである。言い換えれば、柱洞の場所には、かつて柱が立っていたことになる。

二号墓の柱洞はいずれも直径三〇cm前後、柱洞間の距離には明らかに法則性がある。すなわち柱洞は墓道の中央を中軸線とし、南北対称になっている。このうち墓道前部（東部）の円洞は比較的密集し、墓道の南北両側ではそれぞれ一列に並ぶ。南北の距離は一五m前後である。このように支柱と支柱の間隔が広いのは、埋葬時の儀式と関係があるのではないか。潘偉斌の心に深い疑問が生まれた。

地上建築遺跡

中国古代の建築は、木柱を支えとすることが多い。その木柱が自然に腐朽しあるいは焼かれて灰化した痕跡が柱洞である。言い換えれば、柱洞がある場所には、過去に柱が立っていた。このような柱洞を基に、古代の家屋や壁などの土木建築を復元できるのである。

（作画／呉書雷）

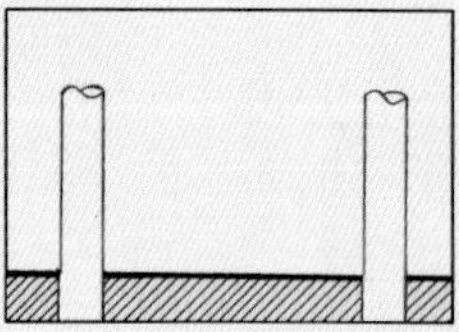

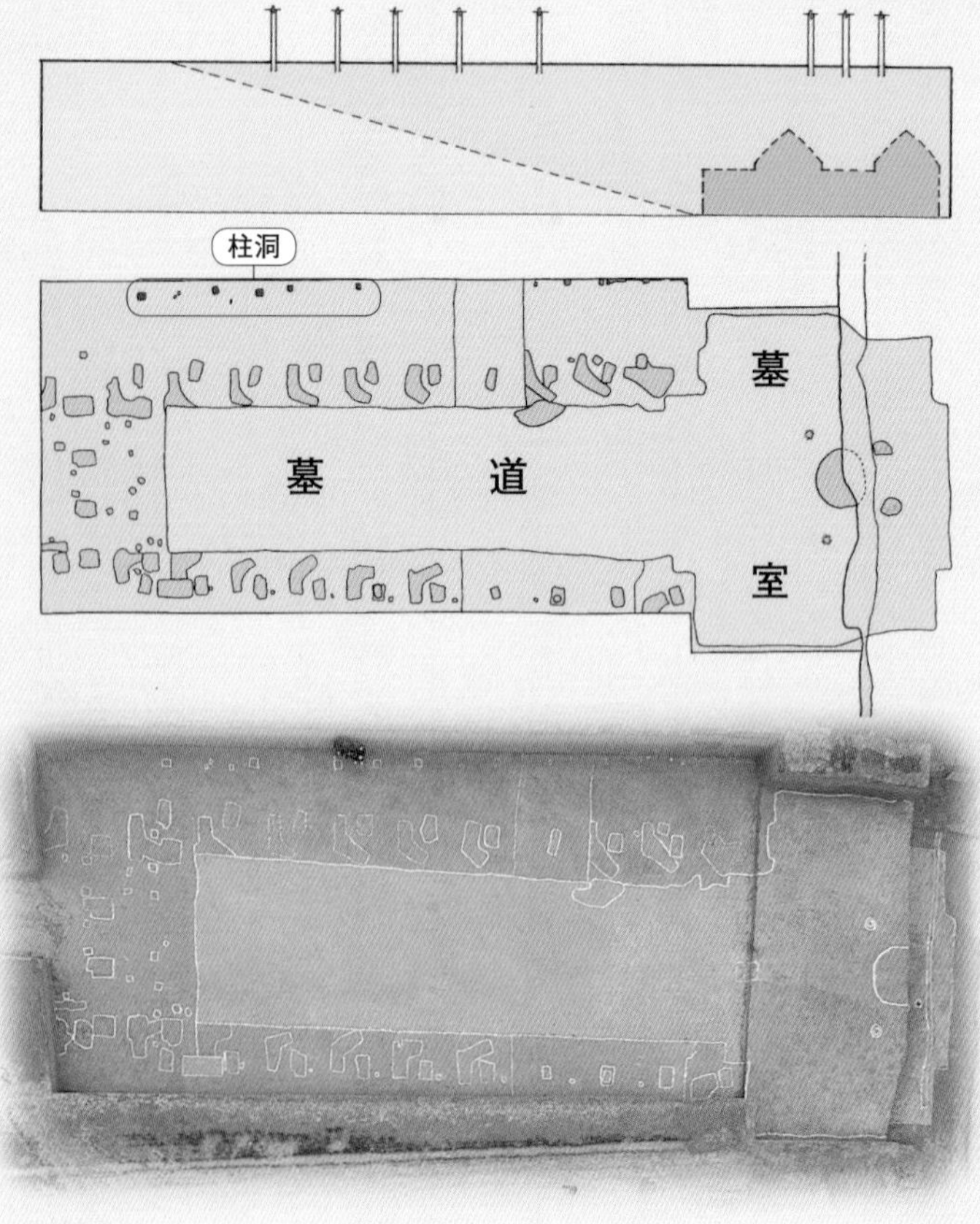

二号墓の墓室天井部でも二つの円洞が発見された。これらが墓道両側の柱洞と異なるのは、穴の周囲に砕かれた磚が積み重ねられていることである。二つの穴は南北で対応し、互いの距離は約八m、柱洞の直径は〇・五mに達する。興味深いのは、これら二つの穴の位置が墓道の両辺と対応していることである。のちの発掘で、この二つの穴は非常に深いことが確認された。これらの穴にはどんな用途があったのだろうか。潘偉斌の心にまた一つ疑問が増えた。

平面の整理を経て、上述の各種遺跡現象のほかにもう一つ、考古隊のもっとも見たくなかった「遺跡現象」が見つかった。二号墓の墓室後端に二つの盗掘坑が発見されたのである。表土を移動したことで、巨大な二つの盗掘坑は非常に目ざわりな形でみなの眼前に露わとなった。盗掘坑の存在により、墓室内の副葬品が少なからず失われていると予想された。

平面上の各種現象を把握することは、次の発掘作業の前提となる。考古発掘が盗掘と異なる点は、ここにある。

潘偉斌は整理された各種遺跡現象の測図の準備を整える一方、安陽省の国家体育総局の航空運動学校にヘリコプターの派遣を要請し、両墓を俯瞰する写真を撮影した。

孫新民は鄭州で仕事に忙殺されていたが、西高穴両大墓の平面遺跡が整理されたと聞き、手元の仕事を放って西高穴村へ赴き、発掘を指導した。彼らとともに、省内外のキャリアのある研究員たちが同行した。

指導者である孫新民は、潘偉斌の身にかかるプレッシャーを十分に理解していた。この両墓発掘の工程量が膨大であることはいうまでもなく、将来社会に与えるだろう影響も軽視できない。もしわずかでも作業にミスが生じたならば、省文物局に、社会にどのように報告すべきだろうか、と。彼らは、西高穴大墓発掘への提案を行なうために安陽にやってきたのだった。

二〇〇九年四月六日、安陽で「考古発掘諸葛亮会」が開催された。

河南省文物考古研究所からは孫新民所長と賈連敏《かれんびん》副所長が自ら会場へ足を運んだ。彼らは、以前に漳河岸で北朝の王陵を発掘した中国社会科学院の考古学の専門家・徐光冀《じょこうき》と朱岩石《しゅがんせき》、漢魏の葬送制度の専門家・鄭州大学の韓国河《かんこくが》教授を招聘《しょうへい》していた。河南省文物局の文物主管部門も当然出席しないわけにはいかず、考古処の司治平《しちへい》所長と楊振威《ようしんい》副所長が出席した。

会議では、潘偉斌が専門家たちに向けてこれまでに得られた発掘の成果を報告し、次の段階の作業方法を提案した。専門家たちは、安陽西高穴漢墓の規模がかなり大きく、盗掘により出土した画像石などの文物がきわめて精緻で美しいことは、墓主の身分の高貴さを反映していると考えた。彼らはまた以下のように指摘した。一号墓の状況は二号墓と似ているが、両墓を比較したうえで作業の重点を置かねばならない。二号墓が幾度も盗掘を受けていること、事前に墓室に入り調査をしていること、一号墓の墓室の状況が不明であることを考えると、先に二号墓を発掘し、後日一号墓を発掘するための経験を積むべきである、と。専門家たちはさらに、墓室を開く前に必ず一号墓と二号墓を覆う発掘保護棚を設置し、安全を確保すべきである、と提案した。

二号墓の発掘もまた、簡単な問題ではなかった。

それは、先に墓道の両側の磬形坑や方形坑を整理するのか、それともこれらの「遺跡現象」のことは置いておき、直接墓葬を発掘するのか、という問題である。まず、墓道両側の遺跡は置いておくことが決定された。

また考古学では、墓道をともなう墓葬の発掘には、二つの方法がある。一つは、先に墓道を開け、墓道から墓室に入る方法である。この発掘方法では、墓の原形を保持できるが、作業進度が遅いため墓室の保存状況に差が生じやすく、崩壊する危険もあるという欠点がある。もう一つは、直接墓頂を開く方法である。利点は、発掘過程で墓葬が崩れるのを防ぎ、作業進度が比較的早いことである。しかし、墓葬の構造を破壊し、また墓道内の状況を知ることができないという欠点がある。

潘偉斌は第一の方法を採用することを提案し、学者たちの賛同を得た。

二号墓はこうして「優先発掘」されることが確定した。

発掘は墓道から開始された。

地下一三mに築かれた墓室

二〇〇九年の春、天候は暖かくなり、大地は緑にかえりはじめた。考古発掘によい季節の到来である。

版築を突き固めて築かれた墓道の整理作業は単調で時間がかかり、まるで瞽叟《こそう》（目が見えない老人。

墓内に厚く残る堆積土
考古隊が初めて墓穴に進入した際、墓内には土が分厚く堆積していた。

五帝の一人・舜の父）が山を移動させ、鉄の棒を磨いて針にするようなものだった。

考古隊は毎日慢然と同じことを繰り返しているようであったが、軽率にテンポを速めるようなことはしなかった。彼らは祭祀坑の類の遺跡に遭遇しないか注意を払っていたのである。殷周以来、古《いにしえ》の人びとは墓道内に副葬品を置くこと、とくに動物を殉葬させることを好んだ。このような事例は殷周時代の墓葬に頻繁に見られる。

しかし、二号墓の墓道からは、動物の殉葬や副葬品が置かれたような現象は発見されなかった。整理作業により全体が露わとなった墓道はスロープ状で、長さ三九・五m、角度はおよそ四五度とかなりきつい。墓穴を掘った際、墓室の土はみなこの墓道から運ばれていったのだろう。

埋土が緻密で堅固なため、発掘は困難を極めた。とくに、太陽に晒《さら》されたことで、土は非常に硬くなっていた。作業員たちが発掘工具で力いっぱい叩いても、地面には小さな白い点ができるのみで、かえって両手がしびれる始末であった。

このころになると、県・市・郷など各級の指導者や関連部門が次々と現場を訪れて状況を確認し、慰問した。安陽県は県長が自ら現場にやってきて状況を確認した。

まもなくして、安陽県政府が考古隊のために透光性GFRP（ガラス繊維強化プラスチック）瓦の工作棚を覆う鋼鉄製の骨組みを設置した。二〇〇九年冬の大雪で、工作棚の天井が押しつぶされてしまったのである。県政府は瓦をカラー鋼製に交換したり、雪の重みで湾曲して倒れてしまった鋼鉄の骨組みを交換し、修復した。安豊郷政府もまた、養老院の新築家屋を提供し、考古隊が居住し臨時に発掘品を置けるよう取り計らった。

安陽市委員会の張広智《ちょうこうち》書記と市政府の張笑東《ちょうしょうとう》市長は、発掘作業に深く関心を抱き、各種のルートを通じて考古隊に慰問の意を示した。

二〇〇九年五月、墓道の大部分の整理作業が完了した。発掘は新たな段階へ入った。

この日、考古隊員は墓道の西端、地表から九m前後の墓室に近い個所で、青磚が斜めに積まれているのを発見した。まもなく、もう一方の側からも同様に積まれた青磚が発見された。

経験豊富な考古隊員たちは、青磚を慌てて取り出したりはせず、もとの位置から動かさずに磚の前の埋土をきれいに除去した。これらの青磚は、墓門両側の墓道の護壁《ごへき》であった。

西高穴2号墓の墓道
墓道沿いに東から西方向を見たもの。はるか墓門越しに墓穴が見える。

墓道の護壁が出土したことで、隊員たちは整理作業がいよいよ墓室のメインゲートに近づいてきたことを意識した。

これは墓室に入る前夜のことである。墓門はすぐ目の前であった。

考古隊員たちは興奮のあまり緊張が高まっていた。潘偉斌は鄭州に電話をかけ、省文物考古研究所の指導者たちに次の作業に対する意見を求めた。孫新民と張志清は省文物局に状況を報告した。業務を担当する孫英民副局長は、発掘自体について考えをめぐらすのみならず、このときすでに墓葬の保護についても視野に入れていた。彼は局長の陳愛蘭《ちんあいらん》と相談し、発掘が直面する新たな状況や、発掘後の文物保護についての方案を討論するため、専門家による会議を再び開催することを決定した。

六月四日、河南省文物局は、北京や鄭州などの各地から専門家を安陽に招聘した。まず発掘現場の視察が行なわれ、その後、西高穴大墓発掘以来の重要な会議が開かれた。

専門家たちはさまざまな状況を想定し、いくつかの事前策を提案した。彼らはみな、以下のように考えていた。墓道の整理作業が完了し、墓門の保存状態が完全であった場合、なんびとたりとも勝手に墓門を開けてはならない。まず、損害状況に基づいて墓門を開ける計画と墓内の遺物の保護計画を立ててから、墓室に進入すべきである、と。

発掘は依然として緩慢ではあるが、粛々と進められていった。

この日、考古隊はいつもと同じように、墓門前で墓道の埋土を整理していた。突如、ある隊員が、足元で空洞を踏んだようなトントンという音を感じた。潘偉斌は急いでみなを呼び集め、鉄鍬を下に向かって力いっぱい突き刺した。すると泥土が下へ崩れ落ち、奥深く暗い穴がみなの前に現れた。身を俯《うつむ》かせて内側をのぞくと、墓門の封門磚《ほうもんせん》が叩き割られており、その前には何もないことが見てとれた。

潘偉斌は落胆した。終わった、すべて終わった。

過去の経験では、盗掘により墓葬が空になっている場合でも、墓門の外の墓道内には、往々にしていくつかの副葬品があるものである。しかし状況的には、墓門前の墓道部分にも災難を免れた文物が見つかる見込みはないようである。

結局、墓門の前では何一つ収穫はなかった。

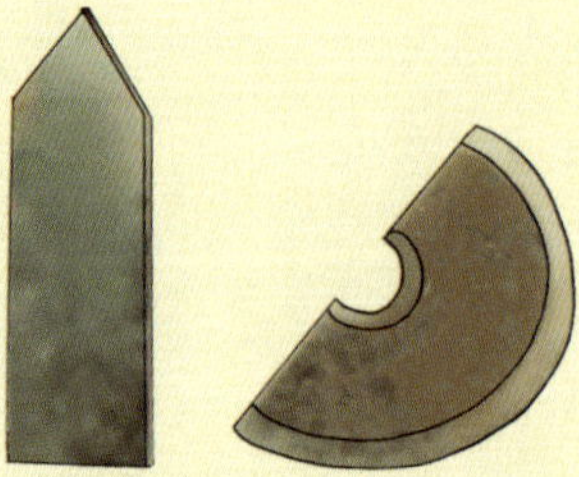

4 墓葬保護方法の研究・制定

・関連文物の研究
・文献史料の整理
・発掘報告の出版
・保護計画の実施

3 墓室内の座標の作成（堆積土より文物を流い出す、出土文物の登録、作図、写真撮影、有機文物の保護の研究）

・墓室内の遺跡および墓室構造の測量、作図
・室内文物の洗浄整理

◉発掘工程図

1 第一段階の発掘方法の制定

・地表を徒歩で調査
・高地のボーリング調査、試掘
・発掘範囲の画定
・地表土の整理
・発掘面の整理・遺跡の輪郭の表示

2 第二段階の発掘方法の制定

・墓道の整理
・墓室に進入して撹乱土の整理
・墓室内の堆積土の整理
・墓外の文物の回収

潘偉斌は不満だった。彼は盗掘坑を密封した埋土を取り除き、そこから再び墓室に進入することを決めた。墓門の周囲の盗掘状況を自らの目で確認したかったのである。

潘偉斌は安全帽をかぶり、懐中電灯を携帯し、以前と同様に盗掘坑からロープを使って奥深い墓室内へと下りてゆき、前・後室の間の狭い甬道《ようどう》を這って進み、前室に到達した。目の前の情景は彼を悲観させた。墓門は徹底的に破壊され、封門磚は前室に散乱していた。もはやこれは、以前に彼が墓室に進入したときの様相ではなかった。

盗掘者は後室の盗掘坑から墓室内に侵入し、墓室側から墓門を叩き割っていた。また墓門前の墓道部分はほしいままに掘られ、大きな空洞が形成されていた。この盗掘坑は墓道両側の護壁の底部を破壊し、南北二手に延びていた。

盗掘坑の状況を正確に把握するため、彼は墓門を通り抜け、盗掘坑内に進入した。実際、このような行動は非常に危険である。上部の土の層は薄くなっており、頭上がいつ崩れてくるか分からなかった。

潘偉斌が身をかがませ、心血を注いで盗掘坑の深い部分の状況を視察していると、突然後ろから大声が聞こえてきた。彼は誰かに盗掘坑の中から引っ張り出され、墓門の甬道内に倒れ込んだ。その直後、巨大な土の塊が上から音を立てて崩れ落ち、彼がついさっきまでいた場所を押しつぶした。危なかった。潘偉斌は冷や汗をかいた。

考古隊員たちは怒りに震えながら、盗掘者によって墓門付近に投げ捨てられた磚の破片を整理した。

墓門
墓道の果て。墓門の向こうに墓室が見える。

このように、墓門はすでに打ち破られていた。厳密にいえば、それは考古隊によって「発掘」されたものではなく、貪婪《どんらん》な盗掘者によって破壊されていたのである。

墓室の門道はアーチ形を呈し、外側に三列の磚墻《せんしょう》があり、磚墻の後ろに石門がある。門道全体の厚さは一・二mに達する。石門は非常に堅い材質にもかかわらず、いくつかの塊に打ち砕かれていた。

潘偉斌はすぐに、技術者たちに墓門の測量、作図、写真撮影を行なわせた。測量の結果、地表から墓門底部までの深さは、垂直で一三m前後であることが判明した。言い換えれば、二号墓の墓室は、地表から一三mも掘られたところに築かれたのである。各人はみな心中でこのような計算を行なっていた。

封門磚と打ち砕かれた石の残塊の整理に続き、墓門の周囲と甬道内の埋土の整理が行なわれた。このとき、泥土が墓室の高さの半分、二m以上の厚さで堆積していることが確認された。潘偉斌は、前室内になぜあのように多くの土があったのか、ようやく理解した。すなわち、これらの土の大部分は、盗掘者が墓門外の墓道の下部を掘った際に、墓室内に移されたものであろう。

続いては、発掘のもっとも鍵となる段階、墓室の整理である。

前室で頭骨を発見

潘偉斌は整備のため考古隊に二日間の休養をとらせた。墓室発掘の詳細な計画を立てなければならなかったのである。

彼の計画は、まず盗掘者がかき回した攪乱土を取り除き、その後に墓室底部に積もった堆積土を処理するというものであった。こうして、盗掘者によって動かされた攪乱土の地層と早期から残る自然の堆積土層を明確に分けるのである。考古発掘では、これらの異なる地層から出土した文物を分けてまとめ、動かされた文物とそうでない文物とを区別しなければならない。彼はさらに、墓室内の土を篩《ふるい》にかけ、浮かび上がった文物を洗い出すことにした。このような細かい作業を通じ、小さく肉眼で見つけることの難しいものを含む、なるべく多くの遺物を収集しようと考えたのである。

各種の準備はすぐに完了し、発掘作業は再び動き出した。

攪乱土の整理には二ヵ月近くの時間が費やされた。しかしこの段階では、数点の画像石の破片が出土したほか、価値のある発見はなかった。

こうしてついに、墓室底部に以前から堆積する土を残すのみとなった。このときには、墓室の構造も余すところなく明らかとなっていた。考古隊の面々は、次の作業が西高穴大墓の発掘全体のクライマックスとなることを理解していた。

先に述べたように、二号墓の墓室は平面から見ると「凸」字型であり、前端の幅は二二m、後端は一九・五m、前後の長さは一八mで、面積は三八〇m²近くあり、底部から頂部までの高さは六・五mである。言い換えれば、二号墓の墓室は、このような空間内に築かれたのである。

墓室は大型の青磚で築かれている。青磚の大きさは長さ〇・五m、幅〇・二五m、品質はきめ細かく、

「画像石」の破片

画像石は石の表面に図像を彫刻する一種の芸術形式であり、漢代に盛んに行なわれた。多くの場合、画像石は墓室や祠堂の装飾に用いられ、石碑・石闕や石屋・石椁ないし石榻などの石葬具に刻まれることもある。彫刻の技法には、陰線刻・浅浮彫・凹彫などがある。画像石の内容は非常に豊富で、生産労働・歴史故事・楽舞雑技・車騎出行・建築・天象などがあり、高い歴史的価値・芸術的価値を有している。西高穴2号墓の墓道の堆積土から出土した「画像石」の破片は、墓室内を装飾していたものであろうか。

西高穴2号墓側室の門

明らかにこの墓を建造する専用に焼かれたものである。墓道は東に向いている。墓室は前室と後室に分かれ、両室の間は拱券頂《きょうけんちょう》（磚造アーチ形天井）の甬道でつながっている。甬道とは、門を設置しない通路のことである。前室と後室の南北両側にはそれぞれ、考古学で「側室」と呼ばれる小部屋がある。主室と側室の間はアーチ形の門で隔てられている。以下の描写に便とするため、それぞれの空間を前室・前北側室・前南側室・甬道・後室・後北側室・後南側室と命名しておく。

　墓室に足を踏み入れた者は、誰しもその空間と構造に震撼《しんかん》することだろう。

　墓室で第一に印象に残るものは、足元に整然と敷き詰められた舗地石《ほちせき》である。これらの舗地石はほぼ隙間なく、縦横に規則正しく並べられている。

舗地石
大部分の舗地石は長さ95cm、幅90cm、厚さ20cmで、この墓専用に加工された規格の高いものである。

過去に墓室にやってきた盗掘者たちは、副葬品を残らず奪い去った後、墓室の地面の下にもまだ装飾品が残っていると考えたのか、多くの舗地石がこじ開けられていた。おかげで考古隊は、舗地石の長さと幅のみならず、厚さも測定することができたのである。これらの舗地石はみな、硬質の石灰岩を穿って作製されている。特別のものを除く大部分は長さ〇・九五m、幅〇・九m、厚さ〇・二mであり、非常に規則正しく整っている。墓室の頂部に用いられている楔《きっ》形《けい》磚《せん》もまた、専用に焼かれたものである。

第二に印象に残るものは、分厚い壁である。

墓葬の外壁は三層に分かれ、各室を隔てる壁の厚さはいずれも一m以上ある。これを計算すると、全体で三八〇m^2ある墓室の空間のうち、建築面積が約半分を占めていることになる。このような建築は、現実の生活における「高墻深院《こうしょうしんいん》」（高い壁と広い庭）といえよう。

第三に印象に残ることは、墓内の高く広々とした様子である。

各墓室の大きさと形状はさまざまである。前北側室の平面は東西方向の長方形で、四角攢尖《しかくさんせん》式の天井であり、他の三つの側室の平面は南北方向の長方形で、円券《えんけん》式（アーチ形）の天井である。墓葬の主室にあたる前室と後室は、四つの側室に比べ広々としている。たとえば前室は、長さと幅がともに約三・九m、面積は一六m²近い。後室は前室よりもやや大きい。主室と側室との間の門道の中央には、幅広の門框縫《もんきょうほう》が残り、四つの側室と主室（前室・後室）との間はいずれも厚みのある門で密閉されていたことが判明した。

前室、後室と前北側室はいずれも「四角攢尖」式の天井構造を採用している。舗地石から頂部までは前室で六・五m、後室で六・四mの高さがあり、現代の二階建てビルよりも高い。市内の分譲・賃貸物件に住んでいる人にとってはイメージしやすいだろう。六m以上の空間は、広々とした感覚を体験するに十分である。前南側室と後室の両側室は一般的なアーチ形天井を採用しており、高さも近い。他の部屋の天井は高くはないものの、中に入った者はその広大さを感じるだろう。

第四に印象に残るものは、壁である。壁面に壁画はなく、泥を一層敷いた後に、石灰で平らにならしているだけである。そのため、墓の構造には高貴さが表れていると同時に、つつましさも見てとれるのである。

考古隊が墓室に進入した後、前北側室で、ある秘密が明らかとなった。この高大な客間のような側室の壁に、空洞が発見されたのである。

隊員たちははじめ、この坑は、墓壁の外にも空間があると勘違いした盗掘者が、墓壁を穿ち掘ったものであろうと考えた。しかし整理作業の際、この坑が北に向かって延びており、深さも測り知れないということが分かった。のち、一号墓の墓道を整理する段階に至り、この坑が一号墓の暗洞へと通じていることが確認された。その全長は三〇mに達する。

盗掘者は、このような坑を掘って何をしようとしたのだろうか。ここで明らかなのは、愚かにも「土を掘った」ということだけである。

しかし隊員たちは観察と議論を繰り返し、この「暗洞」は一号墓もしくは二号墓を埋葬した際にすでに存在したものと推測するに至った。すなわちこの暗道は、両大墓をつなぐ神秘的な「地下通路」なのである。

墓室内に堆積した土の整理は丹念に行なわれた。

考古作業の工程では、整理の過程で文物が出土した際の段取りには、事前の計画が必須である。文物の出土は一件ごとに詳細な記録が必要で、編号をつけ、三次元座標を測量し、平面図に表記するのである。

考古隊員たちは毎日のように堆積土を処理していたが、はじめのうちは文物が発見されることはなく、みな多少の失望感を抱いていた。

一部の舗地石はすでに盗掘者によって
こじあけられていた。

墓室の構造
前室の向こうに後室が見える。

墓葬中唯一の男性の頭骨

前室出土の割れた頭骨は、のちに老年の男性のものと鑑定された。発見地点はもともとこれが置かれていた位置ではない。彼は墓主なのだろうか。

九月二十五日、陳愛蘭局長と孫新民所長の一行が現場にやってきて作業を指導した。すると、状況に転機が訪れた。

この日、考古隊員が前室の前方で人の頭骨を発見したのである。頭骨は圧迫により割れていたものの、基本的に完全な形状を留めており、骨壁は厚く結節部も発達していた。この頭骨は堆積した泥の中に埋まっており、付近に木棺《もっかん》は見当たらなかった。したがって、人の手によってここに移されたことが分かる。

潘偉斌は興奮した。彼はこの頭骨の存在により、墓が空墓ではなく、「衣冠塚《いかんづか》」でもないことが証明されると感じた。この大墓には墓主がいたのである。

嬉しい知らせは他の整理地点からももたらされた。考古隊が次々と、陶器や鉄器を発見したのである。なかでも、もっともきれいなものは鉄製の鎧であった。魚鱗状の鎧甲片《がいこうへん》は、出土時には錆びて一つに固まっており、周辺にも大量の鎧甲片が散乱していた。出土状況から判断するに、鎧はもともと木枠に掛けられていたが、出土時にはその木枠は朽ちていたのだろう。

鎧とともに折れた鉄剣二振り、鉄刀一振りも発見された。

石牌に刻まれた「魏武王」の文字

十一月六日は、潘偉斌にとって忘れられない日となった。ある考古隊員が前室で堆積土を整理していたところ、小さな石牌《せきはい》の破片を発見した。彼女が刷毛《はけ》で軽く二度刷くと、表面に文字の半分のようなものが現れた。彼女は急いで潘偉斌に報告した。潘偉斌はやってきて石牌を真剣に眺めた。彼はこれが「魏」字の半分であるように感じた。

魏？　魏武王？　曹操？

彼は以前目にしたことのある石牌を想起した。それは安陽市民の間に流出していた「魏の武王 常に用ひる所の挌虎の大刀」の石牌で、この石牌と材質や大きさ、形状も完全に同じであると感じた。まさか、盗掘者の手で発掘され、本物と噂されるあの石牌は、この墓から出土したのではあるまいか。

潘偉斌は喜んだ。彼は石牌の出土地点の座標を記録し、現場会議を開いた。そこで考古隊員たちに、整理上の発掘作業では必ず、常に二人はその場にいることとし、一人は整理作業を行ない、もう一人は傍で監督するよう指示した。文物の安全を確保するためである。

立て続けに重要な発見が報告された。短期間に五つの石牌が出土したのである。これらの石牌は、上半分が残るものや、下半分が残るものはあったが、完全なものは一つもなく、隊長の潘偉斌はいささか残念に思っていた。

再び鄭州に戻った彼は、賈連敏副所長にこの新発見を報告し、墓葬についての自身の分析を伝えた。賈連敏ははやる気持ちを抑えられず、彼を連れて所長の孫新民を訪ね、報告を行なった。孫新民所長も同じく非常に興奮し、次のように言った。墓葬の盗掘状況は深刻だったが、幸運にもこれらの石牌が発見された。君たちの作業は無駄骨ではなく、たとえ他に重要な発見がなくとも、これらの石牌がいくつかの問題を明らかにしてくれるだろう、と。

この後さらなる発見があるとは、彼らも予想していなかったのである。

十一月十一日午後四時、考古隊員の尚金山《しょうきんざん》と信応超《しんおうちょう》は、前室の甬道の門のところで石牌を発見した。発見時、文字の面は下になっており、上には泥土がしみついていた。石牌の破片を目にしていた二人の隊員は、これはほぼ完全な石牌ではないか、と興奮した。彼らの心は、この完全な石牌には文字もあるかもしれないという期待で満ちていた。

考古隊の駐屯地に戻った尚金山は、ぐずぐずしていられず、食事もとらずに石牌の土を水で洗い流した。小さなごみを払い去り、目を細めると、石牌に文字が現れた。「魏武王常所用挌虎……」。六〇歳を超える尚金山は興奮して飛び跳ね、声高に叫んだ。

「「魏の武王」だ。みんな見てくれ。ここに「魏の武王」って書いてあるぞ」

尚金山の周りに集まった一同は、水も漏らさぬほどに彼を取り囲み、次々にその文字を確認し、石牌に触れたがった。

信応超は急いで別の駐屯地に居た潘偉斌に電話をかけ、この喜ばしい知らせを伝えた。

「魏の武王の（刻銘のある）石牌を発見しました」

部屋で資料を整理していた潘偉斌は、冗談だと思った。

「からかわないでくれ。そんなことを言われても信じられない」

信応超はさらに大声で言った。

「本当です。尚先生のような高齢の方が、飛び跳ねていましたから」

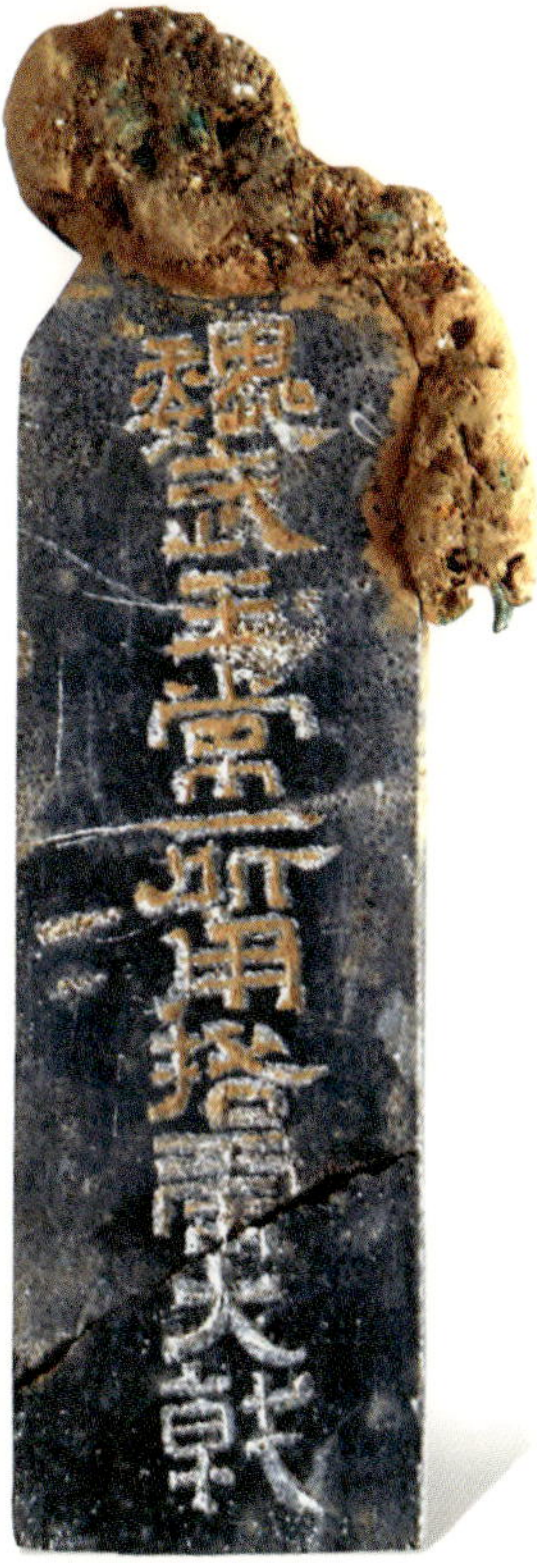

魏武王常所用挌虎大戟
西高穴2号墓から出土した石牌の一つで、考古隊員の手によって墓内から出土した。石牌の表面の文字は典型的な「八分書」である。「八分書」は後漢末に流行し、隷書から楷書に至る漢字の発展過程を証拠立てるものである。「魏武王」の3字は、墓主の身分の秘密を明らかにするものであり、「常所用」「挌虎」はともに後漢末に流行した用語である。

この言葉を聞いた潘偉斌は興奮し、言葉で形容できないさまざまな気持ちが湧き起こった。よく考える間もなく、彼は自転車にとび乗り駐屯地へ向かった。

空からは依然として大雪が降り続けていた。深い積雪のため自転車は動かなくなり、潘偉斌はそれを捨てていった。このときすでに、潘偉斌は寒さに対する感覚を失っていた。彼はその神秘的な石牌を早く見たいと渇望していた。駐屯地に到着したとき、潘偉斌の皮膚にぴったりと貼りついた肌着には汗がしみ込み、体には雪が貼りつき、瞼《まぶた》の上でとけた雪は、涙の痕のようになっていた。彼はそれを拭おうともせず、まっすぐに屋内に入り、興奮している人びとを押しのけて石牌を手にした。このとき、潘偉斌の眼に本物の涙があふれてきた。彼は顔を背け、気持ちを落ち着かせてから、手中の石牌を眺めた。

潘偉斌は、石牌の下部がやや欠けており、その断面が整っていることに気づいた。彼は隊員たちに尋ねた。

「他に洗った石牌はないか。破片でもいい」

ある隊員が即答して言った。

「何日か前にかなり小さな石牌の破片が出土しましたが、非常に小さかったため、誰も気にかけておらず、まだ洗っていません」

潘偉斌は言った。「すぐにそれを見つけて洗浄し、これと合うかどうか見てみよう」

小さな石の破片はすぐに見つかった。信応超がそれを洗浄し、潘偉斌の前に持ってきた。破片には

「大戟」の二字が刻まれていた。その字体はいま目にしていた石牌と完全に一致し、石質も同じであった。

潘偉斌が石牌の断面と破片とを合わせると、ぴったりと合わさった。初めて完全な石牌が、みなの前に現れたのである。石牌の文字を上から下に追うと、「魏武王常所用挌虎大戟」と刻まれていた。

感動が極まった後も、墓室内の整理作業は依然としてフィールド考古学の手順通りに進められていった。

さらに見つかった二つの頭骨

数日後、石牌とはまた別の発見があった。考古隊が後室で整理作業を進めていたところ、二人分の頭骨と細かく砕けた肢骨《しこつ》が出土したのである。この二つの頭骨と数日前に前室で発見された頭骨を合わせると、合計三体分となる。

後室の甬道付近では、金糸《きんし》が出土した。これらの金糸は髪の毛のように細く、丸まっている。墓主の衣服を刺繡した金糸の図案の遺物かもしれない。

整理の範囲が拡大され、後室の南側室付近までくると、考古隊内はある情報で沸き立った。側室の門道の内側に、十数点の刻銘石牌が散らばっているというのである。

潘偉斌は、新たな発見を省文物局の陳愛蘭局長に電話で報告した。陳愛蘭は中国文字博物館の開館

女性の頭骨

同じ墓から3人の頭骨が発見され、鑑定の結果、そのうち二つは女性、一つは男性であるとされた。男性が墓主であるとすれば、女性たちはいったい誰なのだろうか。

の件で北京へ向かう列車の中にいた。この知らせを聞いて興奮した陳局長は、国家文物局の指導者たちに報告するため、潘偉斌に各石牌の文字内容を携帯メールで送らせた。

次の二日間も発見が絶えなかった。二日目には一二点の石牌が発見され、三日目にはさらに二四点の石牌が集中して発見された。十数日のうちに、合計で五九点の石牌が相次いで出土した。

石牌が出土するたび、潘偉斌はまず省文物局と文物考古研究所の指導者たちに報告した。あるときは一日で七回も八回もの報告を行なった。のちに陳愛蘭は、電話に出る際、潘偉斌が口を開くのを待たずにこう言った。

「笑い声を聞いて、あなたが何を報告するか分かりましたよ。また何か重要な発見があったと言うのでしょう」

陳愛蘭局長は多忙を極めていたが、潘偉斌からの電話のベルを聞くたびすぐに受話器を取った。発掘期間中、彼らの電話はホットラインとなっていた。

考古発掘の専門家は、石牌自体にのみ注目するのではない。石牌の科学的価値は、その出土状況と切り離せないのである。潘偉斌はこの点をはっきりと認識していた。彼は考古隊が描いた墓室内の出土文物分布図を詳細に確認した。

石牌は、盗掘者が動かした攪乱土層からではなく、いずれも自然の地層から出土していた。また数枚の石牌は、出土時にその上に陶器や鉄器、漆器が積み重なっていた。

学術的には、石牌の上に漆器や陶器、鉄器が積み重なり、これを圧迫していたということは、きわめて良好な「地層関係」を形成していたといえる。漆器の本体は腐りやすい竹や木などの有機物で作られており、それらが上から石牌を圧迫し、千年の時を経て腐った漆器と土が一緒になり、自然と石牌を蓋ったのである。石牌が漆器の下から出土したということは、これらが後人の手によって偽造され、墓中に「放置」されたという可能性を完全に排除する。また、石牌の上に積み重なっていた鉄器も、ひどく錆びついていた。鉄器が石牌を圧迫していた年月も、同様に長かったことが分かる。

二〇〇九年の安陽の冬は珍しく寒冷だった。長年経験することのなかった大雪に見舞われ、大地は銀色に包まれた。道路には絶えず雪が降り積もり、水道や電気、物資の供給すべてに問題が発生した。考古隊はしばらく発掘を中止せざるをえなかった。

大雪が解けてからの数日間も、中国文字博物館の慶典のため、考古隊は作業を休まねばならなかっ

大型の鉄鏡と舗地石上に散乱した陶器。

石璧は欠損しているが稀に見る大きさで、墓主の身分が普通ではないことを示している。

舗地石上の漆器など有機質の遺留物。

後室南側室の入り口で見つかった六角形の石牌と鉄製の帳の部品。

陶器は破損しているが、その風格から墓葬の年代は後漢末に限定される。

た。

安陽市にとって中国文字博物館の建設は、当地に国家最高クラスの博物館をもたらすものであった。国家指導者の李長春《りちょうしゅん》、劉延東《りゅうえんとう》、陳至立《ちんしりつ》、陳奎元《ちんけいげん》、許嘉璐《きょかろ》、国家文物部の蔡武《さいぶ》部長、国家文物局の単霽翔《ぜんせいしょう》局長、当時の河南省委員会の徐光《じょこう》春《しゅん》書記、省長の郭庚茂《かくこうも》たちが安陽に会し、中国文字博物館の開幕式を行なった。

この光景は、久方ぶりの「都城」としての誇りとともに、安陽の人びとの瞼に焼き付けられた。

国家文物局の単霽翔局長は、文字博物館の開幕式の前に時間を割き、西高穴大墓の発掘現場を訪れた。予定では、視察の時間は一〇分しかなかった。しかし大墓に入るや、単霽翔は墓葬の規模が彼の予想を超える広大さであることに、非常に驚いた。彼は潘偉斌の報告を聞きながら、墓室の構造を詳細に観察した。約束の時間はすぐに過ぎた

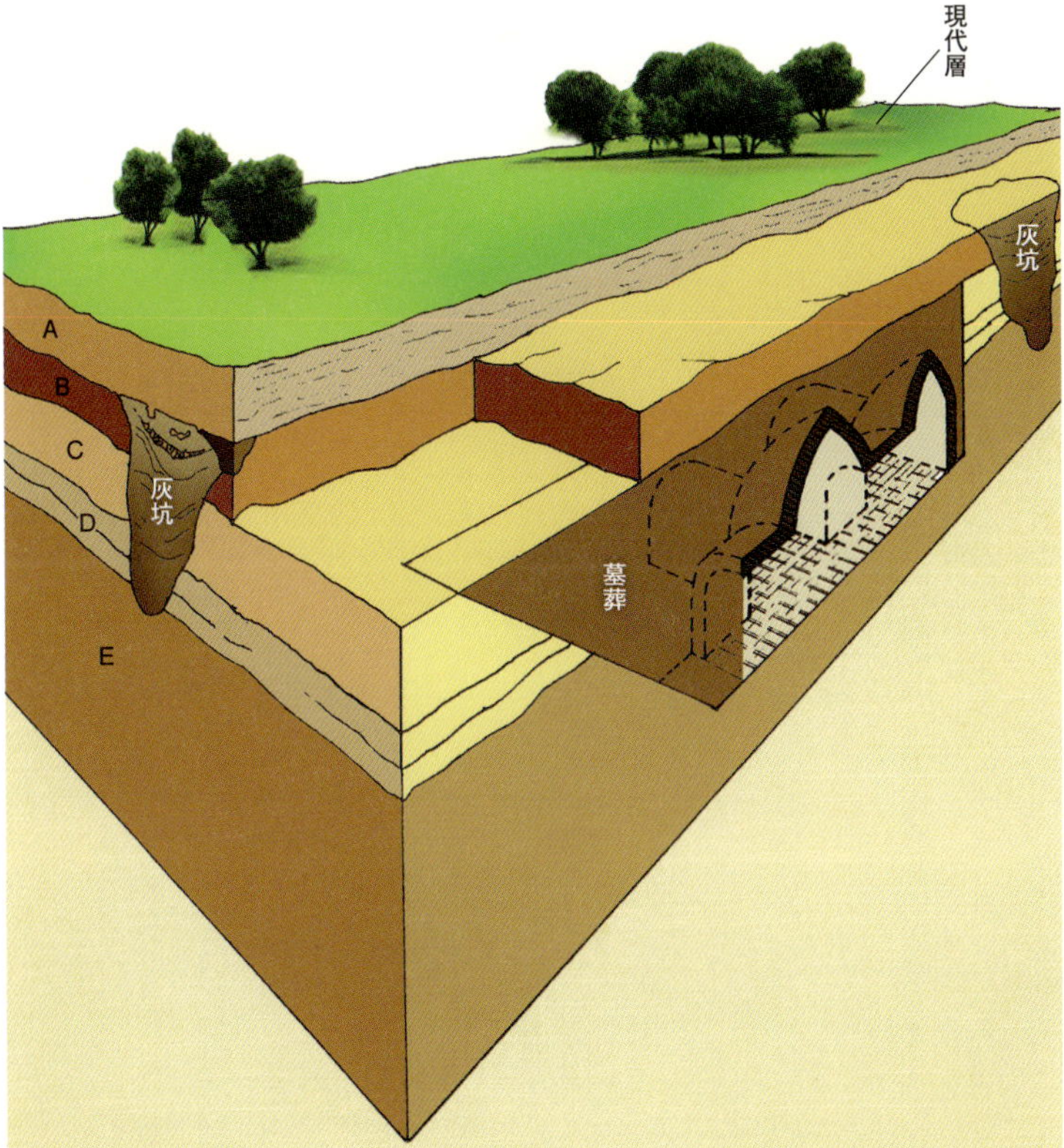

考古地層と年代
地層の形成は、人工と自然の両方の要素による。通常は下層の堆積年代のほうが上層の堆積よりも早い。しかし地下に深く埋められた墓葬の場合、年代が後になる地層との関係には人類の行ないが地層に関与したことを考慮しなければならない。西高穴2号墓は深さ13m以下に埋められたが、その年代は墓葬が埋められた地面（図のC層）よりも後である。　（作画／呉書雷）

が、潘偉斌は単局長に出土文物を見る時間がないか尋ねた。単局長はこう答えた。

「見たい。もちろん見たい」

一行は車を走らせて整理作業の基地へ赴いた。単局長は文物を一つ観察するごとに、携帯していたデジタルカメラを取り出し、「画像石」や石牌の写真を撮影した。すぐに三〇分ほどの時間が過ぎ、随行の安陽市政府の指導者が出発を促したが、彼はなお現場を離れることに未練がある様子だった。

出発前、彼は考古隊にいくつかの提言を行なった。
①安全に注意すること。人身の安全、文物の安全、作業場の安全を確保すること。
②科学発掘ではいかなる考古現象も見逃してはならない。緻密に作業を進め、骨格を重要な文物として扱い、可能な限りを尽くして人骨を収集し鑑定を行なうこと。
③すぐに専門家を組織して発掘現場の視察を行ない、出土文物を研究し、科学的論証を進めること。早期に結論を出して意見を統一したのち、記者会見を開いて公表すること。
④現在より、今後の保護と展示について考えはじめること。どのような展示をするか、しっかりと計画するように。とくに重要なのは遺跡の展示である。遺跡の保護についても、しっかりと計画するように。
現在の中国政府職員は、以前とは違う。単霽翔は博士の学位を有し、国家文物局長に就任して以来、全力を尽くして文化遺産の保護運動を推し進めてきた人物である。このように文物考古事業の様相は一新されていた。単局長の「指示」はわずか三〇分の間に慌ただしく作られたものであるが、玄人目

にも、諸々の要点をつくものである。単霽翔の四ヵ条は、河南省文物局に大きなプレッシャーを与えた。このうち第三条は、陳愛蘭と孫英民に対して戒告されたものに他ならなかった。国家文物局が必要としているのは、専門家による詳細な論証を経た結論であり、科学的な論証を経なければ、記者会見を開いてはならないのである。

十一月十九日、河南省文物考古研究所の孫新民は省内の専門家と連絡をとり、中国社会科学院考古研究所の専門家である徐光冀と朱岩石、陝西《せんせい》省考古研究院の専門家・焦南峰《しょうなんぽう》、中国考古学会常務理事・中国世界文化遺産専家委員会委員の陳雍《ちんよう》、鄭州大学歴史学院の韓国河教授を招聘し、西高穴二号墓の発掘に対する討論会を開いた。

十一月二十日、文物局の孫英民局長は三日のうちに二度も車で安陽までやってきて、西高穴大墓の発掘保護と作業場の安全作業に対する手配を進めた。

孫英民と孫新民は、西高穴二号墓の墓主を判定するときが来たと感じた。彼らは、国家文物局に広域の学術討論会を組織してくれるよう申請することを決めた。

十二月十二日、国家文物局文物保護司の関強《かんきょう》司長率いる専門家集団が安陽に到着した。このたび招聘された専門家たちの専門領域は、漢魏考古に限らなかった。メンバーには、考古学界で輝かしい名声を誇る専門家の黄景略《こうけいりゃく》や李伯謙《りはくけん》、安家瑤《あんかよう》、文字学の専門家である郝本性《かくほんせい》、歴史学の専門家である梁満倉《りょうまんそう》や朱紹侯《しゅしょうこう》、形質人類学の専門家である王明輝《おうめいき》が含まれていた。省内の考古学の専門家である孫新民、張志清、賈連敏も会議に参加した。

このたびの会議の焦点は、西高穴二号墓の墓主の身分にあった。墓葬を視察し、出土文物を研究した専門家たちの心中は非常に明快であった。西高穴二号墓の墓主はもはや難解な謎ではない、と。

十二月十七日、中国社会科学院学部委員・中国社会科学院考古研究所の前所長であり漢魏考古の国内最高権威の専門家である劉慶柱《りゅうけいちゅう》が、鄭州に立ち寄った。この知らせを受けた省文物局は、すぐに劉慶柱と連絡する方法を講じ、専用車を派遣して彼を西高穴二号墓の発掘現場まで案内した。

現地に到着した劉慶柱は、大墓の発掘について多くの具体的な建議を行ない、墓主についての自身の判断をひそかに潘偉斌に告げた。このことは、潘偉斌と考古隊を大いに鼓舞した。

十二月二十七日、多くの専門家たちの論証意見を総合した河南省文物局は、正式に記者会見を開き、社会に向けて西高穴大墓の発掘成果を公表した。

二〇一〇年の元旦が過ぎ、新たな年が始まった。西高穴大墓が曹操墓であるという情報は、早くも広範囲にひろまっていた。世間は瞬時に「挺曹（曹操墓説擁護）」派と「拍曹（曹操墓説批判）」派に分かれた。

最後に登場する専門家組織のメンバーは、みな中国社会科学院考古研究所の研究員である。考古研究所の王巍《おうぎ》所長率いる隊には、漢魏考古の第一線の専門家である朱岩石や銭国祥《せんこくしょう》、劉振東《りゅうしんとう》、文字学の専門家である趙超《ちょうちょう》、形質人類学の専門家である張君《ちょうくん》、炭素十四年代学の専門家である張雪蓮《ちょうせつれん》、化学の専門家である趙春燕《ちょうしゅんえん》らがいた。このたびの現場視察により、西高穴大墓の発掘は二〇〇九年における全国六大考古新発見の一つと評価された。

墓主にまつわる疑問

しかし世間ではなお、西高穴二号墓の墓主の身分に対する議論は収束しなかった。このことは、考古隊にとって無形のプレッシャーとなった。それでも発掘は平常通りに進められていった。

最後の精彩となった発見は、考古隊員の心中に長らく積み重なっていたあの悩ましい問題、墓室内から出土した三つの頭骨には主従の身分差があるのか、どれが真の墓主なのか、という疑問に由来するものであった。

この疑問に回答するためには、まず三名の死者の木棺の位置を確認しなければならない。これは死者の身分を確認するためのきわめて重要な鍵である。

考古隊員たちは、泥土中の有機物の痕跡に注目した。木棺が朽ちたとしても、泥土がひどく攪乱されていなければ、腐敗の痕跡が調査で見つかるはずである。予想通り、一月中旬に、後室の南北の側室でそれぞれ木棺ひと組が発見された。このことは、三名の死者のうち少なくとも二名は、後室の南北の側室内に安置されていたことを意味している。

では、もう一人の死者の木棺はどこに置かれていたのだろうか。

喪葬の制度によると、この時代の墓主には木棺が用いられ、墓室の主室すなわち後室内に置かれる。しかし発掘の過程では、後室内に明確な木棺の痕跡は発見されなかった。

なぜ三人分の頭部のうち、二人分の棺材しかないのだろうか。まさか人びとが疑うように、このうちいずれかの頭骨は盗掘者のものなのだろうか。

潘偉斌も考古隊員たちも、その可能性はないということを分かっていた。

しかし、三つの頭骨が墓葬内にあったということを証明するには、これらの頭骨がもともとあった位置、たとえばそれぞれの棺材の位置を見つけ出すしかなかった。

恨めしいのは盗掘者である。彼らが墓室から文物を洗いざらい奪い去らなければ、頭骨の本来の場所も知ることができただろう。

この問題がすぐに解決されるとは、誰も思っていなかった。

一月二十四日、殷墟の発掘を担当した中国社会科学院考古研究所安陽工作隊の唐際根隊長が西高穴を訪れた。正午近くになり、彼らは再び二号墓の墓室に入った。同行者の中には考古隊員の任成磊《じんせいらい》がいた。この几帳面な性格の任成磊は、後室後部の舗地石に浅い「印痕《いんこん》」を発見した。潘偉斌と唐際根はすぐに足を止めてこれを観察した。

舗地石の「印痕」の大きさは約一二cm^2で、人の手によって鑿《うが》たれた痕跡ではなく、色の整った舗地石に較べやや浅くなっているだけである。しかし巨大な重いもので圧迫されたのではない限り、堅固な舗地石にこのように明確な「印痕」はできえない。

この種の「印痕」は単独のものなのだろうか。一同は自然と捜索範囲を広げていった。任成磊はすぐにまた別の舗地石に「印痕」を見つけ出した。唐際根と潘偉斌らも他の舗地石に類似する「印痕」を発見した。「印痕」は三対二列、合計六つあった。

かすかな痕跡に、大きな秘密が隠されている

後室の舗地石上に3対2列の計6ヵ所、方形の印痕が規則的に並んでいた。どのような物体がこの重厚な舗地石に鮮明な痕跡を残したのだろうか。石屋ないし石椁と考えるのが、もっとも合理的な解釈だろう。

六つの「印痕」は、長さ二・四二m、幅一・〇二mの矩《く》形《けい》を呈して分布していた。

「石葬具《せきそうぐ》だ！」一同はほぼ同時に叫んだ。

石葬具は、古代において墓室内で木棺を載せて安置するもので、身分や地位が高い死者に対して用いられた。石屋《せきおく》・石椁《せっかく》・石棺床《せっかんしょう》などの数種を包括した語である。舗地石の印痕を根拠とするだけでは、西高穴大墓内に安置されていたのが石屋なのか石椁、石榻《せきとう》なのかあるいは石棺床なのかを確定することは難しい。

一同は期せずして、次のことを思い起こした。考古隊が西高穴大墓の発掘を開始したころ、早期の盗掘坑口の周囲から、図案の刻まれた「画像石」の破片が大量に収集されていたのである。これらの画像石については以前、漢墓によく見られる墓葬中にはめ込む画像石の類であろうと推測した者がいたが、整理の結果、墓壁には画像石を「はめ込んだ」痕跡はないことが確認された。また「画像石」の破片はすべて、同一建築物のもののようであった。とくに、石彫の瓦当は、もともとそれらが建築部材であったことを訴えているに他ならない。

では、これはいかなる石葬具だったのだろうか。

まず瓦当の存在により、石棺床の可能性はなくなる。棺床には瓦当はないからである。唐際根と潘偉斌は、石屋もしくは石椁の可能性があると感じていた。しかし石屋もしくは石椁と結論づけるためには、研究員による「画像石」破片の完全な整理を待たなければならないことを彼らは分かっていた。

椁は、古代において棺材を安置し保存するもので、棺の外側を包む一種の「箱」型の構造である。その起源は非常に古く、少なくとも殷代には一般的に使用されていた。通常は丸木を用いて組み立てられるが、隋唐代には、多くの貴族が石材を彫刻して椁とし、棺材を安置して尊貴を顕示した。建築物型に彫り上げられ、人物の図案が刻まれるなど、高大粛穆《しゅくぼく》な石椁もある。

石屋とは、棺椁の外側の建築である。その外観は建築物を思わせるもので、棟木・斗拱、屋根・瓦当と、すべて揃っている。

六つの「印痕」の発見により、西高穴二号墓に石葬具が置かれていたことが判明したのみならず、その位置も確認できた。このことは、木棺の位置も確認できたことを意味する。すなわち、木棺は後室の真ん中に安置されていたのである。後室の前部には有機物の堆積を確認できるが、これは繰り返し破壊された木棺が腐敗した残留物かもしれない。この木棺は、材料はもちろん大きさも、側室の二つの木棺より良質のものであったろう。

この想定は、墓室から出土した釘によって傍証される。

木棺の痕跡
木製の棺材は千年あまりの時を経て土壌の中で腐爛し、残留物の痕跡がわずかに確認できるのみである。これは西高穴2号墓の朽ちた木棺の痕跡である。

考古隊は墓室内の攪乱土を整理している際、規格の異なる二種の鉄棺釘を発見した。大きいほうは長さ二〇cm以上に達し、短いほうは一〇cmあまりであった。二〇cm以上の棺釘は、後室の男性墓主の木棺に用いられたものであろう。このことは木棺の板材の厚さが二〇cmを超えるものであり、両側室から発見された木棺よりもはるかに厚いことを示している。

二号墓から出土した文物

二号墓の発掘はひと段落を告げた。では、出土した文物は合計でどのくらいあるのだろうか。

考古隊は墓葬の構造・遺跡・遺物関係などの学術研究が必要とする情報に関心を置きがちであるが、文物の点検もまた同様に欠かせない作業である。

西高穴二号墓は発掘以前に何度も盗掘を受けていたため、墓中の副葬品の数を正確に知ることは、実際には不可能である。

では、残されていた文物はどのくらいあるのだろうか。

文物の数を計算することは、簡単ではない。最終的な数はすべての発掘が終了し、研究整理の作業が完了した後にようやく判明するのである。たとえば墓内から出土した鉄製の鎧は、散乱していた破片が数百点に達し、深刻な状況であった。つまるところ、これがひと揃いの鎧なのか、あるいはふた揃いなのか、研究を経てようやく結論が得られる。鎧は甲片を穿綴《せんてつ》して作製されており、甲片の整理は、技術的処理が施された後に進められる。このほか、出土した時点で破砕していくつかに分かれ、墓室内の異なる場所に分布していた文物、すなわち発掘現場にて別の個体編号で登記されたものもある。これらは発掘作業が終了し、整理修復作業が行なわれた後に、ようやく個体数を確定することができるのである。

二号墓からの出土時に比較的完全な状態を保ち、修復の必要がない文物は二五〇点近くある。また陶器・鉄器や単独の「画像石」（数千点の破片は計算に入れない）を加えると、現在登録されている文物は四〇〇点を下らない。

これらの文物を材質によって分類すると、金・銀・銅・鉄・玉・石・骨・漆・陶・雲母・石炭などがある。

金銀製の文物：金糸《きんし》・金扣《きんこう》・金環《きんかん》・銀帯扣《ぎんたいこう》・銀飾り・銀環
銅製の文物：銅帯鈎《どうたいこう》・帯扣・銅環・銅泡釘《どうほうてい》・銅銭
鉄製の文物：鉄甲・鉄剣・鉄杵《てつしょ》・鉄弩《てつど》・鉄矛《てつぼう》・鉄戟《てつげき》・鉄刀・鉄鏡・鉄帳構《てつちょうこう》、および束になった鉄箭《てつせん》
　頭と規格の異なる二種の鉄棺釘
玉製の文物（瑪瑙《めのう》・水晶を含む）：玉佩《ぎょくはい》・玉珠《ぎょくしゅ》・瑪瑙餅《めのうへい》・水晶珠・瑪瑙珠
石製の文物：石璧・石枕・石圭《せきけい》・石硯《せきげん》・石弩機・刻銘石牌《こくめいせきはい》・画像石の破片
骨製の文物：骨尺《こっしゃく》・骨簪《こつさん》
漆木製の文物：漆器
陶磁製の文物：陶炉・耳杯・盤・壺・托盤《たくばん》・盆・陶俑・陶硯《とうけん》・釉陶罐《ゆうとうかん》・器形が不明な磁器片
その他の文物：石炭製の虎の彫刻・雲母片

上記の副葬品で注目すべきは、刻銘石牌である。石牌は合計で六二点あり、形状から、A・Bの二類に分けられる。

A類：計八点。一端はとがって鋭く、もう一端は平らでまっすぐな圭形のもので、やや細長い。表面には、器物の主人と名称が刻まれるが、数量は記されない。たとえば「魏武王常所用挌虎大戟」二点、「魏武王常所用挌虎短矛」一点などがある。

B類：六角形で、長さ八・三cm、幅四・七五cm、厚さ〇・七cm。上部の真ん中に孔が空いている。物品の名称と数量が刻まれるが、持ち主については記されない。こちらの石牌の記載内容はそれぞれ異

神秘的な印符（左が印面）
この印符の機能や寓意がいかなるものであるか判明するには、なお時間を要する。

なり、たとえば「八寸机一」「香囊《こうのう》卅双」「胡粉一斤」「刀尺一具」「木墨行清」「白練単衫《はくれんたんさん》二」「黄豆一升」「圭一」「璧四」「絨《じゅう》二幅」などとある。

鉄甲は、錆びついて結合している。

鉄鏡の直径は二一cmに達する。

石圭の大きさは、幅七・四cm、長さ二八・九cm。

このほか、三枚の銅銭はいずれも「五銖《ごしゅ》」銭で、うち一枚は剪輪《せんりん》五銖《ごしゅ》である。

上述の副葬品のほか、以下の特殊な「文物」もある。

①木棺三組。後室の南北側室からそれぞれひと組が出土した。後室（主室）にもひと組置かれていたが、痕跡が残るのみである。

②三体の人骨。

③墓室を築く磚。長さ五〇cm、幅二五cm、厚さ一二・五cmで、無地で光沢がある。

④舗地石。

⑤「画像石」の破片数百点。

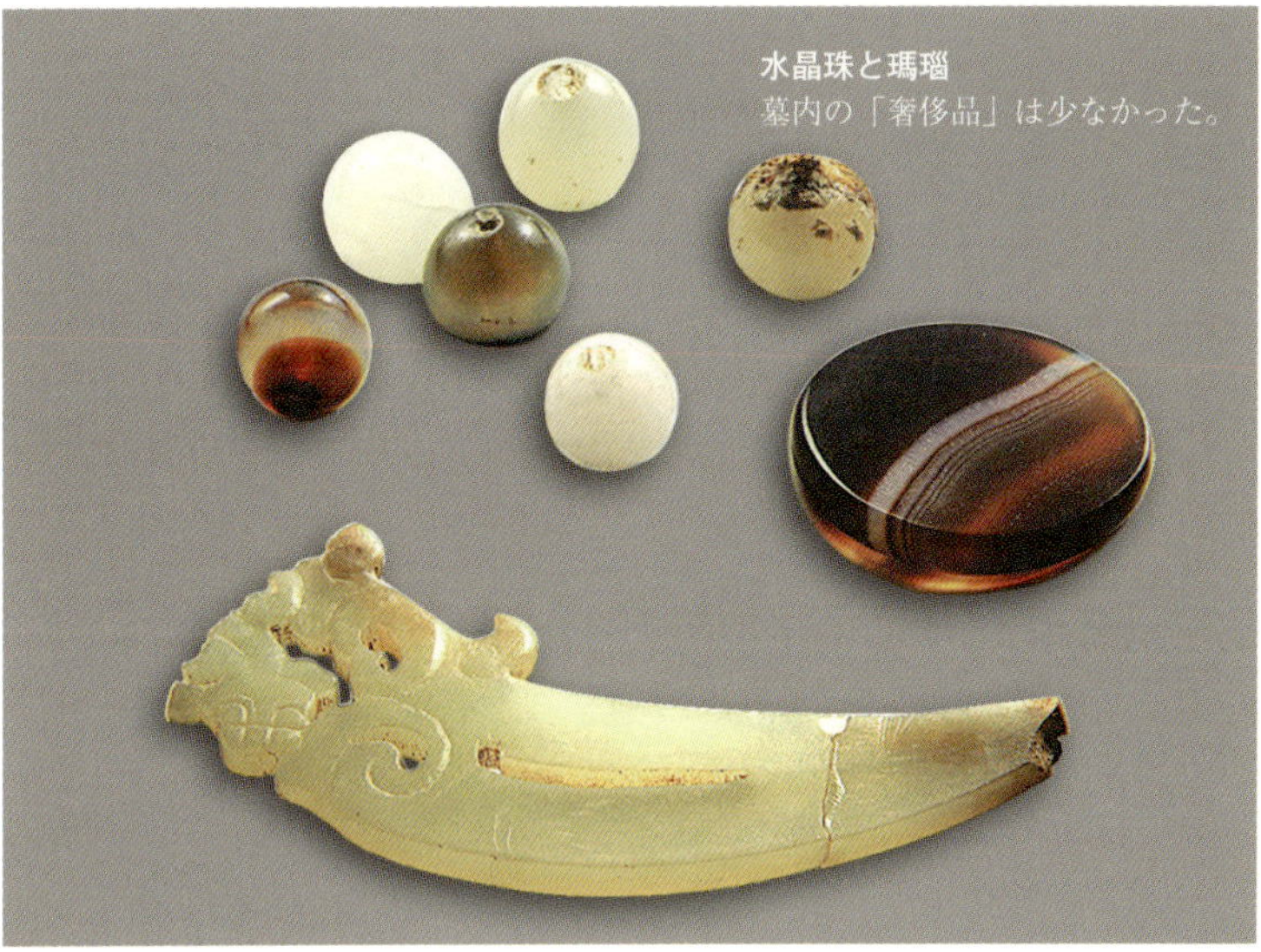

水晶珠と瑪瑙
墓内の「奢侈品」は少なかった。

うち数百点の「画像石」の破片は、その多くが地表から深さ五mにある早期の盗掘坑の周囲から出土した。わずかながら、墓室から出土したものもある。これらの「画像石」の絵は熟練の技術で精巧に描かれ、彫刻も精美である。人物のほか青龍・白虎など「神獣」の図案が刻まれている。榜題《ぼうだい》（画像内に示された説明書き）が明確に残るものもあり、「宋王車」「文王十子」「飲酒人」などとある。

画面の内容や榜題のほか、二つの大きな特徴が考古隊員の関心を引いた。一つは、破片の材質や色がいずれも同じで、同一の構造物のもののようであること。もう一つは、一部が「瓦当」の形をしていることである。「瓦当」は古代中国の建築部材である。

これら「画像石」の破片は、建築物と関係があるといえよう。

「青龍」「画像石」の破片

二つの凸起した目玉と鱗のある「画像石」の破片は、「白虎」と対応する「青龍」だろうか。青龍・白虎・朱雀・玄武は、後漢墓でもっとも流行した題材である。

墓室内から出土した泡釘
（訳者注：泡釘とは釘頭が丸い装飾用の釘）

陶俑
墓室内から出土した陶俑は体型がふくよかで、前漢の瘦せた俑とまったく異なる。これも後漢の特徴である。

六角形石牌

「刀尺一具」「黄豆二升」「香嚢卅双」……六角形石牌の文字は、物品の名称と数量を記録したものである。これは漢代の「遣冊」あるいは「物疏」である。その内容は、墓葬の時代を反映するのみならず、墓主を個性化する情報でもある。

漆唾壺一	鐎茱菌二	刀尺一具	鏡母一
白縑単衫二	三尺漆薄机一 食巣一	絳白幍幕二	戎輅橫一具
樗蒲林一	軒枙一	胡粉二斤	木鑞叉一

以上の副葬品は、墓葬の前・後室と各側室に分布していた。

後室はもっとも面積が広く、墓室全体における最重要の空間、主室であろう。ここでは帷帳《いちょう》の部品は発見されていないが、石葬具の明確な痕跡が確認できる。したがって、ここには帷帳ではなく石屋が設置され、その中に主棺が置かれたのだろう。すなわち、ここは墓主の「寝室」だったと考えられる。

後室の南北両側室に安置された棺材にも副葬品はあるが、付属の物である。南側室で発見された鉄製の部品は、木棺の外側に張られた帷帳の部品である。

前室は「前堂」の性格を有している。「魏武王常所用挌虎大戟」などと刻まれた圭形の石牌はいずれもこの部屋から出土した。また前室からは鎏金蓋弓帽《りゅうきんがいきゅうぼう》も発見されており、車両が副葬されていたと推測される。すなわち、前室は墓主の生前の客間を再現したのだろう。

前南側室は厨房と関係があるかもしれない。また前北側室は「四角攢尖」の天井を採用しており、室内から発見された文物は不明であるが、儀礼に関係する空間だったと考えられる。

上述の文物はいずれも考古発掘により出土したものであるが、西高穴大墓は盗掘を受けていたことが確実である。これらの文物は後人によって偽造された可能性はないのだろうか。たとえば偽造して墓葬中に置き、「再び出土」させることで文物自身の「身分」を高めたのではないだろうか。

考古隊の作業により、その可能性は否定された。

多くの文物は出土時の地層位置が明確ではないが、これらの文物の関連性は、断ち切るすべがない。

出土文物は、名称や機能を問わず、いずれも後漢晩期の風格を備えている。どんなに優れた偽造文物製作者でも、考古学者が「すべての文物が後漢晩期に製造された」と判断するような風格を作り出す手腕を備えることは不可能だろう。

また、これらの石牌の材料は基本的に一致する。このうち刻銘石牌は、表面の文字の内容や表現方法、字体までもが一致する。いくつかの石牌は壊れやすい文物の下部から発見されており、錆びついた帳の部品に圧迫されていたものもあった。それらが動かされた痕跡はなく、後人が製造した「偽造文物」である可能性はない。

さらに、石牌に記された胡粉・香囊・尺刀・八寸机・白練単裙《はくれんたんくん》・木墨行清などは、いずれも典型的な後漢時代の物品名である。

いくつかの語彙は耳慣れたもので、現在の常用句もある。しかし考証の結果、いずれも古代の常用語であることが判明した。たとえば、「魏武王常所用挌虎大戟」中の「常所用」「挌虎」の語は、ともに古代、とくに漢末三国時期の社会における常用語である。

『三国志』呉書・周泰伝の裴松之《はいしょうし》注引『江表伝』には、孫権が「敕して己の常に用ひる所の御幘・青縑蓋を以て之に賜ふ（敕以己常所用御幘青縑蓋賜之）」と記され、「常所用」の語が用いられている。また劉宋の事跡を記録した『宋書』巻八八・肖思話伝にも「初め青州に在りて、常に用ひる所の銅斗……（初在青州、常所用銅斗……）」とある。

「挌虎」はすなわち「格虎」で、虎と格闘することであり、勇猛さを意味する。挌虎の用法は古くからある。『史記』殷本紀では、紂王《ちゅうおう》が「手もて猛獣を格《う》つ（手格猛獣）」とする。『漢書』東方朔伝にもまた、武帝が猟に赴き「手もて熊羆を格（手格熊羆）」ったことが記されている。『三国志』魏書・任城王伝には、任城威王の曹彰《そうしょう》が「少くして射御を善くし、膂力人に過ぎ、手もて猛獣を格ち、険阻を避けず。数々征伐に従い、志意慷慨たり（少善射御、膂力過人、手格猛獣、不避険阻。数従征伐、志意慷慨）」と記されている。少年時代の曹彰は騎射が上手く、膂力《りょりょく》が人並みすぐれ、徒手で猛獣と格闘することができ、かつ困難と危険をおそれなかった。幾度も従軍して戦闘に加わり、志と意欲は（震えるほど）高かった、という意味である。さらに、『魏書』巻九五に、「避虜中郎将の賈覇を遣はし、工匠四千を率ひ、東平岡山に猟車千乗……格虎車四十乗……を造らしむ（遣避虜中郎将賈覇、率工匠四千、於東平岡山造猟車千乗……格虎車四十乗……）」とあり、『全梁文』常僧景等封侯詔に、「宣閤格虎隊主の馬広」などとある。

「挌虎」も「常所用」もともに、古代の文化現象の物証となるのである。(6)

画像石図案の主題は何か

考古隊は発掘を進める一方、別のことについても気にかけていた。盗み出された文物の追跡と回収である。

二号墓後室の天井部に空いた二つの巨大な盗掘坑は、考古隊員たちの心を痛めた。これらの坑からいったい何人の盗掘者が墓室に侵入し、どのくらいの文物が不法に市場に流出したのだろうか。

業務を主管する省文物局の孫英民副局長は、墓内の文物が四散してしまうことが心配で、何度も安陽市公安局に対し、早期に特捜班を結成して対応するよう求めた。安陽県・安陽市の指導者たちもまた、墓中の文物がすでに大きな損失を受けていることを意識し、公安部門の責任で特捜班を結成し、この墓葬の案件に専念させた。

近年安陽県では、盗掘活動が制しきれないほど盛んになっている。潘偉斌が固岸遺址を発掘しているころにはすでに、盗掘活動が氾濫しはじめていた。安豊郷固岸村の張清河《ちょうせいが》主任によると、彼が村の主任となった二〇〇七年ごろ、何度派出所へ赴いたか覚えていないという。盗掘を犯した村民が逮捕され、民警からの通知で呼び出されたためである。また、金儲けをした盗掘者がいることも確実で、陳という盗掘者は逮捕を恐れて転々と居所を変え、携帯電話の番号を何度も変更し、いまだに捕らえられていないという。

二〇〇八年春、考古隊は安陽県警察に対し、西高穴二号墓から盗み出され流失した文物の追跡を正式に要請した。こうして盗掘犯との戦いが全面的に開始され、しだいに拡大されていった。安陽県警察は二〇〇九年末までに、五つの盗掘団、計三八人を逮捕した。こうして曹操墓の文物がまとまって取り戻されたのである。

二〇〇八年三月、ある者が西高穴二号墓から出土したという文物を闇市で購入した。安陽市文物考古研究所の孔徳銘《こうとくめい》所長が調査に赴き、「魏武王常所用挌虎大刀」と刻銘された青石牌を発見した。孔徳銘の説得により、この文物は国家に受け渡された。

こうした文物の追跡・回収の成果としては、接合可能な「画像石」三点、石枕《せきちん》一点、刻銘石牌一点がある。

このうち三点の接合可能な「画像石」は、材質が同じで、断面はちょうど接合でき、接合後は完全な図案となる。構図は、上下二つの部分に分けられる。

上部の図案は、左右両組に分けられる。

上部の左端には、合計で六名の人物が描かれている。左側には二人の布衣の老人が地面に座る図が描かれ、上方の榜題には「首陽山《しゅようざん》」の三字が刻まれている。その前方では三人の官服を着た一行が老人に対して拱手《きょうしゅ》し、先頭の人物の榜題には「使者」とある。三人の後方には一両の馬車が描かれている。車内に隠れているのは、馭手《ぎょしゅ》であろう。馬車の上方にも三字の榜題があり、冒頭の文字ははっきりしないが、おそらく「使者車」とあるのだろう。左の老人たちの榜題「首陽山」は、伯夷《はくい》・叔《しゅく》斉《せい》の故事を思い起こさせる。

上部の右側には、合計で六人の人物が描かれている。右に向かって拱手する五人には、それぞれ順番に「紀梁《きりょう》」「紀梁」「侍郎《じろう》」「侍郎」「侍史《じし》」の榜題がある。右端の図像ははっきりしないが、人の顔が拱手して座る人びとのほうを向いている。この図像がどのような故事を描いているのかについては、現在のところ不明である。

下部の図案は、橋を囲む形で展開している。この図案が描く故事の内容は明らかに一つの総体をなしている。

橋の上では、三両の馬車が右から左へ向かっている。中央に停まる一両の上方には「令車《れいしゃ》」の榜題がある。一人の人物が車内から後方へ向かい半身を乗り出し、恐れの表情を見せている。彼の前方では剣と楯を手にとった者が、目を怒らせて睨んでいる。橋の右側の車には「主簿車《しゅぼしゃ》」の榜題があり、そばには騎士が一人いる。彼らは剣や戟を手にした三人の刺客の攻撃を受けている。橋の左側でも、車一両と騎士一人が刺客の攻撃を受けている。刺客は剣か戟を手にし、勇猛で恐れの色はない。逆に官服を着ている者のほうが恐怖におびえているようで、地に跪《ひざまず》いて許しを請うている者もいる。

橋の下では、水中を魚が泳ぎ、空中には数羽の鳥が飛んでいる。橋の真下では、官服を着た男が水中に落下し、手足をバタつかせて慌てふためいている。男の上方の榜題には「咸陽令《かんようれい》」とある。彼の前後には、それぞれ剣や戟を手にした二人の刺客が船上に立ち、同時に斬りかかっている。刺客の後方では、漁師が魚を捕らえようとしているが、彼らは突然発生した暗殺事件に気づいていないようである。

これはどのような故事を描いているのだろうか。

史料が少ないため、故事の詳細はすでに歴史の煙と塵の中に消えてしまっている。しかし、山東省・内蒙古自治区・河南省・安徽省で発掘された後漢墓の壁画もしくは画像石に同様の題材が見られる。(7)考古発見された画像石が描写する場面を「綴合《てつごう》」すると、故事のおおよそのあらすじを知ることができる。

「七女復仇」の「画像石」

構図は上下二つに分かれる。

上部：左端の2人の老人は地面に座り、その上方には「首陽山」の榜題がある。その前では人びとの一行が2人の老人に対し拱手している。右側の人物の一行には、「紀梁」「侍郎」「侍史」などの榜題がある。

下部：真ん中に橋梁があり、橋の下では魚が泳ぎ、空には鳥が飛んでいる。橋の上には車が一両止まり、橋の両側では人びとが戦う場面が描かれている。中央には「令車」「咸陽令」などと刻まれている。「咸陽令」の両側の小船上にはそれぞれ2人の人物が乗っている。1人は船を漕ぎ、もう1人は武器を手に攻めかかっている。攻撃を受けた人物は水の中に落ちて手足をばたつかせ、度を失っている。

「画像石」の絵の内容は、後漢墓の画像石によく見られるものである。この故事の詳細は歴史の中に埋もれてしまったが、考古学者は類似する題材を「七女復仇」と解釈している。

この故事はもともと「七女復仇《しちじょふくきゅう》」と呼ばれていた。

「七女復仇」は文献中には伝わっていないが、たしかに後漢晩期に流行していた故事である。山東省莒《きょ》県東莞《とうかん》で発見された、同様の題材が描かれた後漢晩期の画像石には「七女」の榜題があり、内蒙古自治区和林格爾《ホリンゴル》県の後漢墓中から発見された同一題材の壁画には、「七女 父の為に仇を報ず（七女為父報仇）」の榜題がある。したがって、この故事は七人の女性による復讐劇と関係があることが分かる。この類の題材の壁画あるいは画像石では、いずれも一本の橋をめぐる場面が表現されている。ある画像石では、橋を「渭河橋《いがきょう》」（榜題）と呼んでいる。画像石中の人物は、血なまぐさく対立する双方で構成されている。一方は咸陽令であり、いくつかの画像石では「長安令《ちょうあんれい》」とされている。もう一方は、剣や戟を手にした刺客たちである。

破片をつなぎ合わせると、悲しい物語が紡ぎ出された。むかし、咸陽令（あるいは長安令）により七人の女性の父親が冤罪で殺された。父の仇を討つことを決心した彼女たちは、「渭河橋」のかたわらに潜み、待っていた仇が現れるや、一斉に打って出た。慌てふためく咸陽令は橋の下に落下したが、そこにも彼女たちが潜んでいた。ついに咸陽令は斬り殺され、七女は仇を討ったのである。

この三つの破片を組み合わせた「画像石」の内容については、この主題が垓下《がいか》の戦いであるとする民間の解釈もある。

これは、使者が「首陽山」の二老人を訪問するなどの上段の内容と、下段の河橋をめぐって発生する事件のすべてを関連づけた解釈である。上下三段のうち、第一段は項羽が道を尋ねる場面である。

項羽は農夫に誤った方向に導かれ、沼沢に進んでいった。第二段は垓下の戦いで項羽が囲みを突破する場面で、彼は軍を四隊に分け、四方へ向かわせた。第三段は項羽と烏江《うこう》の亭長《ていちょう》が話している場面を描いたもので、亭長は項羽に船に乗るよう勧めるが、項羽は従わなかった。

この解釈は画面の状況と符合しないことが多い。まず、項羽が道を尋ねる際に首陽山まで行くのはありえない。次に、中段の項羽が囲みを突破する話も妥当ではない。文献の記載によると、項羽は騎馬で戦に出ており、車には乗っていなかった。下部も烏江の亭長が項羽に長江を渡ることを勧めている場面ではない。題に明確に「咸陽令」と刻まれているからである。項羽はどうして「咸陽令」に変わったのだろうか。

牽強付会な解釈ではあるが、「画像石」の内容の神秘性を高めるものである。

石枕は、間違いなくもう一つの重要な収穫である。

この石枕は青石製で、正面の中部に深いくぼみがあり、頭を載せることができる。このくぼみは中央が高くて前後がやや低く、人の頭の形質的特徴に合わせられている。背面は平らで、中央に「魏の武王 常に用ひる所の慰項石（魏武王常所用慰項石）」の九字が刻まれている。その字体は後漢晩期の隷書《れいしょ》、俗に八分《はっぷん》体と呼ばれるものである。字体は整い、筆画は力強い。

石牌は圭形で、青石製である。上部には孔が空き、その中には銅環が嵌《は》められ、銅鎖につながっている。正面には「魏武王常所用挌虎大刀」の十字が刻まれている。字体は石枕と同じく漢隷八分体である。

以上の文物は押収品であるが、犯人は石枕・石牌などは西高穴二号墓に由来するものであると自供している。

この犯人の自供は、文物自身の「自証」を得た。

「魏武王常所用挌虎大刀」の八分体漢隷が刻まれている小石牌は、発掘で出土した墓内の石牌と大きさが同じであるばかりでなく、文字や語法、句法も完全に一致し、石の材質・色も区別がつかない。このことから、偽造の可能性は完全に排除されよう。「七女復仇」の故事が刻まれた「画像石」の破片は、墓中の石牌や盗坑から出土した「画像石」の破片とは材質がやや異なり、とくに色は明らかに深く暗い。しかし「画像石」の内容は、偽造の可能性を排除する。犯人の説明によると、これもまた

魏武王常所用慰項石

上：慰項石の背面。下：慰項石の正面。この石枕は重要である。背面に刻まれた「魏武王常所用慰項石」の9字は、具体的な人物を示唆し、また使用者は頭部の具合が悪かったことを暴露している。

墓内の文物であるに違いない。

現在もなお、文物の回収作業は続いている。

二〇〇九年末、安陽県警察は発掘現場および安豊郷の各村に、安陽市院・市検察院・市公安局の制定した「西高穴曹操墓を盗掘した犯罪容疑者の自首と文物の受け渡しの促進に関する連合通告」を貼り出し、将来の文物追跡と回収に新たな突破口が見出せることを期待している。

魏武王常所用挌虎大刀
公安の機関が押収した刻銘石牌には、「魏武王常所用挌虎大戟」と類似する内容が刻まれ、字体も同じ「八分体」である。

墓田の春色、誰がためにかくも凄愴なりき

太行、漳河。

曲がりくねった古路、静かな村庄。

西高穴村西南の高台の上に立つと、四周は見渡す限り、歴史の滄桑《そうそう》で満ちあふれている。

足元の玄宮幽穴は、漫々たる長い夜をすごしてきた。

彼はもう何も言わない。

彼は長い間さびしくここを守ってきた。

彼は誰なのか。

金《きん》戈《か》鉄馬《てつば》で中原を統一し、赤壁の激戦で折戟沉沙《せつげきちんさ》した曹操なのだろうか。

軍旅にあるといえども、片時も書物を手放さなかった曹操なのだろうか。

西陵が果てしないことを恨まん、墓田の春色は、誰のためにかくも悲痛なのだろう。

（1）唐際根「漁洋的歴史与伝説」（『中国文物報』二〇〇七年四月六日）。

（2）安陽市交通志。

（3）呉承洛『中国度量衡史』（商務印書館発行）の「中国歴代尺之長度標準変遷表」によると、魏の一尺は

二四・一二cm、晉の一尺も二四・一二cmに相当する。

（4）魯潜墓誌に関する資料については、『華夏考古』二〇〇三年二期を参照。本書では参考資料(二)として訳出した。

（5）『中華人民共和国文物保護法』第三章第二七条に、「すべての考古発掘作業は申請手続きを履行しなければならない。考古発掘に携わる団体は、国務院文物行政部門の認可を受けなければならない。地下の埋蔵文物は、いかなる団体も個人も、これをほしいままに発掘してはならない」と規定されている。

（6）王子今「関与曹操高陵出土刻銘石牌所見「挌虎」」（『中国社会科学報』二〇一〇年一月十九日）。

（7）邢義田「格套・榜題・文献与画像解釈」（『台湾学者中国史研究論叢　美術考古』上冊、中国大百科出版社、二〇〇五年）。このほか、張国安博士から関連資料を提供していただいた。

第二章　「死の暗号」を読み解く

一九八二年、イギリスの考古学者イアン・ホッダーが名著『過去を読む（*Reading the Past*）』を出版した。この書は、西洋の考古学者たちに考古学のバイブルと呼ばれている。歴史は地下に封印されており、それを「読む」ことではじめて認識できるのである。西高穴二号墓の墓主は誰なのか。この謎を解くにはまず、墓内の「死の暗号」を読み解かねばならない。

後漢末の埋葬法

死者の埋葬法は、歴代で異なる。この違いは、主に墓の平面の形状と建築の構造に現れる。西高穴二号墓の墓室の構造は、後漢の等級が近い墓葬と類似するが、わずかに違いもあり、後漢墓から魏晉墓への過渡期の特徴を有しているといえる。

これまでに発見されている後漢代の諸侯王墓は合計で八基あり、うち六基は諸侯王国のものである。その中には前・後両室に分かれた磚室墓《せんしつぼ》で、かつ前・後室ともに側室をともなうものがある。

河北省定県北陵頭《ほくりょうとう》四三号墓は、西高穴二号墓ともっとも形態が似ている後漢代の諸侯王墓である。この墓は墓道、甬道《ようどう》、前室、前室の左右側室、甬道、後室、後室の奥に並ぶ二つの側室から構成されている。この墓は以前に盗掘を受けており、副葬品は、銀縷玉衣《ぎんるぎょくい》、銅縷玉衣が各一点、他に若干の金銀製の装飾品と玉器が残るのみである。発掘者は『後漢書』中山簡王伝を根拠に、霊帝《れいてい》の熹平《きへい》三年

南京上坊三国孫呉墓（220～280）
これまでに発見されている後漢代の諸侯王クラスの墓葬は計8基あり、前室・後室に分かれる磚室墓で、前・後室はともに側室をともなうものがある。年代がやや下る三国・西晋時代の王墓もまた、形態や構造に後漢末の墓葬と類似するところがある。南京上坊三国孫呉墓は三国時代のもので、後漢よりもやや遅い。西高穴2号墓と年代が近く、墓葬の構造には類似するところがある。

（一七四）に死去した中山《ちゅうざん》穆王《ぼくおう》劉《りゅう》暢《ちょう》夫婦の墓であると推定している。[1]

西高穴二号墓の平面の構造は、この河北省定県北陵頭四三号墓と近い。どちらも前・後室があり、各々二つの側室を有する。ただし、前室は西高穴二号墓のほうがよりゆったりとし、後室も広々としている。また、後室の二つの側室は左右に配列されている。これらのことは、西高穴二号墓の規格のほうが明らかに高いことを示している。以上のことは、西高穴大墓の年代は西暦一七四年に死去した劉暢夫婦墓に近く、その地位は諸侯王である劉暢よりもさらに高いという可能性を示唆していよう。

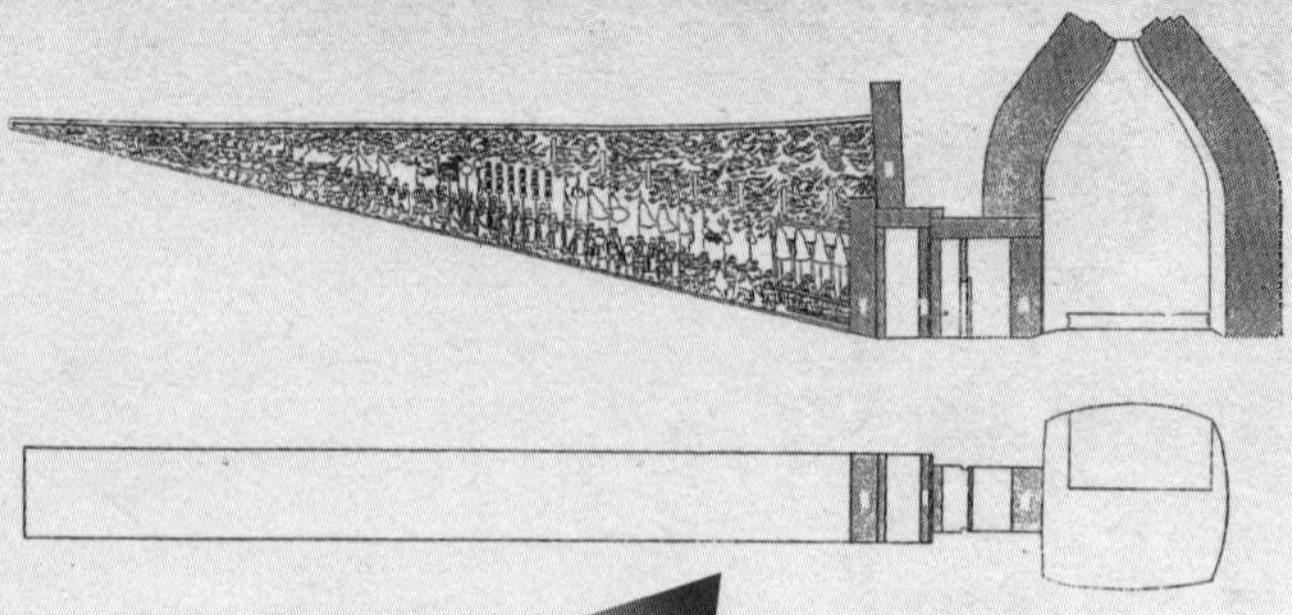

北朝湾漳墓

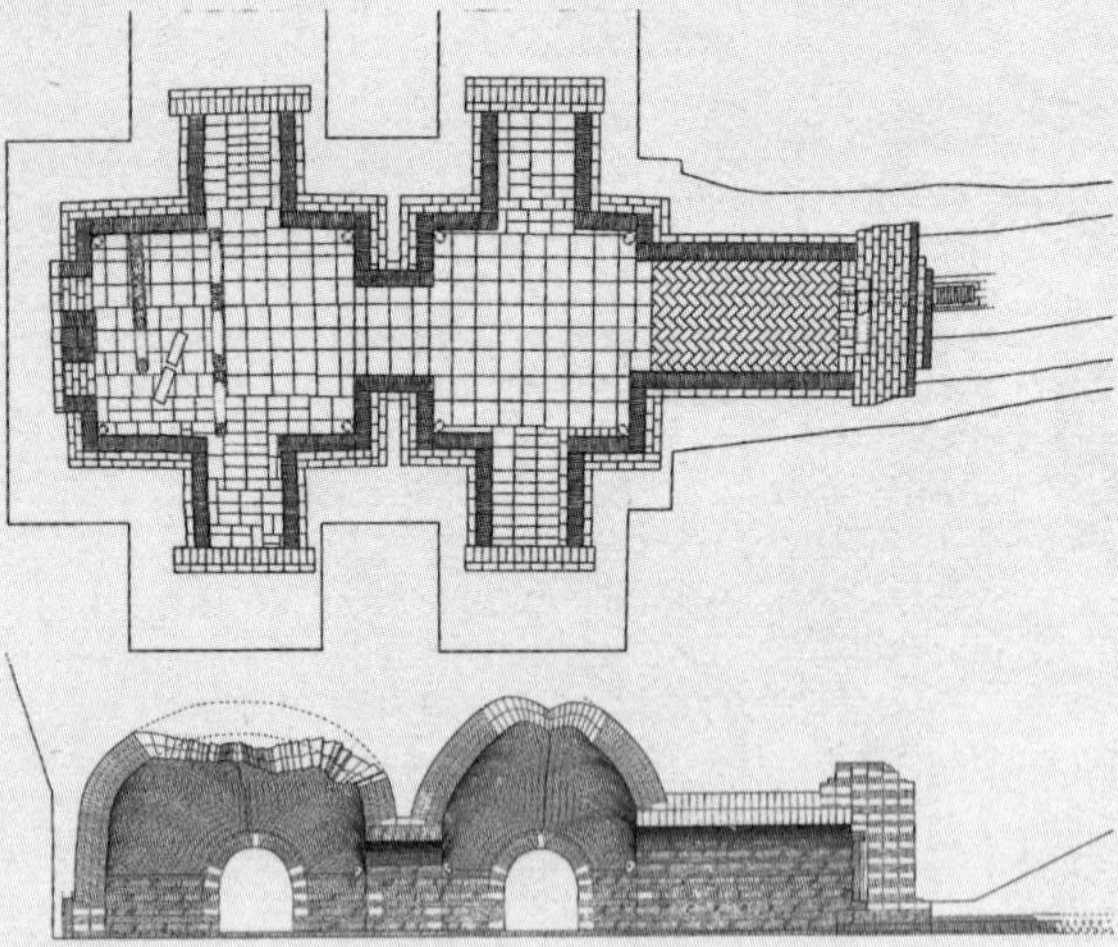

南京上坊孫呉墓

墓葬と埋葬法

死は人びとにとって避けられるものではなく、死後には必ず埋葬される。人びとが数千年をかけて形成してきた葬送儀礼は、生前のように死者に対するというものであった（死に事うること生に事うるが如し）。時代や地域が異なれば葬送儀礼や葬送文化も異なるが、歴史時代においては、墓葬の形態・規模および副葬品の数が墓主の身分と地位を表している。

河北定県北陵頭43号墓

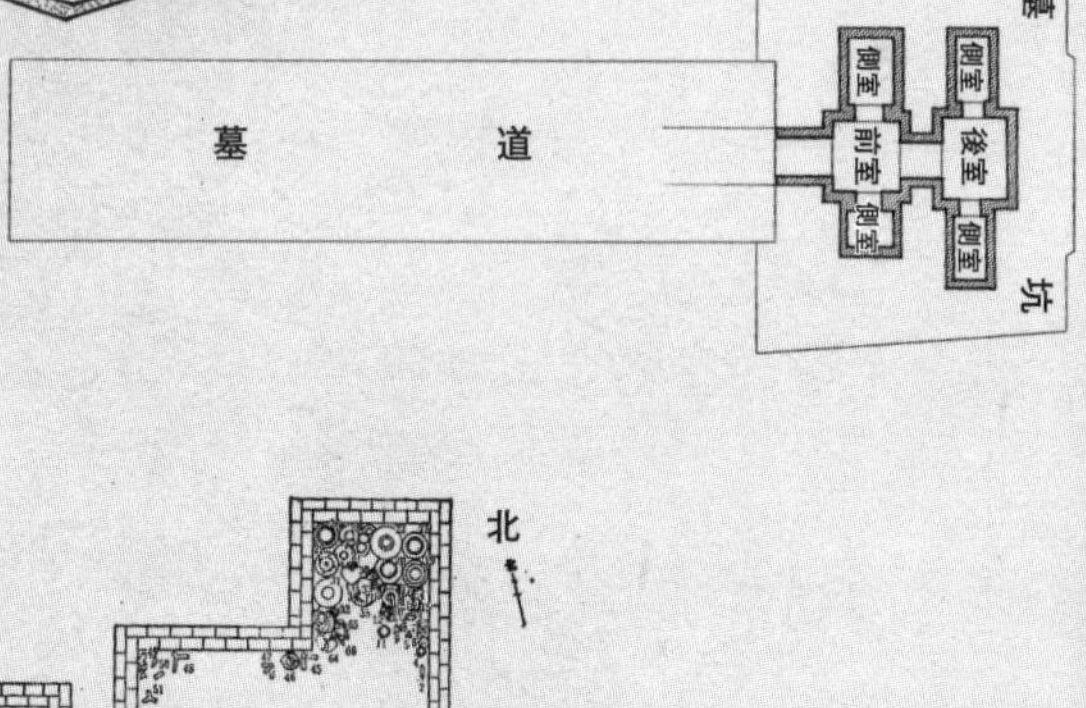

西高穴2号墓

「正始8年（247）」の銘文が刻まれた鉄帳構が出土した洛陽魏晉墓

西高穴二号墓の構造に似ている後漢墓としてもう一つ、睢寧県《すいねいけん》劉楼《りゅうろう》後漢墓がある。(2)劉楼墓も諸侯王墓であり、前・後両室から構成されている。前室と二つの側室はつながって一体となっている。後室はかなりゆったりとしており、明らかにこちらが主室であろう。後室の奥には側室が一つある。この墓には銀縷玉衣と銅縷玉衣の破片が残されていた。墓内からは六歳前後の遺骨が一体発見されている。中室の壁の磚には、石灰で「司空」の二字が書かれている。発掘者は、墓主は諸侯王であると推測している。西高穴二号墓の形態は、劉楼墓に比べやや複雑である。

西高穴二号墓の形態・規模は、これまでに発見された孫呉と曹魏の王クラスの墓と似通っている。二〇〇五年、考古学者により南京市江寧《こうねい》区上坊《じょうぼう》鎮で一基の孫呉期の墓葬が発見された。(3)この墓の形態は西高穴二号墓と似通っており、同じく土坑竪穴磚室の構造で、スロープ状の墓道をともなっている。ただし、上坊孫呉墓の地上には墳丘がある。また墓道は南に向かい、やや険しく、長さはわずか一〇m、幅も四・三mしかない。墓室は長さ二〇・一六m、幅一〇・七一mである。封門壁《ほうもんへき》、石門、長い甬道、前室、過道《かどう》および後室から構成されている。前・後室の両側にはともに対称の側室があり、後室の後壁には二つの大きな壁龕《へきがん》（装飾品等を飾るため壁に設けられた窪み）がある。甬道は券頂で、長さ五m、内側の幅二・四五m、内側の高さ二・二八m。前室は正方形で中部がやや膨らみ、南北の長さは四・四八m、東西の幅四・四八m、残高は五mである。前室東の側室は長さ二・四九m、内側の幅一・七三m、内側の高さ一・八一mである。前室西の側室は長さ二・五m、内側の幅一・七四m、内側の高さ一・八六mである。後室の間の過道は券頂で、長さ一・七七m、幅一・九四m、内側の高さ二・〇六m

である。後室の平面は長方形を呈し、中央部は外側に向かって凸状になっている。南北の長さは六・〇三m、東西の幅四・五六m、残高は四・〇四mである。後室東の側室は長さ二・四九m、幅一・七七m、内側の高さ一・九一mである。

墓葬の前・後室はともに穹窿頂《きゅうりゅうちょう》（ドーム形天井）の構造であり、甬道・過道および四つの側室はいずれも券頂の構造である。

上坊孫呉墓は現在までに発見された数百の孫呉墓の中でも、規模が最大、かつもっとも複雑な構造の一基である。墓内の副葬品も豊富で、「五銖」「太平百銭《たいへいひゃくせん》」「直百五銖《ちょくひゃくごしゅ》」「大泉当千《たいせんとうせん》」などが含まれる。発掘者は、この墓葬は孫呉晩期のもので、墓主は孫呉の宗室であると推測している。

安徽省馬鞍山《ばあんざん》宋山《そうざん》の孫呉墓もまた[4]、孫呉期の帝王クラスの大墓である。この墓も同様に、墓道をともなう磚室墓である。墓室の構造はかなり特殊で、前室は三つの空間に区分され、前室の前端は二つの側室を形成している。また前室の後端には甬道があり、後室とつながっている。後室には側室はない。青磁器四一点、「大泉当千」などの出土文物がある。墓内からはまた、「富宜貴至万世」「富貴万世」の銘文磚が出土した。「大泉当千」は孫呉の赤烏《せきう》元年、すなわち西暦二三八年に鋳造されたものである。したがって、墓の年代は孫呉の中晩期と推測され、上限は二三八年よりさかのぼらない。この墓は現在までに発見された孫呉墓の中でも上坊孫呉墓に次ぐ規模である。墓主は皇帝孫休《そんきゅう》（孫権の第六子）であると推測されている。孫休は魏の甘露《かんろ》三年（二五八）に即位し、永安《えいあん》七年（二六四）に世を去った。享年三〇歳、景皇帝と諡《おくりな》された。

上述の墓葬よりはやや年代が下るが、西高穴二号墓との比較に加えるべきものとして、正始《せいし》八年（二四七）の鉄製の帷帳が出土した洛陽魏晋墓がある。

この墓は、墓道、甬道、墓室、側室から構成されている。スロープ状の墓道は長さ二三m、墓室は磚を積み上げて築かれており、前室は四面結頂《しめんけっちょう》で正方形、後室はアーチ頂で長方形を呈している。この墓は盗掘を受けていたが、陶器を中心に銅器・鉄器・玉器などかなり多くの副葬品が出土した。なかでも「正始八年八月」の銘文がある鉄製の帷帳の金具が有名である。このほか、玉環・漆器・銅製の博山炉《はくさんろ》などが出土した[5]。

上述の後漢・三国（孫呉）・魏晋の墓と比較すると、西高穴二号墓の形態は北陵の後漢末年の劉暢墓と南京上坊孫呉墓とに似ている。したがって西高穴墓の年代は、この両墓の年代に近く、霊帝の熹平三年（一七四）に死去した劉暢墓ののち、まもない時期と考えられる。

また、西高穴二号墓の出土文物の風格は、明らかに後漢末の特徴を示している。

二号墓の中からは大量の「画像石」の破片が出土し、そこに描かれた人物の服装の特徴は、いずれも後漢代のものである。同様に、「画像石」の内容も後漢を下る時期のものではなく、とくに「七女復仇」の故事は、後漢晩期の漢墓によく見られる題材である。

後室の側室からは、鉄製の帷帳の金具が出土した。帷帳の使用は、後漢末から魏晋期にかけての風習である。

墓室から出土した四系黄釉陶罐《しけいこうゆうとうかん》と緑釉陶罐《りょくゆうとうかん》は、後漢末から三国時代にかけての代表的な文物である。

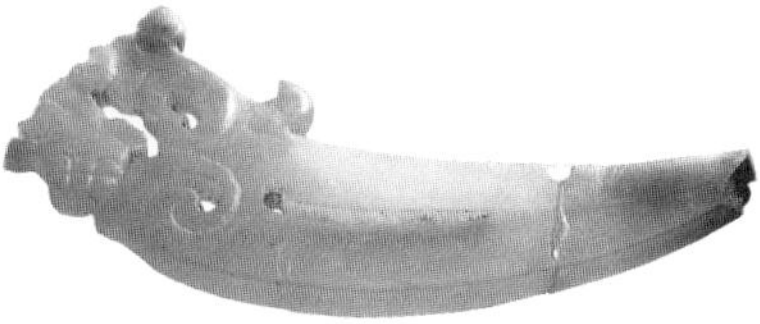

河北定県43号後漢墓出土の玉觿

西高穴2号墓出土の玉觿

曹植墓出土の玉佩

玉佩と玉觿

建安18年（213）、漢の献帝は曹操を魏公に封じ、九錫を加えた。魏国が建国されると、王粲は侍中を拝した（『三国志』魏書・王粲伝に、「魏国既建、（粲）拝侍中。博物多識、問無不対。時旧儀廃弛、興造制度、粲恒典之」とある。また摯虞『決疑要注』に、「漢末喪乱、絶無玉佩。魏侍中王粲識旧佩、始復作之。今之玉佩、受法於粲也」とある）。王粲は曹魏の典章礼儀制度の建立を積極的に推進し、とくに彼が創出した玉佩は、魏晋から隋唐時代にかけて流行する玉佩の様式となった。王粲が創出した玉佩のもっとも早い実例は、山東聊城東阿県曹植墓から出土した4点の玉佩で、円盤形玉佩・台形玉佩・玉璜・玉珠がある。曹植が死去した232年は、曹操の死後わずか12年のことであった。（「世界著名博物館蔵中国古玉論壇暨『中国伝世玉器全集』首発式」での発言原稿『曹操墓及曹氏家族墓出土玉器綜述』から引用）

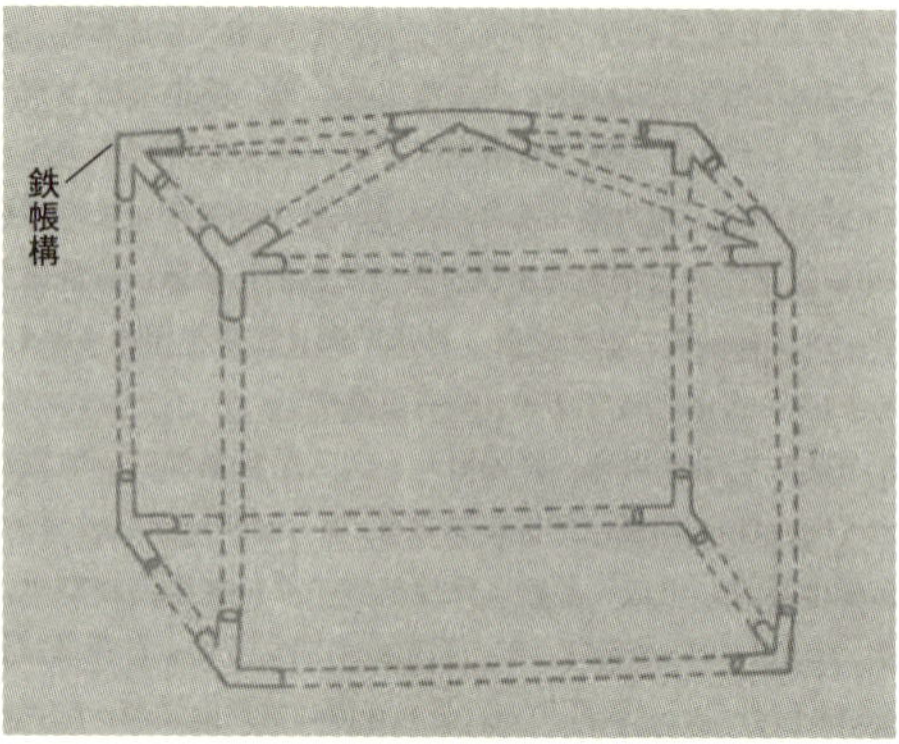

「帳」の復元図

洛陽で発見された正始8年（247）魏晉墓からも「鉄帳構」が出土している。復元図によって、鉄帳構は帳の部品であることが分かる。これにより、西高穴2号墓内では帳が使用されていたと推測される（69頁の下写真参照）。

さらに重要なのは、白釉《はくゆう》磁罐《じかん》である。鉄鏡もまた、後漢晩期から魏晉期の時代的特徴を有している。

陶俑の服装も、後漢晩期のものである。

三枚の「五銖銭」もまた、後漢の銅銭である。うち一枚は典型的な後漢の「剪輪五銖」である。

刀や剣も、時代的特徴を有している。

戟《げき》は後漢末および三国時代における主要な格闘用の武器である。戟は「対」で使用されるのが常で、たとえば呂布《りょふ》が営門で戟を射た故事があり、三国時代の将領・典韋《てんい》の武器は「双戟」であった。西高穴大墓の戟は、まさしく「対になって出土」した。

後漢末は大刀が長剣に代わった時期であり、三国時代には、軍隊の実用武器は長剣から大刀へと完全に取って代わった。また後漢代には、「佩剣」から発展した「佩刀」の語も同時に現れている。たとえば『後漢書』輿服志に、「佩刀、乗輿（皇帝のこと）は黄金……諸侯王は黄金錯（メッキ）（佩刀、乗輿黄金……

熹平石経残石
「漢石経」とも呼ばれる。中国史上初めて石碑に刻まれた官定の儒教経書である。後漢霊帝の熹平4年（175)、議郎の蔡邕らが六経の文字を正定することを建議し、霊帝の許可を得た。こうして蔡邕を中心に六経の校訂作業が行なわれた後、校正された経文が小字の八分体で石碑に刻まれた。9年をかけて46の碑が作製され、洛陽城南の開陽門外にある太学の講堂前に立てられた。刻まれた経書は知識人にとって儒教経典の手本となった。熹平4年に作製が開始されたため、熹平石経と呼ばれる。字体は後漢末の隷書の形式を採用しており、西高穴2号墓の石牌に見える文字の字体と非常に近い。

諸侯王黄金錯)」とある。

二号墓内からは多くの刻銘石牌が出土した。その字体は典型的な後漢末の隷書、俗に「八分体」と呼ばれるもので、後漢末の熹平石経や張遷碑の字体と非常に近い。

字体と同様、字の構造もまた年代比定の意義を有している。

石牌に刻まれた「魏武王」の三字のうち「魏」字は、下方に「山」字が加えられている。これは秦漢時代の書法である。魏晉以降、この書法に変化が表れ、「山」字は魏字の上部に移動する。さらに北朝以降の「魏」字からは、「山」字は完全に消失する。すなわち「魏」字の構造は、西高穴二号墓が魏晉以降のものではなく、後漢末の墓である可能性を示しているのである。

文字の内容も同様に、この墓の年代が漢魏の間にあることを明示している。

「木墨行清」の四字が刻銘されている石牌は、その字体と内容がともに時代的特徴を鮮明に備えているといえる。いわゆる「木墨行清」とは、後漢末から魏晉時期における厠《かわや》あるいは便器の呼称である。「木墨」は厠あるいは便器の材質を描写し、「行清」とは受便器を指す。受便器もまた、厠の一種である。一説に、「木墨行清」とは香椿《こうしゅん》木製の便器を指すとする者もいる。あるいは「木墨」とは木炭を指すのかもしれない。中国史上、厠あるいは便器のことを「木墨行清」と呼んでいたのは、後漢末から魏晉に至るこの短い時期のみである。すなわち墓の年代は、この期間内ということになろう。

このほか、墓室から出土した刻字石牌には「白練単裙《はくれんたんくん》」「香嚢《こうのう》」などとあり、いずれも漢魏時期の物品の名称である。

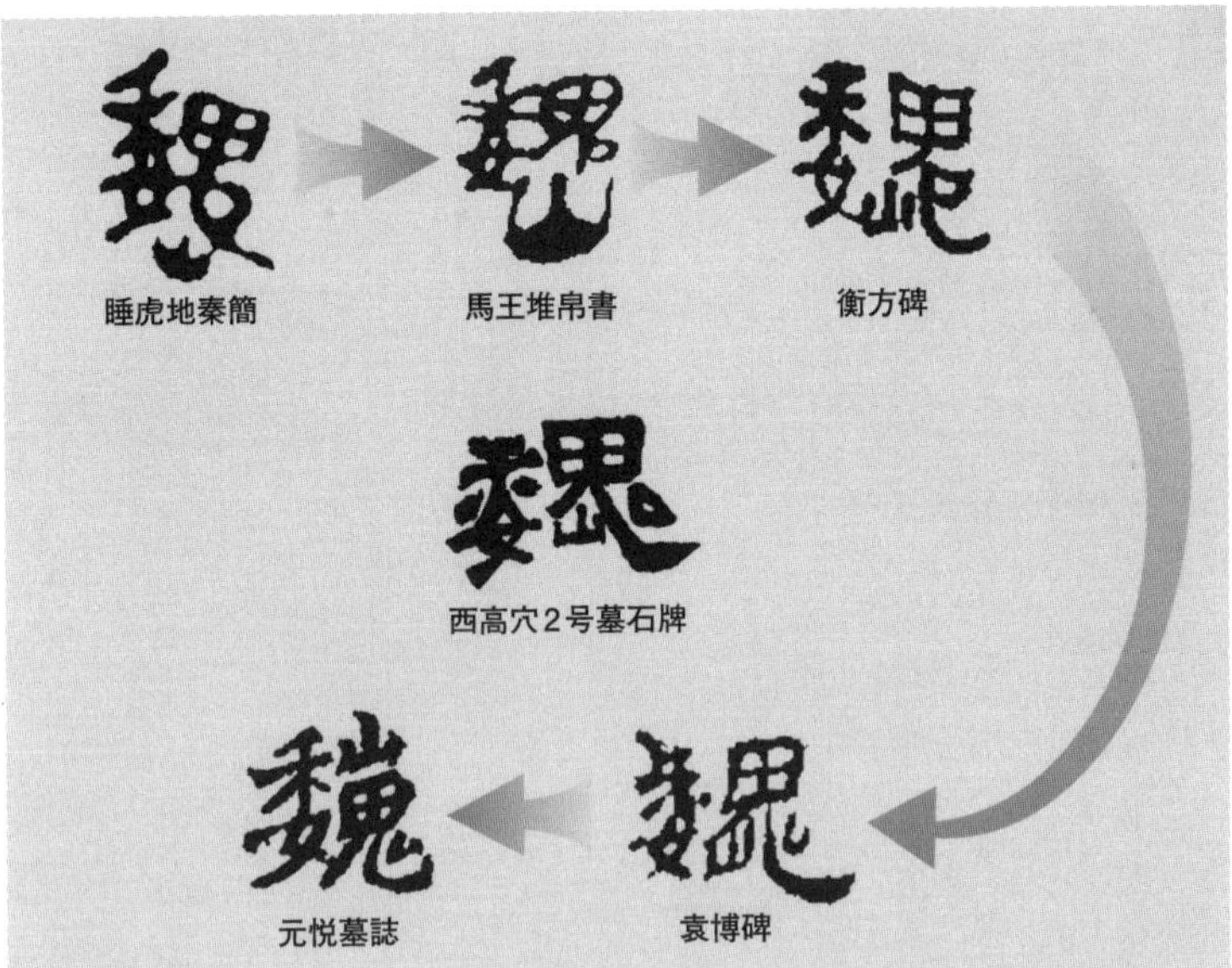

魏字の変遷

戦国晩期から秦の睡虎地秦簡（墨書秦篆）や前漢初期の馬王堆帛書（篆書から隷書への転換期）から後漢建寧元年（168）に立てられた衡方碑（隷書）・後漢末の袁博碑（八分体）まで、さらに西晋の元悦墓誌（楷書）の魏字を比較すると、その変遷が明確に見てとれる。魏武王常所用挌虎大戟の「魏」字は、袁博碑の「魏」字ともっとも近く、時代的特徴が一目瞭然である。

「白練単裙」と記されるのは、副葬品の衣物で、葬服とも呼ばれる。

細かく区分すると、葬服は従葬服《じゅうそうふく》と殯葬服《ひんそうふく》とに分けられる。従葬服とは椁内に埋葬するもので、殯葬服とは遺体を包むものである。(6) 漢代の葬服は上衣と下裳に分けられ、単衣と複衣、長衣と短衣の区別がある。

『釈名』釈衣服には、「裡有るは複と曰ひ、裡無きは襌と曰ふ（有裡曰複、無裡曰襌）」とある。

「白練単裙」の四字のうち、「白」は色、「練」は材質を指

白練単裙石牌

木墨行清石牌

す。「単」は「襌」に通じ、「裙」は下半身に着るものである。

漢墓では、簡牘《かんとく》に葬服を記録する例が少なくない。たとえば湖南省長沙《ちょうさ》馬王堆《まおうたい》三号漢墓や、湖北省江陵鳳凰《こうりょうほうおう》山《ざん》八号漢墓がある。簡牘に記される衣物の種類としては、上衣では襌衣《たんい》・複衣・袷衣《こうい》・袍《ほう》・襦《じゅ》（よく見られる）・襲衣《しゅうい》があり、下裳では、便常《びんじょう》・絝《こ》・裙《くん》・縦《じゅう》の名称を確認できる。

馬王堆一号墓では、遺体は綿衾《めんきん》四点、綿袍《めんほう》四点、絹製の単衣六点、麻布製の単衣一点、麻布製の単被と包裡二点、不明三点の計二〇層で包まれ、従葬服としては袍・襌衣などが確認された。すなわち、「白練単裙」とは漢代の物品名なのである。

「挌虎」の題材は、後漢代とくに後漢末に非常に流行した。多くの高官貴人の死後、その殯葬者は、石材や規則正しく焼成された青磚の図案として「挌虎」を選択し、死者が生前に勇猛で恐れを知らない性格を備えていたこ

南陽出土の後漢時代の「格虎」を題材とした画像石

とを表現した。中原地区、とくに南陽・鄭州や曹操が「天子を挟《さしはさ》みて以て諸侯に令」する（訳者注：曹操が天子を力でおさえて言いなりとしたことを描写する、『三国志』に由来した表現）ことを選んだ許昌を含む地域では、非常に多くの後漢墓で「格虎」を題材とする画像磚や画像石が確認できる。これらの図案では、一律に猛虎は凶暴で、虎と格闘する者は徒手か弓を取り、あるいは短剣もしくは長矛を手に取って、その顔に恐れの色はない。西高穴二号墓ではこの種の画像石や画像磚は発見されていないが、「格虎短矛」「格虎大刀」「格虎大戟」と刻銘された石牌は、こうした時代の特徴を鮮明に留めているといえよう。

これら各種の要素を総合的に分析するに、西高穴二号墓は後漢末の墓であると判定できよう。

被葬者は帝王である

考古学では、墓を分析するための専門的な方法論が発展してきた。学者たちにより一〇〇以上の現生民族の事例の調査が行なわれ、墓の規模と構造とが墓主の身分をもっともよく反映することが発見されている。

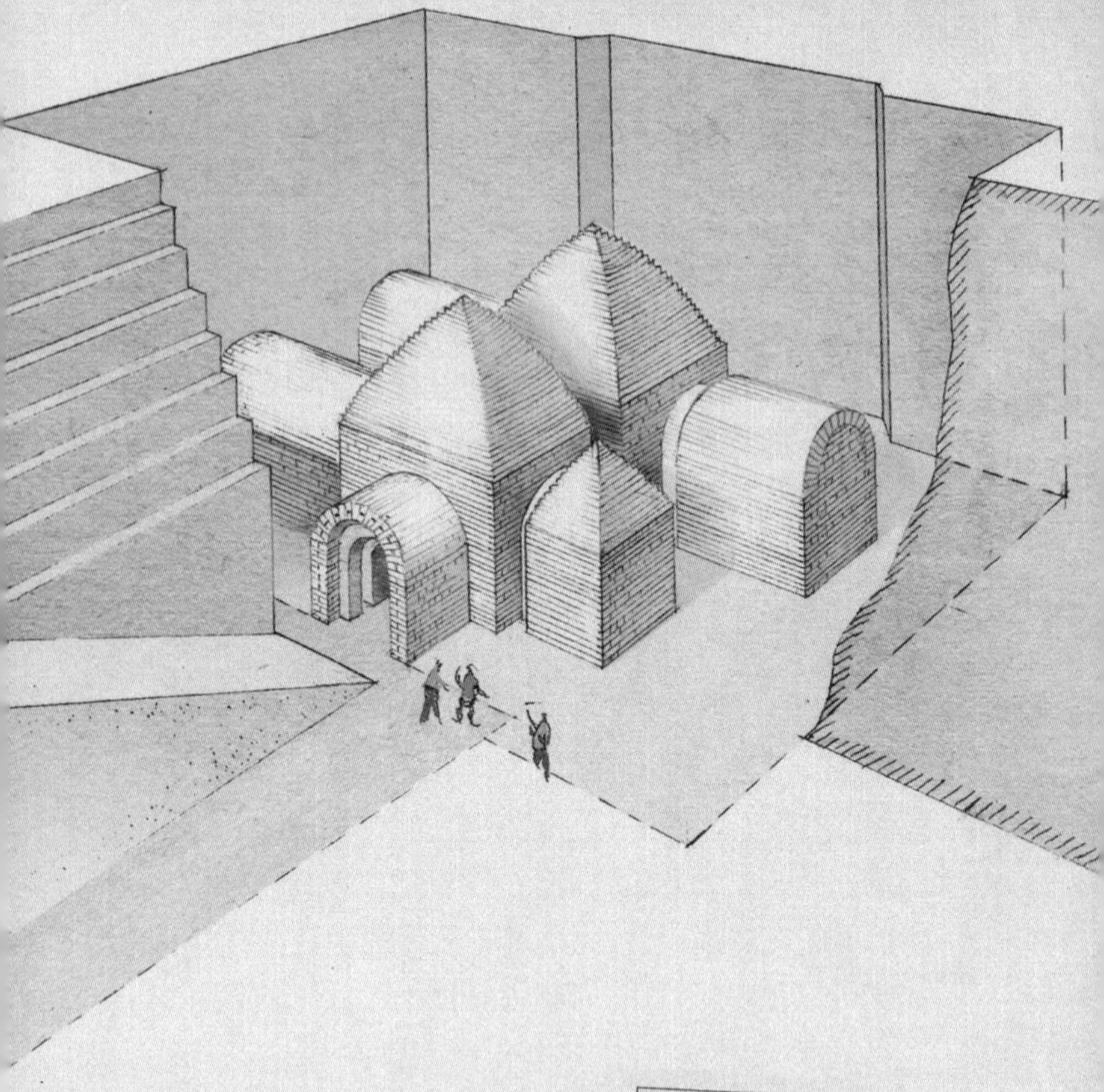

西高穴２号墓の立体図と平面図（立体図の作画／呉書雷）

墓道

西高穴二号墓は、現在までに考古発見された最大規模の後漢墓もしくは曹魏墓であり、総面積は七四〇m^2に達する。墓道の幅は九・八mで、墓室の壁も非常に厚い。また墓室は前・後室が配置され、前室・後室それぞれが二つの側室をともなう構造である。墓葬の前・後室と前室の北側室は、いずれも「四角攢尖《しかくさんせん》」式天井を採用している。

また墓室の建築材料は、いずれも後漢末における最高級かつ最高規格のものである。墓壁に積み重ねられた磚の大きさは、長さ〇・五m、幅〇・二五m、鋪地石《ほちせき》の大きさは長さ〇・九五m、幅〇・九m、厚さ〇・二mであり、規則正しく整っている。これらは、現在までに見られる中で最高規格の鋪地《ほち》磚《せん》・鋪地石である。

副葬品の内容にも、墓主の地位が反映されている。

墓室中から発見された三つの頭骨は、三名の被葬者がいたことを示している。主室（後室）に置かれた死者には石葬具が用いられていた。主室の両側室に陪葬された二人の女性は、墓主の合葬・陪葬者であろう。

墓内から出土した石圭の大きさは、幅七・四cm、高さ二八・九cmである。前漢成帝の延陵《えんりょう》陵園《りょうえん》南《みなみ》司馬門《しばもん》遺址と昭帝の平陵《へいりょう》陵園遺址からも石圭が出土しているが、通常は一〇cmもしくはそれ以下である。長さ二八cmに達する西高穴墓出土の石圭は、帝王クラスのものといえよう。

石圭とともに出土した石璧もまた、直径二八cmに達する。圭・璧が組み合わせて使用されることは、皇帝陵に際立つ特徴である。

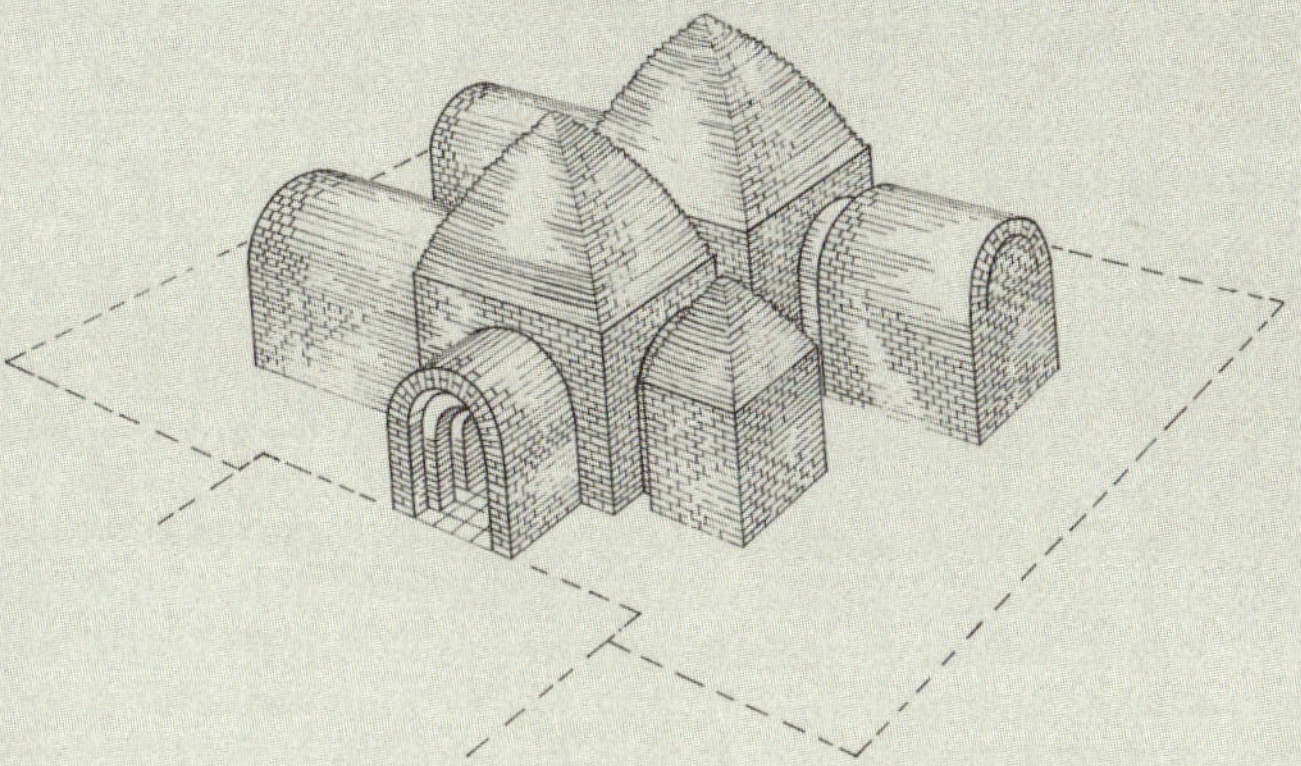

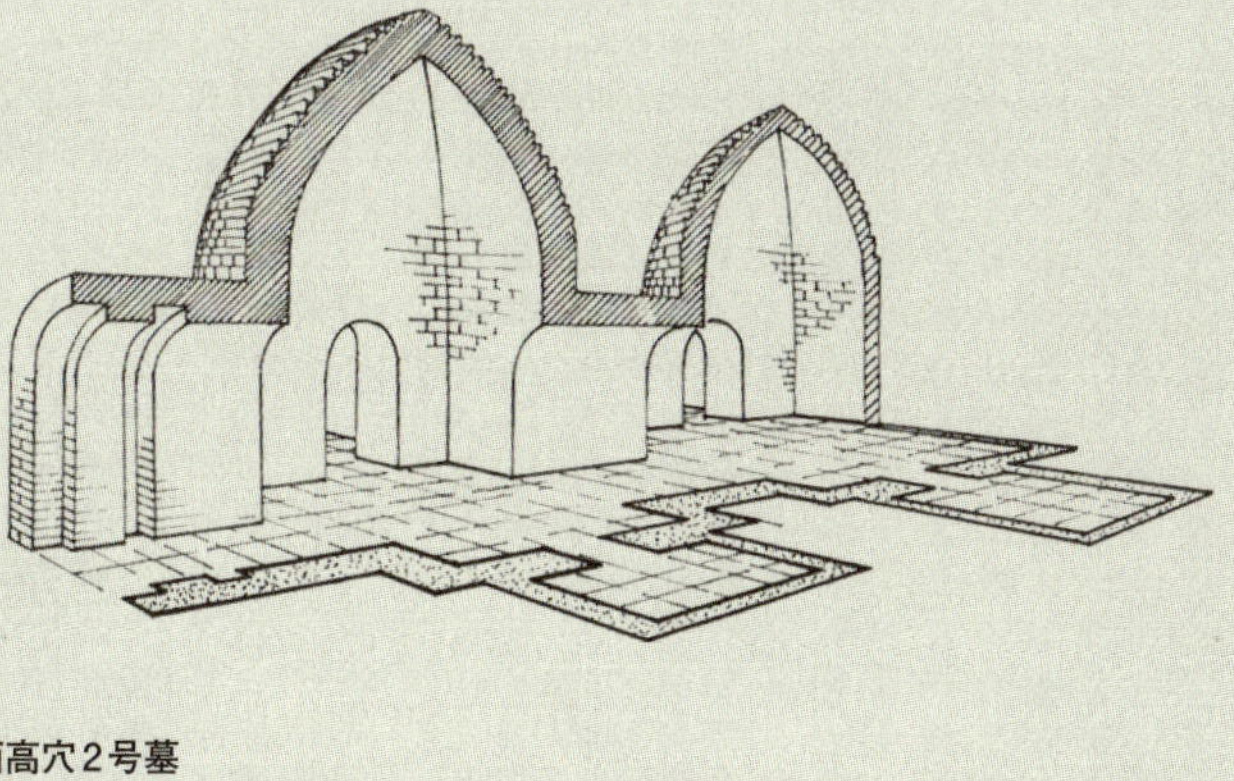

西高穴2号墓

前後2室、4つの側室を具えた構造で、現代の「四室二庁」と類似する。厚い壁と四角攢尖式の天井構造は、後漢の建築の等級を反映している。

（作画／呉書雷）

直径二一cmの鉄鏡もまた、現在までに発見された後漢代の鉄鏡の中で最大級のものであり、墓主が非常に高い社会的地位にあったことを反映している。(7)

墓地の建築遺址、とくに規則的に分布する柱洞は、墓にかつて陵園や閣殿が建っていたことを反映している。生前・死後の高貴さが、そこに表れている。

考古学では、古代の墓葬における墓主の身分を議論する際にも、「比較法」が用いられる。年代が同じもしくは近く、かつ墓主の身分が明確な墓を基準とし、新たに発掘された墓の墓主の身分を検討するのである。

西高穴二号墓と年代がもっとも近い王クラスの墓は、河北省定県北陵頭四三号墓である。墓主は一七四年に死去した劉暢である。西高穴二号大墓の形態と構造はこの河北定県北陵頭四三号後漢墓よりもはるかに複雑であり、西高穴二号墓の墓主の地位が劉暢よりもさらに高いことを示している。

一九八七〜八九年に発掘された湾漳《わんしょう》大墓は、西高穴二号大墓の墓主の判定にあたり、別方面からの参考となる。湾漳大墓は西高穴大墓よりも三〇〇年あまり遅い年代のものであるが、地理的に近く、河北省磁県の県城西南二・五kmの滏陽河《ふようが》南岸にある。この墓も単墓道をともなう大墓である。墓道は南に向かい、全長三七m、幅は三mほどしかないが、両側の一面には絵が描かれている。墓室は一辺の長さが七・五m前後の正方形の単墓室である。四角攢尖式の天井構造を採用し、内部の高さは一一・八mである。墓底には光沢のある正方形の青石が敷きつめられている。墓室の西側には長さは五・八三mの石製の須弥座《しゅみざ》棺床が置かれている。棺床の上には、一棺一槨があるが、人骨はすでに朽

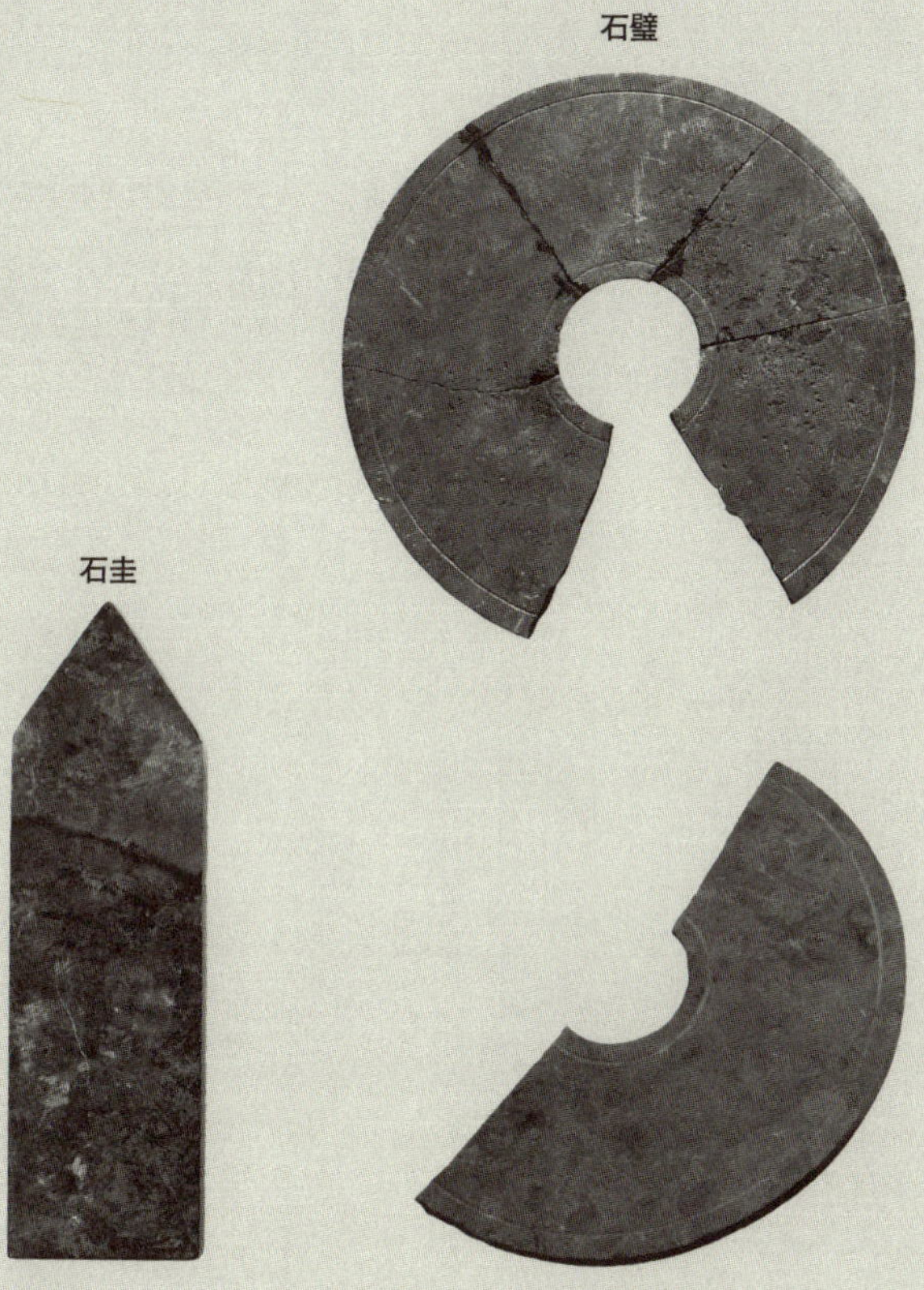

西高穴2号墓出土の石璧と石圭
もっとも考古学者の関心を引いたのは、その寸法である。直径28cmの石璧と長さ28cmの石圭は、墓主の身分が高貴であることの証拠となる。

鉄鏡

左：鏡背、右：鏡面。直径21cmの鉄鏡は、これまでに発見された後漢の鉄鏡の中で最大級の一つである。これもまた墓主が重要な社会的地位にあったことを反映している。

ちていた。湾漳大墓と西高穴大墓を比較するに、西高穴大墓のほうが墓道は広く、墓室の構造などが示す規格も湾漳墓に比べ明らかに高い。学者たちの分析によると、湾漳大墓の墓主は西暦五五〇～五九年に北斉《ほくせい》の皇帝となった高洋《こうよう》の可能性がある。

鄴城との関係

鄴《ぎょう》は古城である。

現在の河北省の最南部、臨漳県の管轄内に位置する。

この古城が初めて築かれたのは、春秋時代の斉《せい》の桓公《かんこう》の時期である。戦国時代初期には、魏に属していた。三国時代、袁紹《えんしょう》が鄴を拠点とし、政治の中心に定めた。建安九年（二〇四）、曹操が袁紹を撃ち破り、この城を占拠した。建安十八年（二一三）、曹操は魏公に封ぜられた後、鄴城の建築に力を入れ、城内に魏国の「社稷《しゃしょく》・宗廟」を建造した。建安二十一年（二一六）、曹操は魏王に進封され、天子の旌旗《せいき》を設け、出入の際に警蹕《けいひつ》することを許された。鄴は曹操の「王業の本基」となったのである(8)。

現在の鄴城遺址は、歴史が保存された遺跡である。この遺址には「銅雀《どうじゃく》、春深くして二喬を鎖《とざ》さん」の銅雀台も含まれている。この哀怨に満ちた故事は、現在もなお人びとをして風流洒脱とした周瑜《しゅうゆ》への共感をやましめない。

曹丕《そうひ》が帝を称すると、鄴城は曹魏の五都の一つとなった。

十六国時代の後趙（三三五～五〇）(9)・冉魏《ぜんぎ》（三五〇～五二）・前燕（三五七～七〇）はいずれも鄴北城を都とした。北朝時期の東魏・北斉（五三四～七七）は鄴南城を増築してここを都とした。鄴北城も継続して使用された。中国の都城発展史上において、鄴城は重要な地位を占めているのである。

一九八三年、中国社会科学院考古研究所と河北省文物考古研究所は、共同で鄴城考古隊を組織し、鄴城遺址の全面的な調査発掘を開始した。

考古発掘により、現在の鄴城遺跡は、南・北両部分から構成されることが実証された。北部は鄴北城と呼ばれ、南部は鄴南城と呼ばれる。

鄴北城の年代は比較的早く、曹操が拠点とした鄴城とは、実際には鄴北城のことである。

鄴北城の平面は長方形を呈し、東西の長さは二四〇〇～二六二〇m、南北の幅は一七〇〇mである。

城内は東西方向の大道により、南北両部分に分けられている。

東西大道以北は、官署と行政の中心地である。宮殿区域の西には王家の禁苑である銅雀園がある。

銅雀園では城壁に沿い、北から氷井台《ひょうせいだい》（北）・銅雀台（中）・金虎台《きんこだい》（南）が建造された。銅雀台は

銅雀三台

杜牧の「銅雀、春深くして二喬を鎖さん」の詩は、三国時代の激しい戦乱におけるひとすじの浪漫であり、文武兵略に優れた一代の梟雄・曹操が、美女のために天下分け目の戦いに臨んで敗れてしまった様を描く。しかし、曹操の輝かしい軍威や四海平定の功を顕示する銅雀台はたしかに存在した。文献の記載によると、銅雀台は曹魏・後趙・東魏・北斉を経て明末に至り、洪水によって破壊された。現在は千年の風雨に浸食され、往時の銅雀三台は壁がわずかに残存するのみである。

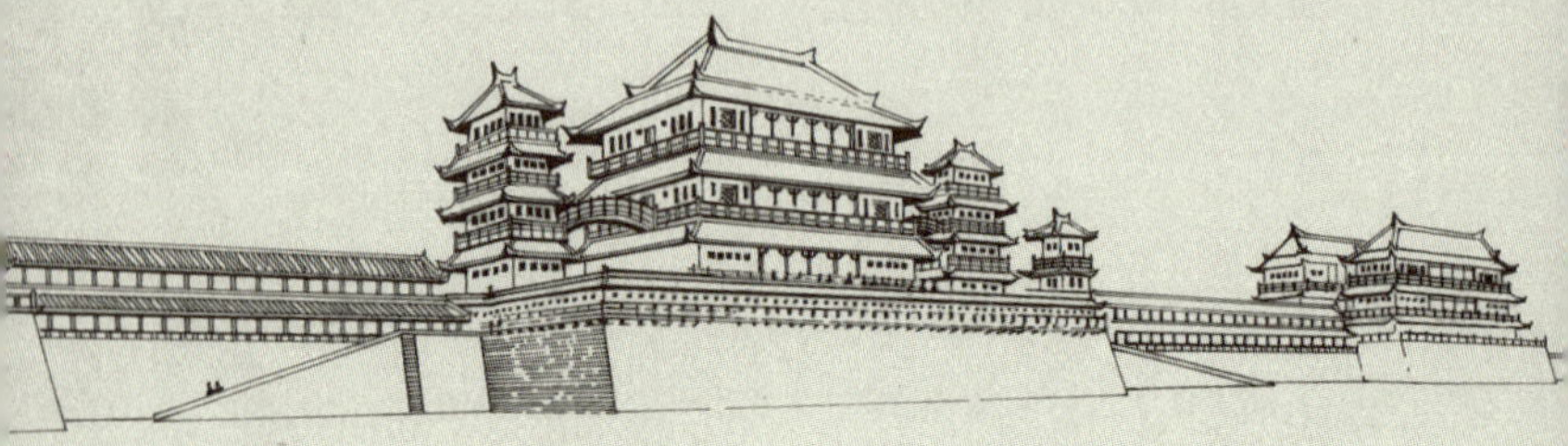

建安十五年（二一〇）に建てられ、高さは一〇丈であった。金虎台は建安十八年（二一三）に建てられ、高さ八丈、氷井台は建安十九年（二一四）に建てられ、高さ八丈であった。現在は、銅雀・金虎二台の遺跡が残っている。

現在の国道一〇七号線を東に十数km行くと、漳河の北岸に至り、ここに三台の遺跡が確認できる。三台があるからには、鄴城の位置は否定しようがない。

鄴南城は東魏《とうぎ》の高歓《こうかん》が増築したものである。五三一年、高歓は北魏の丞相《じょうしょう》の身分で鄴に駐屯した。五三四年、高歓は清河《せいが》王亶《おうりん》の子・善見《ぜんけん》を皇帝に擁立し、東魏の孝静帝《こうせいてい》とした。これより魏は東西に分裂した。東魏の天平二年（五三五）、高歓は旧鄴城すなわち鄴北城の狭さを嫌い、数万人を動員して北城の南に新宮殿を建造した。さらに元象二年（五三九）九月、再び一〇万人を動員し、洛陽宮殿を解体して材木を鄴まで運び、宮城を建造し、また漳水を鑿渠《さくきょ》して城郭の周りに引いた。高歓が建造した新城は、鄴南城と呼ばれた。鄴南城と鄴北城は同時に使用された。

北周静帝の大象二年（五八〇）、柱国《ちゅうこく》大将軍の尉遅迥《うっちけい》が楊堅《ようけん》に反抗して兵を挙げると、楊堅は一気に鄴城を攻め落とした。このとき鄴城の宮室に火がかけられ、鄴城の民は城南四〇里の安陽に遷徙《せんし》された。千年の名都は一朝にして烏有に帰し、繁華を誇った古都は廃墟と化してしまった。

隋唐以降、鄴城はさらに荒涼していく。

隋・段君彦《だんくんげん》の「故《もと》の鄴を過《よぎ》る（過故鄴）」は当時の鄴墟の情景を留める詩句である。

旧国の千門は廃《すた》れ、荒塁は四郊に通ず。

盛唐期の辺塞の詩人・岑参《しんさん》の詩「古鄴城に登る（登古鄴城）」は、古鄴の荒涼とした情景を描写するもので、すこぶる感じるところがある。

馬を下りて鄴城に登る、城は空にして復《ま》た何をか見ん。

東風は野火に吹き、暮に飛雲殿に入る。

中唐期には、鄴城はすでに廃墟となっていた。孟郊《もうこう》「早に鄴を発し北のかた古城を経る（早発鄴北経古城）」の詩にいう。

微月 東南に明るく、双牛 古城を耕す。

但《た》だ古城の地を耕すのみにして、古城の名を知らず。

西高穴大墓は、鄴城と逃れられぬ関係にあったに違いない。歴史上の多くの帝王が都城付近に葬られるというしきたりによれば、西高穴二号墓の墓主は鄴城と密接な関係があったはずである。西高穴二号墓が後漢末の墓であることを考えると、関連するのは、当然ながら鄴北城遺址だろう。

西高穴大墓は鄴城のほかにも、地理的に三つの場所と重要な位置関係にある。

一つ目は、墓葬の北部にある漳河である。

二つ目は、東部約一四kmにある西門豹《せいもんひょう》の祠である。

祠《し》（ほこら）とは、中国の伝統文化において過去に功績のあった人物を記念する場所である。人びとはなぜ西門豹を記念して祠を設置したのだろうか。

これは、西門豹が鄴を治めた際の故事と関係がある。

西門豹は戦国時代の魏国の人で、文侯《ぶんこう》の時期に鄴令となった。当時の漳河は鄴県の境内を流れ、その一帯では次のような方法で「河伯《かはく》のために婦を娶《めと》る」伝統があった。鄴県の三老《さんろう》・廷掾《ていえん》は毎年民衆から数百万銭を取り立て、そのうちの二、三〇万銭を使用して河伯のために婦を娶り、残りは巫祝《ふしゅく》と山分けしていた。巫祝は毎年民間から美女を選び取り、漳河の河神「河伯」にその娘を紹介し、婦として娶らせると言った。そうしてわずかな「結納」を送り、娘を沐浴斎戒させて扮装させた後、娘を河中に放り込むのである。巫祝たちは、もし河伯に婦を娶ってやらないと、漳河は洪水で氾濫するだろう、と言った。

西門豹は、このような悪習を止めさせようと決心した。

ある日、西門豹は三老と巫祝に、彼も自ら「河伯に婦を娶る」儀式に参加すると告げた。

当日になり、西門豹が河辺にやってくると、三老・官員・郷紳・女巫たちもみな集まっていた。女巫は十数名の弟子たちを従えていた。

西門豹は意図して、これから河伯のもとに送る娘が美しいかどうか確認したいと言った。婦に選ばれた娘を人びとが帷帳の中から連れ出してくると、西門豹は三老・巫祝たちのほうを振返って言った。

「この娘は美しくない。面倒をかけるが、巫は河に入り、後日別の美しい娘を見つけ出してお送りしますと、河伯に伝えてきてくれ」

こうして属吏たちに命じ、女巫を河の中に投げ込ませた。

女巫が戻ってこないため、西門豹は言った。

「巫のばあさんはどうしてこんなに遅いのだろう。弟子に、催促してきてもらおうか」

属吏たちは女巫の弟子を一人、河の中に放り投げた。

このようなことが三度続いたが、女巫たちは誰ひとりとして戻ってこなかった。

西門豹は三老に、女巫は女性だから流されてしまったのだ、次は三老が河の中へ入って事の次第を伝えてきてほしい、と言い、三老を河の中に放り入れた。この状況を目にした長老や廷掾たちは、大慌てで地に跪いてわびた。以後、二度と河伯に婦を娶る話が提起されることはなかったという。

西門豹は鄴を治めている間、「河伯のために婦を娶る」民間の悪習を排除したのみならず、民衆を組織して渠道を開削し、水利工事を興して漳河の水を引き、農田の灌漑を行ない、人びとはその恩恵

西門豹祠

西門豹は魏の文侯（前446～前396）の時代に鄴令（鄴は現在の河南省安陽市市街区の北18km）となり、当地をよく治めたことから人びとの深い敬愛を受け、後人は彼のために祠廟を建てて祭祀を行なった。曹操は「終令」で「西門豹の祠の西原上に寿陵を為り、高きに因りて基と為し、封せず樹せず」と言っており、西門豹祠は鄴城・魯潜墓誌と同様に曹操墓の相対的位置の指針となっている。西門豹祠の遺跡については諸説紛々としているが、考古学者は現在の漳河南岸の国道107号線傍にある河北磁県豊楽鎮境内の西門豹祠を有力視している。

を受けた。西門豹の恩徳はこうして後世に伝わり、人びとに敬い慕われたのである。

河北省の磁《じ》県・臨漳《りんしょう》県一帯には多くの西門豹の祠があり、豊楽《ほうらく》鎮の西門豹祠、臨漳県仁寿《じんじゅ》村の西門豹祠、元城の西門豹祠などがある。このうち豊楽鎮の西門豹祠は、後漢代のものである。

豊楽鎮の西門豹祠は古鄴城の西方に位置し、漳河の南岸、現在の漳河大橋の南一kmにある。ここには現在も周囲より二～三m高い高台が残り、その上には東魏・北斉時代の磚瓦《せんが》の破片が大量に散乱している。このことは、東魏・北斉時、ここに廟宇《びょうう》・宮殿などの建築物が建っていたことを示している。[10]

また我々が実地調査を行なったところ、

これらの磚瓦には東魏・北斉時期のものだけではなく、後漢代のものも含まれていることが判明した。河北省臨漳県文物保管所はかつて、後趙の建武六年（三四〇）の勒《ろく》柱《ちゅう》石刻を接収した。それはこの遺址より出土したといわれている。表面には西門豹祠を再建した際の状況が刻まれており、この地は西門豹の遺址であることが確認できる。

三つ目は、墓葬が高台に埋葬されたことである。これはまさに「高きを択《えら》びて葬」ったということであり、周囲もかなり開けている。

戎馬にあけくれた生涯

考古学は古代の墓葬に関する研究の総括として、多くの法則を提示してきた。そのうちの一つは、副葬品は往々にして墓主の生前の経歴を反映するということである。

殷代後期の都邑である安陽の殷墟では、現在までに一万五〇〇〇基以上の墓が発掘されている。研究者はこれらの墓葬を整理する過程でいくつもの統計をとり、その結果は以下のことを明らかにしている。墓葬内から陶製の紡輪《ぼうりん》が出土した場合、墓主は一般的に女性であり、青銅製の戈《か》が出土した場合、墓主は男性である、と。さらに興味深いのは、墓主が生前に軍事に携わっていた場合、たいていは墓にそのことが反映されているということである。婦好《ふこう》墓はその好例である。

婦好は女性で、殷王武丁《ぶてい》の妻である。一九七六年、婦好の墓が発掘され、整理された。奇妙なこと

石牌

西高穴2号墓からは少なくとも8枚の圭形石牌が発見され、「魏武王」「常所用」「魏武王常所用」「魏武王常所用挌虎大戟」などと刻まれている。石牌中の「武」「挌虎」および武器自体は、いずれも墓主本人の身分と関連するのだろう。

に、彼女の墓葬から大量の武器が出土したのである。殷墟の殷代墓葬では、女性の墓から武器が出土することはほとんどなかった。一介の女性である婦好が生前に戦争に参加したというのだろうか。はたして調査の結果、殷墟の甲骨文から婦好が兵を率いて出征したという記録が発見された。甲骨文によると、婦好が参加したのは最大規模の戦争で、彼女が率いた兵力は一万人以上であったという。

　西高穴二号墓の出土文物には、大量の鉄製の鎧・鉄刀・鉄戟が含まれている。墓内に散乱した石牌もまた、武器と関連するものが多い。たとえば「魏武王常所用挌虎大戟」「魏武王常所用挌虎大刀」「八寸机一」などがある。したがって、二号墓の墓主は生前に軍事的な経歴を有する可能性が非常に高いと推測できよう。

　古代では、身分のある人物が死去すると、生前の経歴に基づいて諡号《しごう》が贈られる。生前に軍事的な経

鉄鎧甲

錆びて斑状の痕跡がついている鉄鎧甲もまた、墓主が生前に軍事的経歴が豊富であったことを示している。

歴がある者には、しばしば「武」字が送られる。

では、どのようなことを「武」というのだろうか。古書には、「剛彊直理なるを武と曰ひ、威彊敵徳なるを武と曰ふ。禍乱を克定するを武と曰ひ、民を刑し克服するを武と曰ふ（剛彊直理曰武、威彊敵徳曰武。克定禍乱曰武、刑民克服曰武）」とある。

たとえば、生前に塞外へ兵を発し、衛青《えいせい》・霍去病《かくきょへい》を派遣して陰《いん》山《ざん》で馬に水を飲ませる故事をなさしめた劉徹《りゅうてつ》の諡号は、漢武帝《かんぶてい》である。また北に金軍を撃ち、征戦の生涯を送った岳飛《がくひ》の諡号は、岳武穆《がくぶぼく》である。彼らの諡号には「武」字が含まれている。

西高穴二号墓中から発見された少なくとも八枚の石牌には、「魏武王」の刻銘がある。この「武」字は、出土した武器とともに、墓主の生前の軍事的経歴を証明するものである。

魏武王

二号墓から出土した七枚の圭形石牌には、文字が刻まれている。そのうち完全な一枚には「魏武王常所用挌虎大戟」と刻まれ、他の二枚には「魏武王」などと刻まれている。残りの断片にも、「魏」あるいは「常所用」などの文字が確認できる。

「魏武王」の名称のうち、「魏」は封地、「武」は諡号、「王」は封爵を示す。現代語訳すると、魏に封邑を持つ、諡号が武である王侯、となる。

「常所用」の三字もまた、他の石牌に繰り返し見られる。「常に使用している」もしくは「かつて使用していた」の意味に解される。

これらの石牌に刻銘された「魏武王」とは、ほかならぬ墓主のことであろう。

「魏武王」の三字は単独では出現せず、ここでは副葬品と関連している。副葬品は当然墓主の所有物と考えられるのであり、したがって「魏武王」の三字は明らかに墓主を指しているといえよう。

以上より、西高穴二号墓の墓主は、死去した際に「魏の武王」の身分を有していたことになる。これは、墓主の身分に関するきわめて重要な情報である。

魏武帝

西高穴二号墓の墓主は、埋葬時には「魏の武王」の身分を有していたが、死後は「魏の武帝」と称された。

「王」から「帝」への変化は、わずか一字の違いではあるが、その身分には質的な変化が生じている。

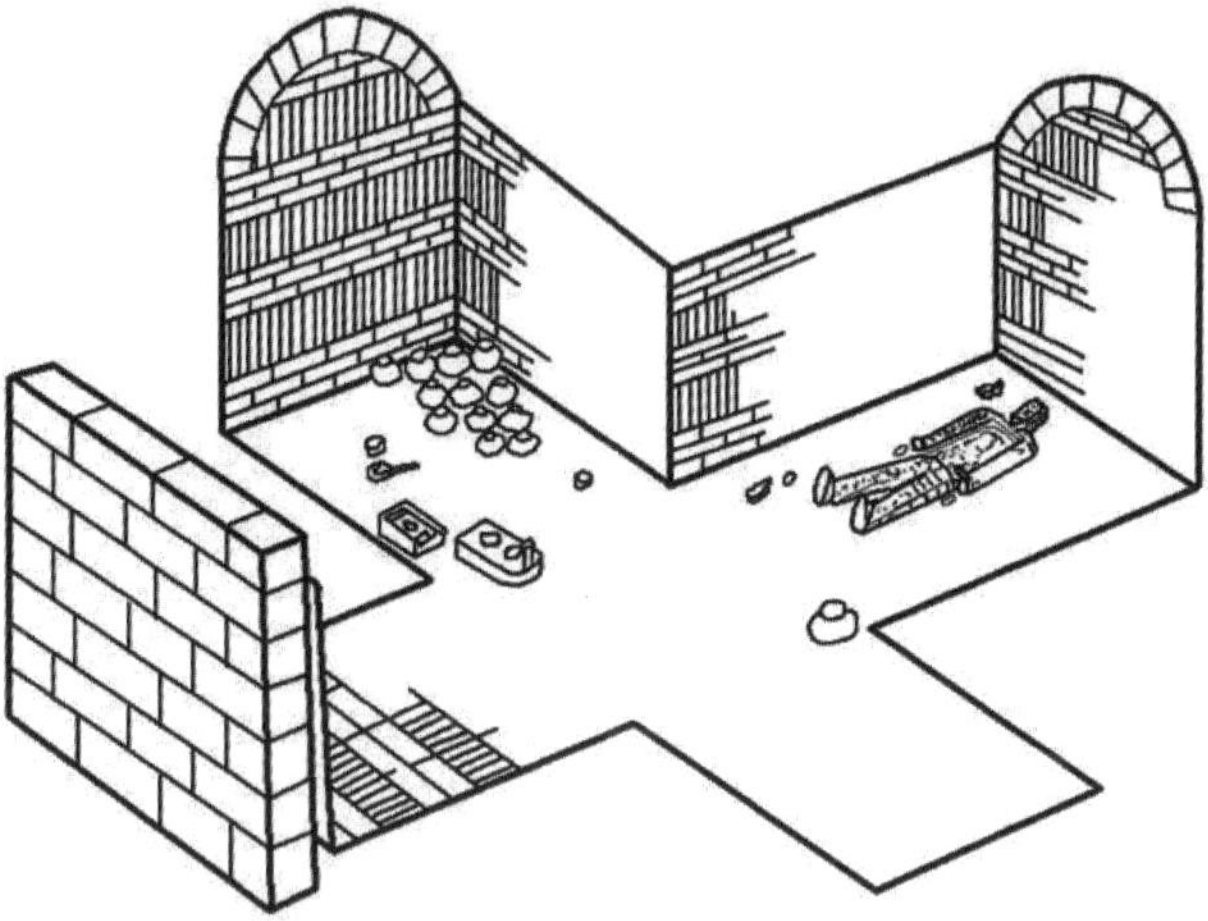

土山1号後漢墓の墓室内の状況
後漢の彭城王・王后の墓である徐州土山1号後漢墓の構造は、西高穴2号墓とやや異なる。この墓からは銀縷玉衣が出土した。（線図は南京博物院「徐州土山漢墓清理簡報」から引用）

では、なぜ西高穴二号墓の墓主が後に「魏の武帝」に変わったと分かるのか。答えは魯潜墓誌にある。そこには、魯潜墓は「魏の武帝陵」の西北隅から西に四三歩の所にある、と記されている。

簡礼の墓

厚葬や薄葬とは、相対的なものである。ある墓が厚葬であるのか薄葬であるのかを判断するには、死者の身分を考えなければならない。

西高穴二号墓は規模が広大で、墓形は「前室・後室がそれぞれ二つの側室をともない」、「四角攢尖」式の天井構造を採用しており、帝王クラスの規格を具えている。このクラスの墓葬では、どのようなものが「薄葬」となるのだろうか。

両漢時代では、社会的に厚葬が流行していた。

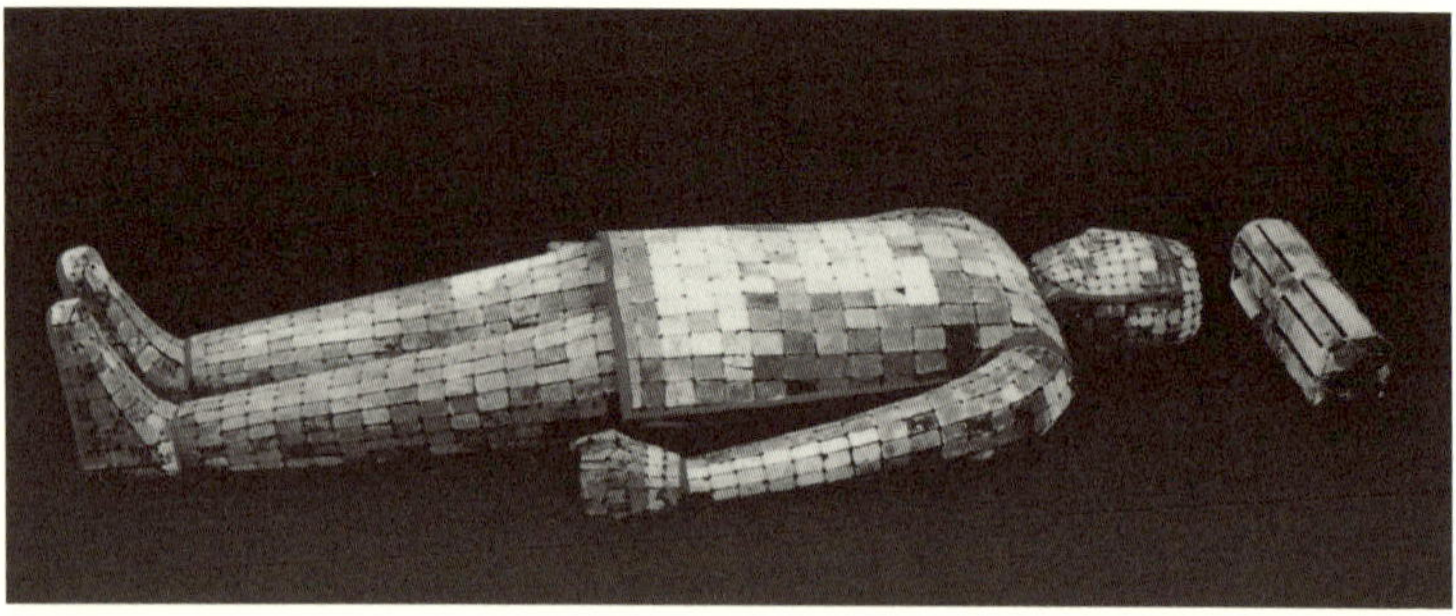

銀鏤玉衣

玉匣とも呼ばれる。戦国末期から用いられ、両漢代に流行した殯葬の服飾で、とくに漢代の皇帝や高級貴族が死去後に着用した。身分や等級により、玉衣を連ねるものが金縷・銀縷・銅縷・絲縷と異なる。この種の玉製の殯服は、三国魏の曹丕が禁止の詔を下して完全に廃止されるまで、400年近く流行した。
図の玉衣は頭部・上衣・手袋・ズボン・鞋の5つの部分に分かれ、合計2464枚の大小の玉片を銀糸で連ねて作製している。考証の結果、安徽省亳州曹氏宗族墓で出土したこの玉衣は、曹操の祖父曹騰のものとされている。

後漢代の諸侯王クラスの墓葬では、金や玉をともなわないものはない。そのうちもっとも富と身分の象徴となる副葬品は、墓主に着せられた「玉衣」である。これらの「玉衣」は金糸あるいは銀糸で連ねられ、「金鏤玉衣《きんるぎょくい》」あるいは「銀鏤玉衣」と呼ばれる。河北省定県北陵頭の中山穆王劉暢夫妻墓（四三号墓）や江蘇省睢寧の劉楼後漢墓、さらには一九五五年に洛陽で発掘された四つの後漢晩期の墓葬からは、いずれも玉衣の破片が出土している。

西高穴二号墓は帝王クラスの規模を具えるとはいえ、墓室の壁は素壁で、壁画は確認できない。また「金鏤玉衣」や「銀鏤玉衣」も発見されていない。出土した玉佩《ぎょくはい》、銅帯鈎《どうたいこう》、鉄鎧、鉄剣、玉珠、水晶珠、瑪瑙《めのう》玉などは、墓主が生前に身に着け使用していたものであろう。またこの墓葬は明器《めいき》の副葬が少なく、墓室の構造も簡略化されているといえる。(11)

もっとも重要な点は、西高穴大墓には墳丘が築かれていないということである。このことは「薄葬」のもっとも重要な体現といえよう。すなわち、死者の身分と墓葬の規格に反して、この墓は典型的な「薄葬」なのである。

園陵閣殿

墓地には墓園や各種の陵寝《りょうしん》などの施設が築造される。これは秦漢以後における古代の帝王クラスの墓の常例である。

西高穴二号墓における地上建築の存在は、発掘により実証されている。とくに一号墓の北側で発見された版築《はんちく》の基礎址は、当時の地上建築の基礎であろう。二号墓の墓道の周囲に残る柱洞もまた、地上建築の遺留物であると考えられる。墓道の東端にある南北対称の柱洞と墓室頂部にある二つの直径〇・五mの柱洞は、当時の人びとが墓道に入った際、あるいは墓室の頂部にやってきた際に、殿堂内に身を寄せたことを示している。これら二ヵ所の殿堂は、墓主を祭る場所もしくは墓主に祭品を奉る場所であったと考えられる。

あの龍振山のコレクション中にある銅製門釘は、当時の地上建築の大門の遺物かもしれない。

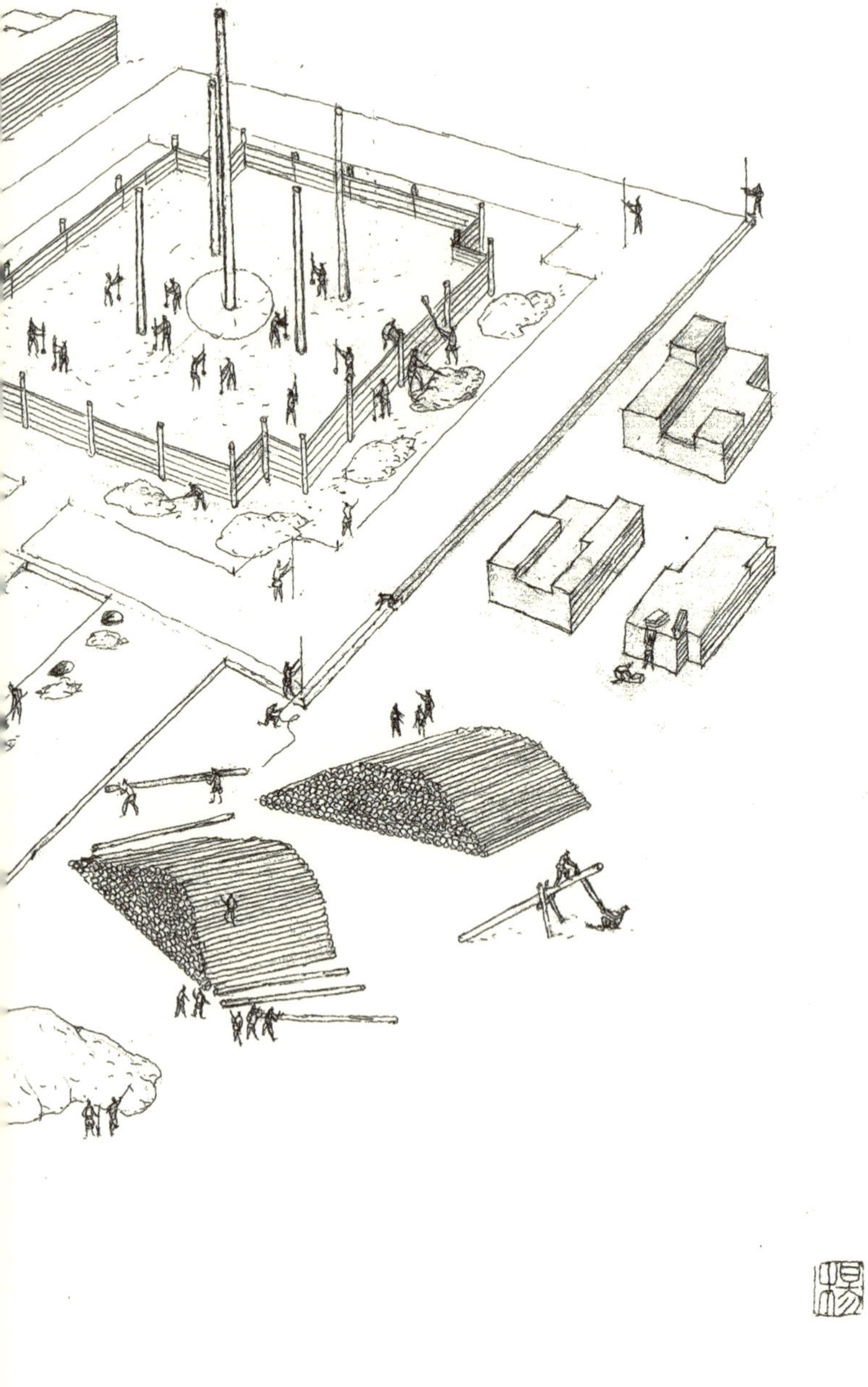

西高穴２号墓の墓上建築の想像復元図（作画／楊鴻勛）

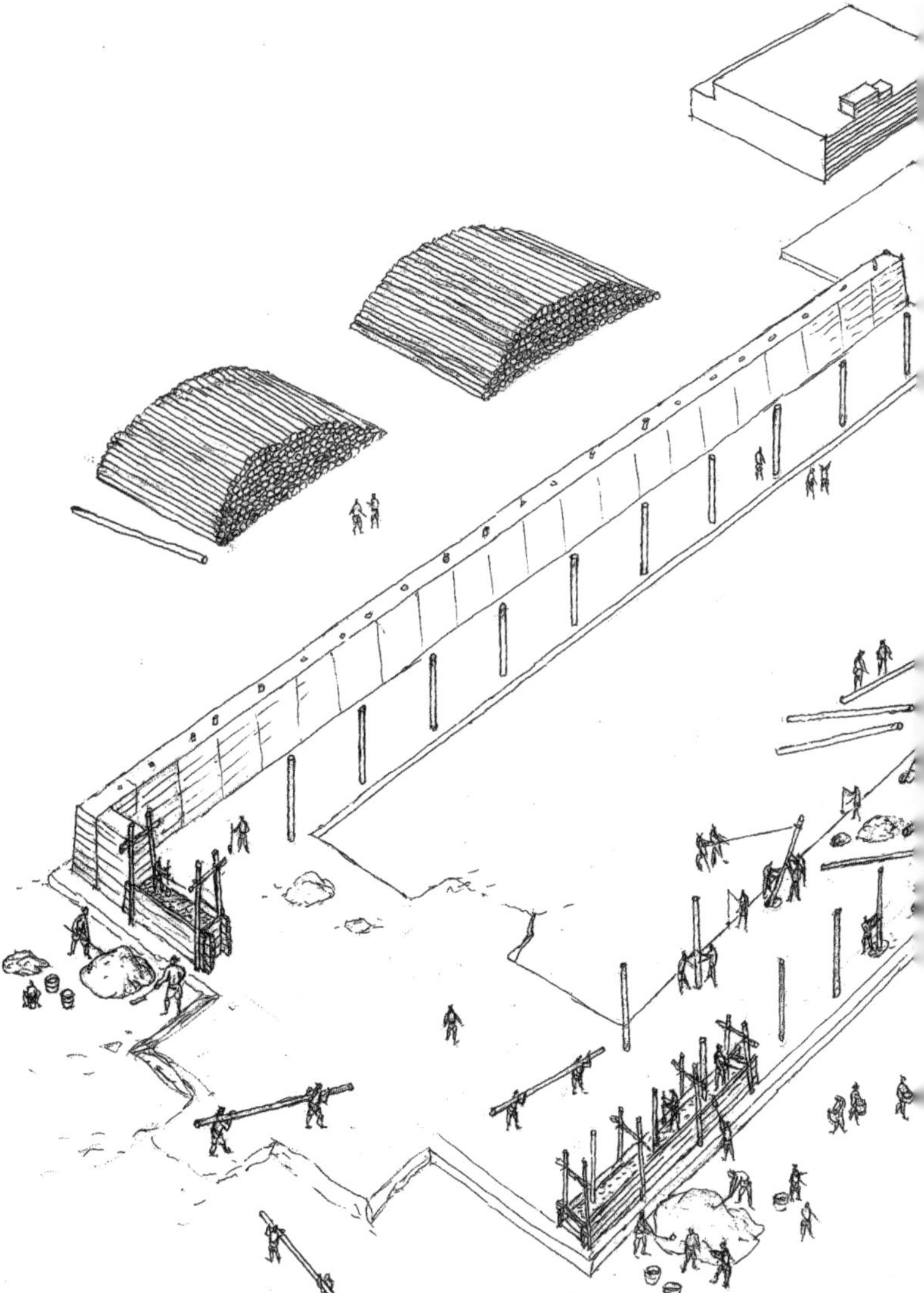

頭疾

「魏の武王の常に用ひる所の慰項石（魏武王常所用慰項石）」の石枕《せきちん》は押収された文物であるが、提供者や事情を知る者はみな口を揃えて、これが西高穴二号墓から出土したものであると言う。また、石枕の石材および表面の字体は、二号墓から出土した石牌と同じである。すなわちこの石枕は、墓主の身分を議論する際には、刻字のある他の文物と同等の価値を有しているといえよう。

「魏武王常所用慰項石」の九字は、三つの語の組み合わせである。

「魏武王」は墓主を指し、多くの石牌に見られる。「魏」は封地、「武」は謚号、「王」は封爵を示す。現代語訳すると、魏に封邑を持つ、謚号が武である王侯、となる。

「常所用」の三字もまた、他の石牌に見られる。「常に使用している」あるいは「かつて使用していた」の意と解される。

「慰項石」の三字は、石枕の効用に関連するのだろう。「項」は頭部とつながる首筋を指し、「石」は石製の枕の代称と考えられる。「慰」は医学的な名詞と理解すべきで、現在の物理療法に相当するのだろう。

すなわち「魏武王常所用慰項石」の全体の意は、魏の武王がかつて使用していた、頭部を物理療法によって癒す石枕、となる。

したがって逆に考えると、墓主は頭部にある種の疾病を抱えていたか、少なくとも「具合がよくなかった」のだろう。

還暦を過ぎた年齢

墓室から出土した三点の頭骨は、墓内に三名分の個体があったことを示している。一方、墓葬内の棺材もちょうど三組確認できる。したがって、いわゆる「盗掘者が盗掘中に墓室内で死んでしまった」という可能性は排除できよう。すなわち、三点の頭骨には、必ずや墓主のものが含まれているに違いない。

副葬品は、男性用のものが主である。また中には「魏武王常所用」と刻まれた各種の物品が含まれ、鉄鎧や鉄剣なども出土した。したがって、墓主は男性と考えられる。

中国社会科学院考古研究所の形質人類学の専門家・王明輝《おうめいき》により、三点の頭骨の年齢と性別について鑑定が行なわれた。その結果は以下の通りである。

男性：最初の年齢鑑定では六〇歳前後、二回目の鑑定結果は六〇歳以上。墓から出土した「胡粉《ごふん》二斤」の刻銘石牌は、この男性の年齢の秘密を暴露している。後漢代では、胡粉は老人が顔に塗るものであった。

女性A：最初の鑑定では五〇歳、二回目の鑑定では五〇歳以上。

女性B：最初の鑑定では二〇〜二五歳、二回目の鑑定でも二〇〜二五歳。

したがって、六〇歳以上の男性が墓主であると考えられる。

男性が墓主である可能性については、もう一つ動かし難い証拠がある。

まず三つの頭骨の出土状況を思い返してみよう。

男性の頭骨は、前室の前部から出土した。単独で発見され、付近にはほかの骨頭に関連するものはなかった。またこの頭骨は正しい方向に安置されていたのではなく、顔面は一方を向き、あたかもここに捨て去られたかのようであった。

女性Aは、後南側室付近で出土した。発掘の後期に、この側室内で縦向きに置かれたひと組の木棺が発見された。木棺はわずかに移動された可能性があり、上部は朽ちてなくなっていた。側室内では帳を掛ける鉄製の部品が発見され、腐蝕した鉄くずも出土した。

女性Bは、後北側室付近で出土した。発見時、付近には砕かれた骨があり、発掘の後期には、この側室からも同じく縦向きに置かれたひと組の木棺が発見された。木棺はすでに朽ちていた。

以上より、女性Aと女性Bはそれぞれ後室の両側室に安置されていたことが分かる。

一方、男性の頭骨は前室の前方で発見されたが、これまでに発見されている漢魏古墓では、死者が前室前部に安置されていた例はない。頭骨の出土時の状況を考えても、「前室に安置された」可能性は排除してよいだろう。

通常の慣例では、主棺は後室後部の中央に置かれる。しかし西高穴大墓の後室からは木棺は発見されていない。後室の前部に若干の有機物の堆積が確認できるが、具体的にこれが何であるのかは不明である。

男性の遺骨は移動される前、後室の中心に置かれていたのだろうか。

後室中部の舗地石上の印痕《いんこん》は、ここに石屋が置かれていたことを証拠づけるものであり、また石屋の存在は、男性の頭骨の「もとの位置」が後室、すなわち主室にあったことのみならず、彼の地位は木棺中の女性たちよりも高いということを証明してくれる。したがって、この六〇歳以上の老人男性は、墓主であると考える以外に選択肢がないのである。

では、この「魏の武王」と呼ばれる墓主は誰なのか。

歴史文献から彼に関する記載を探し出すことは可能なのだろうか。

（1）李銀徳「両漢諸侯王墓」（鄒厚本主編『江蘇考古五十年』二三三～二三四頁）。また楊愛国「東漢諸侯王喪葬礼俗初歩分析」（北京大葆台西漢墓博物館編『漢代文明国際学術研討会論文集』燕山出版社、二〇〇九年）。

（2）睢文・南波「江蘇睢寧県劉楼東漢墓清理簡報」（『文物資料叢刊』第四輯、文物出版社、一九八一年）。

（3）王志高「南京上坊大型孫呉貴族墓」（『文物』二〇〇八年一二期）。

（4）安徽省文物考古研究所等「安徽馬鞍山宋山東呉墓発掘簡報」（『江漢考古』二〇〇七年四期）。

（5）洛陽文物工作隊「洛陽曹魏正始八年墓発掘報告」（『考古』一九八九年四期）。

（6）鄭曙斌「漢墓簡牘記載的葬服研究」（『湖南省博物館館刊』第五輯、岳麓書社、二〇〇八年）。北京大堡台漢墓博物館は幾度にもわたり筆者と漢代の墓葬習俗の関連知識について討論し、本書の執筆に大きな助けとなった。

（7）白雲翔「安陽西高穴大墓是否為曹操高陵之争的考古学思考」（『光明日報』二〇一〇年一月二十六日）。
（8）酈道元『水経注』巻一〇「濁漳水」（商務印書館、一九五八年）。
（9）後趙は西暦三一九年に建国され、まず現在の邢台《けいだい》を都とした。三三五年に鄴に遷都した。
（10）劉心長「曹操墓研究」（『新華文摘』一九九八年一期）。
（11）李梅田「「曹操墓」是否「薄葬」？」（『中国社会科学報』二〇一〇年一月十九日）。

第三章　文献における曹操の死の真相

西高穴二号墓から出土した資料は、墓主に関する一連の秘密について言及している。そして、発掘の過程における証拠のほとんどは、曹操を示唆している。

考古学の手順では、考古発掘における「墓主」と文献中のある歴史上の人物とを対応させるには、まず文献史料の整理作業を行なう必要がある。とくにその人物の時代、個性、死亡の経緯、埋葬地などの関連記載の「真偽を選別」しなければならない。

七十二疑塚の由来

曹操の墓について語るにあたり、「七十二疑塚《ぎちょう》」について触れないわけにはいかない。「疑塚」とは、偽の墓のことである。唐の時代、張瑝《ちょうこう》と張琇《ちょうしゅう》は、父の仇である万頃《ばんけい》という男を刺殺し、自分たちも死刑に処された。二人の死後、ある者が彼らの遺体を引き取り、河南の邙山《ぼうざん》のふもとに葬った。しかし、万頃の家族がそのことを知って墓を掘り返しに来ないかと心配し、いくつかの疑塚を設けたという。(1) これは、疑塚を築くことで仇が墓を暴くのを防いだ特殊な事例である。

羅貫中《らかんちゅう》の『三国演義』には、曹操が自身の後事について手配する場面の描写がある。その中で、曹操は臨終の前に、人に命じて彰徳府《しょうとく》(現在の安陽)の講武城外に七二の疑塚を築かせ、自身がどこに埋葬されたか分からなくし、のちに墓が暴かれるのを防ごうとしたという。(2)

これが何に基づいた話であるのかは別として、羅貫中が尾ひれをつけたこの『三国演義』の話により、曹操が七二の疑塚を築いたという話は広く流伝することとなった。

明清代には、曹操の疑塚の話は世間で有名となり、まるで実際にあったかのような志怪故事も登場した。

清朝に『堅瓠集《けんこしゅう》』という書物があり、その二集巻三には次のような故事が掲載されている。

明清交替期のころ、漳河の水が突然干上《ひあ》がった。漁師たちが漳河に残った水たまりで魚を捕っていると、河床から巨大な石板が発見され、その傍に隙間が見つかった。漁師たちがのぞいてみると、中は暗くがらんとしていた。彼らは、この中に魚がたくさん隠れているに違いないと考え、隙間に入り込み、這《は》っていった。奥に進むと、なんと石の門が見つかった。門を押し開けると、中は大勢の美女たちであふれていた。彼女たちは、二列に並び、座る者もいれば横になってもたれかかる者もいたが、まもなくみな灰になって消えてしまった。漁師たちはさらに、王者のような冠服を身に着けた男が石床に臥しているのを見つけた。石床の前には碑が立っており、文字を読める者が進み出て見てみると、ここは曹操の墓であると記されていた。それを知った漁師たちは、曹操の屍《しかばね》をばらばらに裂いて去っていった。

『堅瓠集』の作者は以下のように解説している。これらの美女は生きたまま埋葬され、地気が凝結していたために、いまなお生きているように見えたのである。しかし墓門が開かれて地気が漏れ出たため、美女たちはあっという間に灰になってしまった。唯一、曹操の遺体は水銀を用いて納棺されていたため、皮膚が朽ちなかったのである、と。

蒲松齢《ほしょうれい》『聊斎志異《りょうさいしい》』巻一〇「曹操の冢」には、また別の故事が記録されている。真夏のある日、ある者が漳河で入浴していると、突然、刀や斧の音を耳にした。すると、水中から切断された遺体が浮かび上がってきた。その者は驚き怪しみ、現地の官吏に事情を説明した。これを聞いた地方官吏は、すぐに人びとを派遣して漳河の上流をせき止め、一時的に河の水を涸《か》れさせた。すると、深い洞穴が発見された。洞穴には水車が設置されており、その上には冷たく光る鋭利な刃物が並んでいた。彼らは水車を外して洞内に侵入し、表面に漢代の篆書《てんしょ》が刻まれた小さな碑を発見した。よく見てみると、曹孟徳《そうもうとく》の墓碑であった。これを目にした人びとは、棺を破壊して遺骨を散乱させ、金銀財宝を奪って逃げていった。

蒲松齢はこの故事を次のように評している。曹操の墓は七十二疑塚以外にもあったのだ。なんと狡《こう》猾《かつ》な奴だろう。しかし彼は、自身の遺骨を保つことはできなかった。彼は非常に聡明でありながら、じつに「瞞（曹操の幼名は阿瞞）」である、と。

これらの小説が述べるところの多くは、根拠のない話である。一方、現実に起こった偶然の発見を曹操墓と結びつける者もいた。近代の鄧之誠《とうしせい》による『骨董瑣記《こっとうさき》』巻三「曹操の冢」条には、興味深い事件が記録されている(3)。

壬戌の年の正月三日、磁県の民である崔老栄《さいろうえい》が、彭城《ほうじょう》鎮（現在の彭城）の西一五里の無縁墓地で死者のために墓穴を掘っていたところ、突然地下が崩落して大坑が出現した。中をよく見てみると、そこは広々とした石室で、四周の壁は真新しいように見えた。崔は急いで県令の陳希賢《ちんきけん》に報告した。陳は人びとを組織し、まず硫黄《いおう》を穴の中に噴霧し、その後で石室に進入して調査を行なった。室内には石棺が置かれ、棺の前の石刻の誌文には、魏の武帝曹操のものであることが記載されていた。これより以前の五〇年間に、十数ヵ所の石室が発見されたが、今回初めて本物の曹操の墓が発見されたのである。現在、この石製の墓誌は県の役所に保管されている。今度そこを訪問し、墓誌を読んでみたいものだ。

その後、鄧之誠が墓誌を確認したかどうかについては、知るよしがない。彼の話は、古墓が発見されたという事実に基づくのだろうが、墓主を曹操と関連づけて解釈したのは、明らかに七十二疑塚の話の影響であろう。

偶然の発見を曹操墓と関連させるという類似の事件は、二十世紀にも発生している。一九八三年、農民が漳河大橋の河床から文物を掘り出した。ある者はこれを曹操の遺物であるとしたが、学者による調査の結果、これらの文物は明代のもので、曹操墓とは関係ないことが判明したという。

当然ながら、羅貫中は曹操の七十二疑塚の話の創作者ではない。

この話は、すでに元の陶宗儀《とうそうぎ》『南村輟耕録《なんそんてっこうろく》』に「曹操の疑冢七十二、漳河の上に在り」と言及されている。(4)

また南宋の文人・羅大経《らたいけい》の『鶴林玉露《かくりんぎょくろ》』にも、「漳河の上に七十二冢有り、相い伝へて云ふ、曹操の冢なり、と」とある。(5)

同じく南宋の范成大《はんせいだい》は『石湖詩集《せっこ》』の中で、孝宗《こうそう》の乾道《けんどう》六年（一一七〇）に金へ使者に赴いた際、講武城外で曹操の七十二疑塚を目にしたと記している。彼はこの塚に臨んで往時をしのび、「七十二冢」の詩を詠んだ。

一棺 何ぞ用ひん 冢は林の如く、誰か復た公の如く此の心を負はん。
聞説《きくなら》く 北人 封土を為すと、世間 随事に知音有り。

范成大よりややのちの程卓《ていたく》も『使金録《しきんろく》』の中で、金への使者に向かう途上で曹操の七十二疑塚を訪れたと言っている。

宋の兪応符《ゆおうふ》は、曹操が「疑塚」を築いた話を信じて疑わず、題詩にて曹操を「生前は天を欺《あざむ》きて漢統を絶やし、死後は人を欺きて疑冢を設く」と罵《ののし》り、「疑冢七十二を尽《ことごと》く暴くべし」と提議した。

さらに早いのは、北宋の王安石《おうあんせき》である。彼は道中に相州を訪れた際、「疑冢」の詩を詠んだ。

青山は浪の如く漳州に入り、銅雀台の西に八九の丘あり。
螻蟻《ろうぎ》は往還して壟畝《ろうほ》を空け、麒麟の埋没すること幾春秋。

この王安石の詩は、現在調べうる限りもっとも早くに「疑塚」について言及した文献である。あるいは誰かが、この王安石の詩にある「八九丘」を計算し、「七十二疑塚」としたのかもしれない。

以上に見てきた曹操の「疑塚」の話には二つの特徴がある。一つは、七十二「疑塚」の話が出現するのは宋代以降であるという点で、早期にこれを広めた者には、南宋の人物が多い。二つ目は、疑塚の話は基本的に正史には見えず、文人の詩歌・随筆・小説などの文学作品中に見えるという点である。

文学作品は、情緒を吐露する最良の形式である。南宋の人びとにとって、曹操が天子を挟《さしはさ》んで長江以北を占拠したことは、当時の南宋に対する金の状況と同じであった。彼らにとって、曹操を罵ることとは金を罵ることに他ならなかったのである。

このように、曹操七十二疑塚の話が形成される背景には、愛国心があったのである。

では、なぜこんなにも多くの後人が、曹操の「疑塚」を信じて疑わなかったのだろうか。鄴城の西もしくは相州の西を通った際に、自らこれらの疑塚を目にしたと言う者さえいるのである。

河北省南部の磁県は、古鄴城ないし相州の西部にあたる。ここにはたしかに多くの墳墓が分布しており、遠方から望み見ると墳丘が林のようになっている。

これらの墳墓は、実際には北朝の東魏・北斉時期の貴族墓であり、なかには皇帝陵も含まれている。一九七五〜七七年、文物部門はこれらの古墓の調査に力を入れた。ここは「磁県北朝墓群」と命名され、一九八〇年に河北省の重点文物保護単位に指定された。一九八六年以来、考古部門は再びこの古墓群に対する全面的な調査を実施し、磁県城の南部と西南部にかけての漳河と滏陽河《ふようが》の間の平原と西部の山崗一帯、およそ南北一五km、東西一二kmの範囲で一三四基の墓を発見した。これらの古墓は、もとはいずれも円形の墳丘であり、一部は現在もなお保存されている。そのうち比較的保存状態のよい前港村《ぜんこうそん》墳丘は、東西一二一・五m、南北一一八m、高さ二一・三mが現存している。現地の人びとはこれを「天子塚」と呼んでいる。宋代においては、さらに多くの北朝墓葬の墳丘が残存していたに違いない。

では、どうしてこれらが北朝墓であると分かるのだろうか。

かつて曹操の七十二疑塚の一つと疑われていた東魏孝静帝の天子塚

河北磁県の県城西南8kmに位置し、国の重点文物保護単位である北朝墓群に属する。
元善見は北魏の節閔帝の曽孫で、孝武帝が逃亡した後、高歓は彼を帝位に即けて鄴に遷都した。在位17年で高洋に廃され、のちに毒殺された。享年28、現在の河北省臨漳県西の丘に葬られた。
高大なこの墳丘墓は、北宋の王安石が鄴城遺跡を過ぎた際、西に眺望した「八九丘」の一つであったと考えられる。

これらの墳丘をともなう墓は、明代から発掘が行なわれていた。崔銑《さいせん》によると、当時一基の墓が掘り出され、中から北斉の高陽王《こうようおう》の湜《しょく》の墓誌が発見されたという。[6] また清末には、この地から一群の墓誌が出土し、いずれも東魏・北斉時期のものであったという。[7] 一九五〇年代以降、さらに十数基の墓の考古発掘が行なわれ、その多くから墓誌が出土し、いずれも北朝墓と確認された。この他、一部の墓の前には東魏・北斉時期の石刻人像・石羊などの石像が残っており、北朝期の墓碑も発見されている。

一九七五年、考古学界は東槐樹《とうかいじゅ》村で一基の墓を発掘した。墓室内の四壁には壁画が描かれており、そのうち北壁の「挙哀図《きょあいず》」は、典型的な北斉代の絵画の様相と独特の風格を具えている。また墓内からは陶俑三八一点が出土し、壁画とこれらの文物の年代は一致する。学者たちは、被葬者は北斉の馮翎郡《ひょうれいぐん》王の高潤《こうじゅん》であると分析している。

この磁県湾漳北斉大墓もまた、かつて「七十二疑塚」と誤認されていた墓の一つである。現在、河北省磁県古墓群は国務院によって全国重点文物保護単位に指定されている。七十二疑塚の謎は、ここに解決されたといえよう。

文献に記された臨終の前後

「七十二疑塚」は荒唐無稽の話であった。では、文献中の曹操の身分や死去に関する記載の中で、どのような情報が彼の埋葬地の所在を判断する助けとなるのだろうか。

考古学的には、墓に残された遺跡と遺物には、死者本人の意思のみならず、死者の後人（とくに親族）の意思も反映されている。

西暦二一八年六月、臨終の一年以上前、曹操は墓地の選定と造営について次のように語った。

古の埋葬は、必ずやせた土地を選んで行なわれた。そこで、西門豹の祠の西の高地をわが百年の陵地としたい。この高地を利用して墓の基礎とせよ。地表には封土を盛ることなく、樹を植えたり碑を立てたりしてはならない。『周礼《しゅらい》』の規定に、「冢人は国家の墓地を管掌する。諸侯は王墓の左右両側の前方に葬り、卿大夫は後方に葬る」とある。漢朝の制度では、これを陪陵《ばいりょう》と呼ぶ。およそ公卿《こうけい》大臣や功績のあった将領たちは、死後に私の墓の周囲に陪葬してもらいたい。そのため墓地の範囲を広く取り、将来彼らを安置できるようにせよ。

この言葉は、歴史家によって記録されたものであり、曹操の「終令《しゅうれい》」と呼ばれている。(8)

また二二〇年の臨終の際、曹操は次のように語った。

私は夜半に目が覚め具合がよくなく、朝は粥を啜《すす》って汗を出し、当帰湯《とうきゆ》を飲む。私は軍中では法に則って事を的確に進める。しかしわずかな怒りや大きな過失については、ならってはならない。天下はいまだ安定しておらず、古代の制度に則る必要はない。私は頭痛を患っており、頭巾をかぶっている。私が死んだ後、身に着ける葬服は普段のものと同様にせよ。文武百官が殿中で葬礼に参加する場合、「十五挙音」の哭祭のみとし、埋葬が終わったならばすぐに喪服《そうふく》を脱ぎ捨てよ。守備地に駐屯する各地の将兵は、その駐屯地を離れてはならない。官吏たちは各々の職につとめよ。納棺の際には普段の衣服を着せ、鄴城の西の高地、西門豹の祠の近くに埋葬せよ。金玉珍宝を副葬してはならない。我が妻妾《さいしょう》や伎人《ぎじん》たちはみな勤勉である。彼女たちを銅雀台《どうじゃくだい》に住まわせ、厚く待遇してほしい。銅雀台の上に六尺の床を設け、麻布の帳を掛け、朝晩には脯糒《ほび》の類を供えてほしい。月の旦《ついたち》と十五日には、朝から正午に至るまで、帳内に向けて伎楽を催してほしい。お前たちはときどき銅雀台に登り、私の西陵《せいりょう》の墓田を望むように。余った香は諸夫人に分け与え、命祭で浪費してはならない。彼女たちが平時にすることがなければ、履《くつ》作りを学ばせて、売らせるように。私が官途で得た綬《じゅ》は、みなよく収蔵してほしい。余った布衣や皮服もまた別に収蔵してほしい。残りは、お前たち兄弟で分け合うがよい。

これは明らかに息子たちに託した「後事」である。この言葉は「懇《ねんご》ろで思いやりが深く」人びと

に深く思い至らせるものである。これも歴史家によって記録された言葉で、「遺令」と呼ばれている。(9)

古代中国において、帝王の埋葬は重大な事業であった。したがって、埋葬が行なわれると、すぐに記録が残される。曹操の埋葬については、『三国志』魏書・武帝紀に重要な記録がある。

> 庚子の日、王（曹操）は洛陽で崩じた。享年は六十六歳。遺令に言う、「天下はいまだ安定しておらず、古代の制度に従う必要はない。埋葬が終わったならばすぐに喪服を脱ぎ捨てよ。守備地に駐屯する各地の将兵は、その駐屯地を離れてはならない。官吏たちは各々の職につとめよ。納棺の際には普段の衣服を着せ、金玉珍宝を副葬してはならない」と。武王と謚《おくりな》され、二月丁卯、高陵《こうりょう》に埋葬された。(10)

曹操の死後、その身は子の曹丕・曹植や文武百官によって埋葬された。

曹丕の「武帝哀策文《ぶていあいさくぶん》」(11)、曹植の「武帝誄《ぶているい》」(12)は、ともに曹操の埋葬前後の事情について言及している。いずれの文献においても、そこに記される曹操の死亡時期、死亡時の身分、埋葬地の選定、副葬品の使用などの内容は、完全に一致する。

すなわち、曹操が死去したのは建安二十五年（二二〇）正月であり、埋葬が行なわれたのは同年の二月二十三日であった。これはなお、後漢王朝の時代である。

曹操は、六六歳で戦争に明け暮れた生涯を終えた。

二一六年、漢の献帝は曹操を魏王に封じていた。曹操が生前に受けた最高位の爵は、この魏王である。彼の死後、献帝は制度と慣例に則り、謚号を賜った。戎馬《じゅうば》の一生を過ごした曹操にとって、「武」

魏武王

謚号。古代の帝王・諸侯・卿大夫・高官大臣が死去すると、朝廷は本人の生前の行ないに基づき一種の称号を贈り、善悪を褒貶する。これを謚もしくは謚号と呼ぶ。たとえば周の「文」王や漢の「武」帝などがある。
石牌の「魏武王」三字の字体は典型的な漢の「八分体」である。

字はもっともふさわしい謚であった。

「武王」は、曹操がその死後かつ埋葬以前に贈られた謚号である。殯葬《ひんそう》の儀式あるいは墓葬中に「武王」や「魏武王」の語が確認できるのは、当然のことである。

二二〇年十月、曹操が埋葬された八ヵ月後、曹丕は帝を称した。同年十一月、曹丕は父の曹操を「武皇帝」と追尊した。これは重大な変化である。すなわち、二二〇年十月以降、曹操は「武皇帝」「魏武帝」と呼ばれるようになり、「魏武王」と呼ばれることはなくなったのである。

理論上、曹操の埋葬地点の決定に影響力を持ったのは、曹操自身や彼の親族、殯葬に責任者として関わった者たちであろう。ただしこの問題については、曹操自身が早くから手配していた。彼の計画は中国の伝統文化に合致するもので、曹丕ら葬儀をとり行なう者たちはこれを完全に受け入れたと考えられる。

曹操墓の陵地の選択について、「終令」には四つの要点が言及されている。

A：痩せて肥沃でない土地であること（「瘠薄之地」）

B：西門豹の祠の西の高地であること（「西門豹祠西原上」）
C：比較的地勢の高い所に墓地を建造すること（「因高為基」）
D：周囲が広々としていること（「広為兆域」）
「終令」では、鄴に関する言及はない。しかし「遺令」では明確に、「斂するに時服を以てし、鄴の西崗上に葬り、西門豹の祠と相近からしめよ」と言っている。

ここで言う鄴とは当然、曹操の封地である鄴城のことである。

二〇四年に鄴を攻め落として以降、曹操は鄴を事実上の都とした。とくに、二一三年に魏公を加封され、東は現在の山東省西部、南は湯陰《とういん》県、西は林州市、北は曲周《きょくしゅう》県・邢台《けいだい》県に至る一〇郡を新たな領地として獲得して以降、鄴は曹操にとって公的には都であり、私的には家となったのである。死後の埋葬地として、鄴城付近は他のどの場所よりも理に適っているのである。

「終令」「遺令」以外の文献も例外なく、曹操が鄴城の西部に葬られたと記録している。

曹丕の「武帝哀策文」には、「前駆して旗を建て、方相《ほうそう》は戈を執る。此の宮廷を棄て、彼の山阿に陟《わた》る」とある。「彼の山阿に陟る」とは、崇山《すうざん》の峻嶺《しゅんれい》に向かうことを意味し、まさに現在の西高穴村一帯の地形的特徴と一致する。

また曹植の「武帝誄」には、「既に西陵に次《やど》り、幽闥《ゆうけい》は路を啓く。羣臣奉迎し、我が王安《いづ》くにか厝《を》らん」とある。

西晉の文学者・左思《さし》の「魏都の賦」には、「墨井塩池、玄滋素液」の句がある。同時代の張載《ちょうさい》はこの「墨井」（煤礦）に、「鄴の西、高陵の西、伯陽《はくよう》城の西に墨井有り、深さ八丈」と注をつけている。このことから、高陵が鄴の西、伯陽城の東にあったことが分かる。

伯陽城は、戦国時代・魏の辺邑で、『史記《しき》』に見える。現在、漳河南岸に清流村があり（もともと安陽県に属していたが、一九五三年より河北省磁県に属する）、この村の西北が伯陽城遺址である。現在は岳城ダムによって水没してしまったが、清流村では「白羊城《はくようじょう》・黒狗寨《こくこうさい》」などという言い方が残っており、この白羊城とは、岳城ダムによって水没した伯陽城のことである。

晉の陸機「魏の武帝を吊《とむら》ふ文・遺令」も同様に、曹操は「鄴の西崗に葬られ、西門豹の祠と相 近し」と言っている。

すなわち、西晉代においては、高陵の所在は明確で、知らぬ者はいなかったのである。

貞観《じょうがん》十九年（六四五）二月、唐の太宗《たいそう》は高句麗《こうくり》への親征の途上で鄴を訪れた。彼は曹操の高陵に拝謁し、自らの筆で「魏の武帝を祭る文」の祭文を揮毫《きごう》した。

唐代の『元和郡県志《げんなぐんけんし》』相州・鄴県でも、「魏の武帝の西陵は、県の西三十里に在り」と明記されている。

李邕《りよう》・沈全期《しんぜんき》・劉商《りゅうしょう》・岑参ら唐代の多くの詩人・文章家たちもまた、曹操は鄴の西に葬られたということを知っており、これを疑うことなく詩作している。

北宋に至っても、曹操の高陵が鄴の西方に位置することは周知の事実であり、北宋政府は守冢戸《しゅちょうこ》を設置した。王明清《おうめいせい》の『揮麈録《きじんろく》』に、「祖宗 重ねて先代の陵寝を朝し、毎に詔を下して樵采の禁を申《の》ぶること再三に至る。守冢戸を置き、逐処の長吏及び本県の令佐に委ね、常に切《きび》しく罷任・有無・廃闕を検校せしめ、歴に子に書せしめよ。……商の中宗たる帝大戊は、内黄県東南陽に葬られ、武丁は西華県の北に葬られ、周の成王・康王は皆 華に葬られて咸陽の界に在り、漢の文帝は霸陵に葬られて長安の東南に在り、宣帝は杜陵に葬られて長安の南に在り、魏の武帝は高陵に葬られて鄴県の西に在り、晉の武帝は峻陽陵に葬られて洛陽に在り、後周の太祖文帝は成陵に葬られて耀州富平県に在り、隋の高祖文帝は太陵に葬られて武功県に在り。以上の十帝、守三戸を置き、歳ごとに一たび饗すること太牢を以てせよ。……此れ乾徳四年十月の詔なり、甲令に著す。其の後又た詔あり、曽《かつ》て開発を経る者、重ねて礼衣・常服・棺槨を製し、重《あつ》く葬れ」とある。宋太祖の乾徳四年は、九六六年である。

顧炎武『日知録』でもこの史料が引用されている[13]。

このことは、北宋初年においても、人びとは依然として曹操の陵墓がある、鄴城付近の具体的位置を明確に知っていたことを示していよう。

曹操墓と河の関係について言及する文献史料もある。

すなわち、魏の文帝曹丕は「先王を河上に祭らんと欲す」と述べている[14]。

また文献によると、曹操墓には墓上建築、すなわち陵園が築かれていたことが明らかである。

このことがもっとも明確に記されているのは、曹丕が于禁を侮辱した故事である。

于禁は曹操の大将で、北方統一の過程で多大な功績があった人物である。しかし、不幸にして関羽との一大決戦に敗れ捕われた于禁は、晩節を保てず関羽に投降した。関羽の死後、于禁は曹操の軍営に戻ってきた。曹操は過去の功績を思い、とくに責めだてしなかったが、曹丕の心にはつかえるものがあったようである。彼は帝を称した後、于禁を呉へ使者に出し、その前に意図して鄴城で曹操墓に拝謁するよう促した。こうして于禁は、曹操墓の「陵屋」で彼自身が戦に敗れて捕虜となり、膝を屈して投降を請うている場面を描いた壁画を目にし、恥辱のあまり病を発して死んでしまった(15)。曹丕の悪だくみは行き過ぎの感があるが、この記載から、曹操墓の前に殿堂が建てられていたことが判明するのである。

しかし、曹操墓の陵園の建築物は、数年後には破壊され、撤去されてしまった。

黄初三年、曹丕は詔を下した(16)。

古は陵墓では祭祀をおこなわず、廟を設けてそこで実施した。先帝の高陵の上に設けた建築物は皆これを解体し、車馬は厩に還し、衣服は府庫に収め、先帝の倹約の志に沿うようにせよ。

曹丕のこの詔令は、陵園の設置は曹操の本意ではなく、曹丕ら葬儀をとり行なった者たちが曹操のために行なったということを説明しているようである。

では、曹操墓は、どのように建造されたのだろうか。

曹操は漢の丞相であり、まず魏公、のちに魏王となり、最終的に漢の献帝は曹操に「天子の旌旗を設ける」ことを許した。このことから、曹操の墓の構造や規格は、帝王クラスであったと考えられよう。

曹操は、自身の墓にどのような形態・構造を採用するかについて明確には指示していないが、その手がかりは「終令」に見出せる。「終令」の中で埋葬方法に言及している部分は二ヵ所ある。

一.「高きに因りて基と為し、封せず樹せず」:高地を利用して墓室を建造し、地表には墳丘を築いてはならず、樹木を植えたり碑を立てたりしてはならない。

二.「広く兆域と為し、相容るに足らしむ」:周囲に十分な空間を確保し、将来自身が親しく信任した功臣たちを陪葬できるようにせよ。

納棺と副葬品に関しては、文献中に次の三項目の指示が残されている。

一.服飾:死後に着せる衣服は生前と同じものとし、古制に則り寿服とする必要はない。

二.埋葬の後、文武百官は喪服を脱ぐこと:防衛のため駐屯している将兵はその地を離れてはならず、官吏も持ち場を遵守しなければならない。

三.副葬品:金玉珍宝を副葬してはならない。

これらは、完全に薄葬の理念である。

「終令」と「遺令」では、祭祀活動についても言及されている。

曹操の経歴と個人的習性は、もう一つの「死の暗号」といえるだろう。文献中には、曹操の個人的習性に関する史料が残されている。

一.戎馬の一生:曹操は生前に董卓を討ち、袁紹を破り、呂布を除き、赤壁で戦った。その軍事的経歴は、他者にはなしえないものといえよう。

二.多くの妻たち:曹操には非常に多くの妻妾がいた。そのうち文献中には、丁夫人・劉夫人・卞夫人・環夫人・杜夫人・秦夫人・尹夫人・王昭儀・孫姫・李姫・周姫・劉姫・宋姫・趙姫らの記載が見られる。

三．生前頭痛に悩まされていた：曹操は「遺令」の中でこのことについて明言している。

四．百辟刀を製作した：曹操は「内誡令」を残している。これは、自身の家族への訓戒の文章である。その中に「百煉の利器は、以て不祥を辟け、奸宄を懾服する者なり」とある。[17]「百煉利器」とは、非常によく鍛錬された鋭利な武器を意味する。曹操は、この武器で身を防いで凶事を除き、悪人を震え上がらせることができると考えていた。『芸文類聚《げいもんるいじゅう》』巻六〇には、曹操が「百辟刀令」を布告し、五本の「百辟刀」を作らせたことが記されている。

五．生前に香を用いていた：古代において、家の中で薫香することは、その地位と豪奢ぶりを表すものであった。

曹操は生前、香を用いていた。臨終前、彼はまだ使い終わっていない「余香」を諸夫人に分け与え、陵祭で浪費しないよう言い聞かせた。[18]曹操は、香の使用に関して倹約を重んじ、家の中での薫香を禁止しようとしていた。しかし、のちに娘が皇帝に嫁ぐと、制度に則り焼香を実施しなければならなくなり、「遂に禁ずる所を得ざるを恨」んだという。[19]

（1）『旧唐書』巻一八八・孝友・張琇伝。

（2）羅貫中『三国演義』に「遺命于彰徳府講武城外、設立疑塚七十二、勿令後人知吾葬処、恐為人処発掘故也」とある（訳者注：疑塚の話が含まれるのは、清代の毛宗崗本以降である）。
（3）鄧之誠『骨董瑣記全編』（三聯書店、一九五五年）の一〇五～一〇六頁。
（4）陶宗儀『南村輟耕録』巻二六に「疑冢」条がある。
（5）羅大経『鶴林玉露』巻三「曹操冢」。
（6）明・崔銑『彰徳府志』地理志・磁州条に、「疑冢在漳河南北、累累不絶、大小殊状、曰曹氏疑冢。往者歳荒、民盗発冢、皆有屍、其一為斉高陽王湜墓、志見存」とある。
（7）羅振玉『鄴下冢墓遺文二編』、羅福頤『満州金石志別録』（満日文化協会発行）。収録される墓誌石は現在、遼寧省博物館に収蔵されている。趙万里『漢魏南北朝墓志集釈』（科学出版社、一九五六年）。
（8）『三国志』魏書・武帝紀に「古之葬者、必居瘠薄之地。其規西門豹祠西原上為寿陵、因高為基、不封不樹。『周礼』冢人掌公墓之地、凡諸侯居左右以前、卿大夫居後、漢制亦謂之陪陵。其公卿大臣列将有功者、宜陪寿陵、其広為兆域、使足相容」とある。
（9）『全三国文』巻三「魏武帝」に「吾夜半覚小不佳、至明日飲粥汗出、服当帰湯。吾在軍中持法、是也。至於小忿怒。大過失、不当効也。天下尚未安定、未得遵古也。吾有頭病、自先著幘。吾死之後、持大服如存時勿遺。百官当臨殿中者、十五挙音。葬畢便除服。其将兵屯戍者、皆不得離屯部。有司各率乃職。斂以時服、葬於鄴之西岡、上与西門豹祠相近。無蔵金玉珍宝。吾婢妾与伎人皆勤苦、使著銅雀台、善待之。於台堂上安六尺床、施穂帳、朝晡上脯糒之属。月旦十五日、自朝至午、輒向帳中作伎楽。汝等時時登銅雀台、望吾西陵墓田。余香可分与諸夫人。不命祭。諸舎中無所為、可学作組履売也。吾歴官所得綬、皆著蔵中。吾余衣裘、可別為一蔵。不能者、兄弟可共分之」とある。
（10）『三国志』魏書・武帝紀に「庚子、王崩于洛陽。年六十六。遺令曰、「天下尚未安定、未得遵古也。葬畢、皆除服。

其将兵屯戍者、皆不得離屯部。有司各率乃職。斂以時服、無蔵金玉珍宝」。謚曰武王。二月丁卯、葬高陵」とある。

(11) 曹丕「武帝哀策文」の全文は次の通り。「痛神曜之幽潜、哀鼎俎之虚置。舒皇徳而詠思、遂腷臆以涖事。矧乃小子、夙遭不造、茕茕在疚。嗚呼皇考、産我曷晩、棄我曷早。群臣子輔、奪我哀願、猥抑奔墓、俯就権変。卜弡既従、大隧既通。漫漫長夜、窈窈玄宮。有晦無明、曷有所窮、鹵簿既整、三官駢羅。前駆建旗、方相執戈、棄此宮庭、陟彼山阿」。

(12) 曹植「武帝誄」の全文は次の通り。「於穆我王、冑稷胤周。賢聖是紹、元懿允休。先侯佐漢、実惟平陽、功成績著、徳昭二王。民以寧一、興詠有章。我王承統、天姿特生。年在志学、謀過老成。奮臂旧邦、翻身上京。袁与我王、交兵若神。張陳背誓、傲弟虐民、擁徒百万、虎視朔浜。我王赫怒、戎車列陳、武卒虓闞、如雷如震。攙槍北掃、舉不浹辰、紹遂奔北、河朔是賓。振旅京師、帝嘉厥庸、乃位丞相、総摂三公。進受上爵、臨君魏邦。九錫昭備、大路火龍。玄鑑霊察、探幽洞微。下無偽情、姦不容非。敦倹尚古、不玩珠玉、以身先下、民以純樸。聖性厳毅、平修清一。惟善是嘉、靡疏靡昵。怒過雷霆、喜踰春日。万国粛虔、望風震慄。既総庶政、兼覧儒林。躬著雅頌、被之瑟琴。茫茫四海、我王康之。微微漢嗣、我王匡之。羣傑扇動、我王服之。喁喁黎庶、我王育之。光有天下、万国作君。虔奉本朝、徳美周文。以寛克衆、毎征必舉。四夷賓服、功夷聖武。翼帝王世、神武鷹揚、左鉞右旄、威凌伊呂。年踰耳順、体壮志粛、乾乾庶事、気過方叔。宜並南嶽、君国無窮。如何不弔、禍鍾聖躬。棄離臣子、背世長終。兆民号咷、仰愬上穹。既以約終、令節不衰。既即梓宮、躬御綴衣。璽不存身、唯紼是荷。明器無飾、陶素是嘉。既次西陵、幽閨啟路。羣臣奉迎、我王安厝。窈窕玄宇、三光不晰。幽闥一扃、尊霊永蟄。聖上臨穴、哀号靡及。羣臣陪臨、佇立以泣。去此昭昭、於彼冥冥、永棄兆民、下君百霊。千代万葉、曷時復形。人事既関、総鏡神理」。

(13) 陳長琦「曹操高陵考古補議」(『中国文物報』二〇一〇年三月十日)。

(14)「止臨菑侯植求祭先王詔」に、「欲祭先王於河上、覧省上下、悲傷感切」とある。

(15)『三国志』魏書・于禁伝。

(16)『通典』礼一二に、「古不墓祭、皆設於廟。先帝高陵上殿皆毀壊、車馬還厩、衣服蔵府、以従先帝倹徳之志」とある。

(17)『御覧』巻三四五。

(18)曹操「遺令」。

(19)「昔天下初定、吾便禁家内不得香薫。後諸女配家為其香、因此得焼香。吾不好焼香、恨不遂所禁、今復禁不得焼香、其以香蔵衣著身亦不得」(訳者注：『太平御覧』巻九八一・香所引の魏武令)。

第四章　瘠薄の地に葬られた英雄

陰陽両界の関連証拠

二〇〇九年は、まさに安陽の年であった。

まず、安陽籍の者が中国体育彩票（宝くじ）で三億九〇〇〇万元の奨励金を獲得し、国中から安陽にスポットが当てられた。

瑞雪が豫北に降り注ぐと、安陽で中国文字博物館が開館した。安陽は再び国民の注目の的となった。安陽を誇りとする現地の人びとは、ひそかにこの地がさらなる喝采を浴びないかと期待していた。

西高穴二号墓は曹操の墓である可能性が高いという話が、早くも考古学界の外に伝わっていたためである。

ただし二〇〇九年十二月二十七日以前は、西高穴二号墓が曹操墓であるという話は学界の内部にしか広まっていなかった。

二号墓の発掘が終わりに近づくにつれ、この墓の墓主は誰なのか、自然と考古学界に回答が求められるようになった。考古学者たちは長時間にわたり論証に没頭した。

この考古学界による墓主の身分の認定について、世の中の各方面である種の誤解が存在することは、認めざるをえない。古墓の墓主の確認作業については、多くの人びとが次のように考えているだろう。いったん大墓が発掘されれば、まず文献を調査して関連記録を確認する必要がある。文献中に、いつ誰がこの地に葬られたか言及されていれば、発見された墓葬と文献とが関係することになり、もしその文献記載と対応すれば、古墓の墓主は文献中の某者であると考えられる。対応しなければ、墓主を確認する方法はない、と。

この種の方法は「考古学的な実物資料を文献記載に従属させる」方法と呼べるだろう。

しかし、この方法は科学的ではない。

では、なぜ科学的ではないのか。問題はどこにあるのか。

ごく簡単なことで、このように実物資料を文献記載に従属させる論証方法では、ある前提が必須となる。文献記載が確実で信用できるということである。

しかし、実際は必ずしもそうではない。文献中のある人物もしくはある出来事に関する記載は、唯一かつ正確なこともあるが、二種類もしくは数種類の文献の記載が相互矛盾している場合や、記載が不正確な場合がある。また、完全な誤記や虚偽を記している場合もある。文献の記載に照らして考古発掘を解釈するということは、実物資料を文献記録に従属させることでもあり、ときに両者はうまく対応するが、解釈できない部分が存在した場合、完全に判断を誤る危険も生じてしまう。

文献記載中に複数の説が存在する場合、経験豊富な学者は、まず文献に対する整理分析を進める。依拠し難い記録を除外し、文献における主流となる情報をまとめる。こうしてあらためて、信頼できる主流の情報に基づいて考古学による発見を解釈するのである。これは、特定の文献記載に基づいて墓主を判定する優れた方法である。しかし、具体的な作業の中で、各記録の真実性を見分けるのは困難であり（文献中に漏れた記載や誤記に遭遇した場合には、手を束ねるしかない）、複雑な文献史料に直面し、主流の情報を確定するのが難しいこともある。

一九九〇年代、西洋の考古学界は、中国人考古学者の研究における「証史傾向」、すなわち考古学的な実物資料を文献に従属させて解釈する方法を痛烈に批判した。文献記録と実物資料の関係の扱いに関しては、国内外の学者を問わず苦い教訓を経験しているのである。

したがって、考古学的発見を読み解く際には、簡単に文献史料を当てはめるべきではない。とりわけ、ある特定の記録から、ある考古学的発見による結論が正確であるか否かを評価することは不可能である。

より確実な方法は、まず考古学的な実物資料自身から明らかとなる情報を確認し、そのあとでこれらの考古資料から得られる結論と文献記載とをかみ合わせることである。この方法で基礎となるのはあくまで資料であり、文献はその次である。考古資料自身からの情報の確認作業は文献と関連させる前の段階にあり、文献から完全に独立したものである。もとより文献史料もまた、文献学的方法により「真偽を選別」し、「特定記録」や「単独の文献記載」を、信用できる文献から得られた「主流情報」に従属させなければならない。

では、なぜ考古学的証拠に基づかねばならないのか。理由は簡単である。考古資料は基本的に偽物ではなく、人の手により偽造されたものであれば、識別が可能だからである。たとえば、漢代の家屋が倒壊して地下に埋まったとする。当然それは本物の漢代の建築物である。

では、どうして「かみ合わせ」なければならないのか。

磁罐
この磁器は、典型的な後漢代の磁罐の風格を具えている。

それは、考古資料がある問題に対して与えてくれる情報は一つにとどまらず、「証拠の連鎖」となっているからである。それぞれの証拠の役割は異なるが、証拠同士はみな関連しあう。研究の科学性を保証するために、一つの証拠だけを使用するのではなく、考古学的な「証拠の連鎖」に基づいて文献中の「主流情報」を調査し、両者がどの程度符合するかを探り、最終的な結論を得るのである。

では、西高穴墓の「死の暗号」は、文献における曹操の死の手がかりと互いに証明しあうものなのだろうか。

まず、西高穴大墓は後漢末の墓葬であり、曹操の死もまた後漢末である。

次に、西高穴大墓は規模や規格にかかわらず、帝王クラスの墓であると判断される。曹操は天子とはならなかったが、「天子の旌旗を設け」、「天子の乗輿を備える」ことを許され、後漢末における事実上の最高権力者であった。彼が死後に帝王に準じて埋葬されたと考えるのは、道理に適《かな》っていよう。

古代中国の帝王は、十中八九、都城の付近に葬られた。前漢の皇帝陵は漢代の長安の北側に置かれ、宋代の皇帝陵は鞏義《きょうぎ》に、明代の皇帝陵は北京にある。西高穴村の東北三〇kmには、まさに曹操時の帝都である鄴城があった。建安九年（二〇四）に鄴城を攻め落として以来、曹操は一七年間にわたりここを都とした。とくに、彼が二一三年に魏公に封じられて以降、鄴城は事実上の全国における政治・文化・経済の中心となった。

鄴城の三台遺址から漳河の南岸沿いに西に向かって三〇km足らずの地に、安豊郷西高穴村と漁洋村がある。西高穴二号墓の位置は地理的に、曹操が息子たちに託した「時時銅雀台に登り、吾が西陵の墓田を望め」という希望を満たすものである。また西高穴村一帯は、もともと古代の鄴郡あるいは鄴県の一部であった。この点に関しては、唐代の碑刻と墓誌銘が「支持を表明」している。たとえば唐・開元三年（七一五）の「相州鄴県天城山修定寺之碑」、開元七年の「大唐鄴県修定寺伝記碑」はともに、現在の安陽県西北にある清涼山修定寺が当時の鄴県に属していたことを銘記している。西高穴村は、修定寺よりもさらに三台遺址に近い。

西高穴大墓は、鄴城との相対位置関係から曹操とつながるのみならず、その自然地理的な位置関係や地形の特徴もまた、文献における曹操墓の地域情報と対応している。

すなわち、西高穴大墓の付近は海抜一〇七mの高台で、明らかに周囲より高く、墓地の周囲の地勢

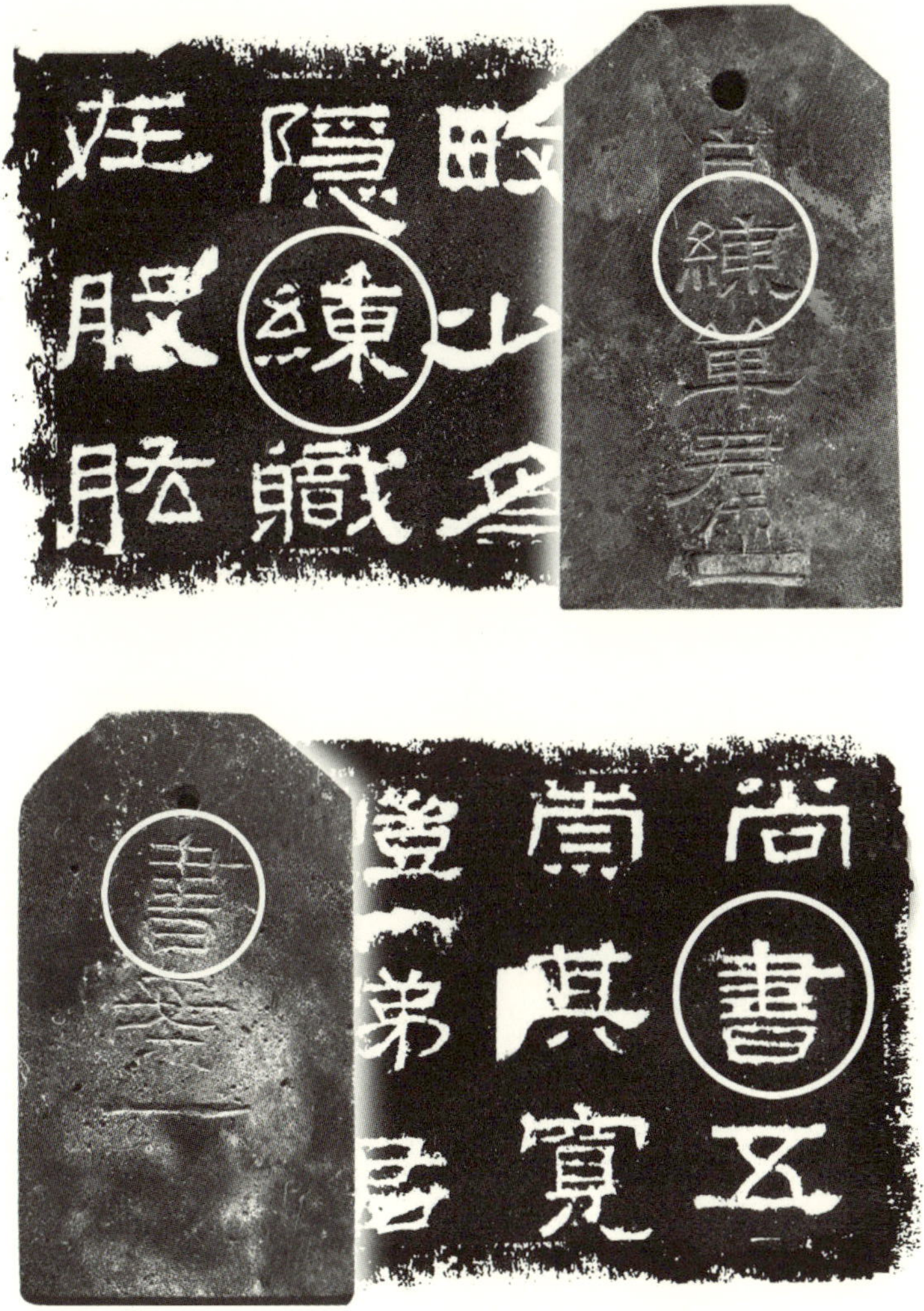

後漢末の張遷碑（186）に見える文字と西高穴2号墓に見える文字の対比
上：張遷碑中の「練」字（左）と西高穴2号墓石牌中の「練」字。
下：張遷碑中の「書」字（右）と西高穴2号墓石牌中の「書」字。

は広々としている。これらのことは、曹操が「終令」で述べた地形の特徴と完全に一致する。

また曹操の埋葬地は、曹丕らが無意識のうちに河の付近にあることを暴露していた。西高穴大墓はまさに漳河の岸辺に位置する。

曹操の「遺令」では、埋葬地と西門豹の祠との相対的位置関係が明確に述べられている。魏晋期から唐代に至る数多くの文献も、とくに西門豹の祠を取り上げて曹操高陵に言及している。西門豹の祠の実際の位置は、考古調査の結果、西高穴二号墓の東一四kmにあったことが確認されており、これらの文献の記載を実証している。

以上のように、時期の手がかり、地理的手がかりについては、ともに考古発掘による実証が得られた。表面上、これらは一連の問題を解明する二つの次元であるが、とくに地理的側面からの実証は、「一対一」の対応にとどまるものではなく、「かみ合う」ものである。漳河、山々、高台、鄴城、西門豹祠と、すべてがつながっているのである。

また、西高穴二号大墓の地上部分からは陵園が発見されており、文献中にも曹操が埋葬された時期に陵園が造営されていたと明示されている。

「遺令」では、曹操は明らかに薄葬を求めており、「不封不樹」と言っている。いわゆる「不封不樹」とは、墳丘を築かず、柏を植えず、碑を立てないことをいう。西高穴二号大墓からは、墳丘も石碑も発見されていない。

西高穴二号墓は盗掘を受けていたが、四〇〇点あまりの文物が出土した。ただし、その多くは「常

鉄剣

鉄剣は漢代の常用の武器である。西高穴2号墓から出土した鉄剣は折れて腐蝕しているが、漢代の鉄剣の風格を失っていない。「七女復仇」画像石で「咸陽令」を刺殺する「刺客」が用いる武器は、出土した鉄剣と通ずる。

に用ひる所」の物品である。薄葬は草葬ではなく、裸葬でもない。西高穴二号墓は帝王クラスの墓であり、これらの器物が副葬されていても、薄葬の範疇に属するのである。

西高穴大墓と曹操の「死の暗号」には、さらに「唯一対唯一」の排他的な対応関係がある。

西暦二一三年、曹操は魏公に封じられ、二一六年に魏王に封じられた。二二〇年正月、曹操が死去すると、その埋葬の前に献帝は「武王」の諡号を賜った。わずか八ヵ月後、曹丕は帝を称し、曹操は追尊されて「武皇帝」となった。この一連の称号の変化は、西高穴大墓の墓主が墓内では「魏武王」と称され、のちに「魏武帝」と称されたことに対応する。このこともまた、「唯一対唯一」の対応関係である。

では、次のような可能性はないのだろうか。「魏武王常所用挌虎大戟」は、曹操の自ら使用していた「大戟」をある「愛将」に贈与し、その「愛将」が、曹操から贈与された「大戟」を自身の墓に副葬したものである、と。すなわち、たとえば張遼《ちょうりょう》や許褚《きょちょ》が生前に曹操の武器を獲得し、それを「栄誉」として標識とともに自身の墓に副葬したとは考えられないだろうか。

もしそうであれば、「魏武王常所用挌虎大戟」は西高穴二号大墓が曹操墓であることを否定する確実な証拠になるのではないか。

一見抜け目ないこの考えは、じつは道理に適っていない。生前に倹約を重んじていた曹操が「常に用ひる所」の物を文武の諸官吏に与えたとして、それが一点や二点であればまだ理解できるが、どうしてこんなにも多くのものを与えたというのだろうか。また、ある重臣が幸いにして「魏武王常所用挌虎大戟」を獲得したとして、どんな理由、どんな力量があって自身の墓を帝王クラスの規格で築いたというのだろうか。

もう一つの理由は、「贈与説」をほぼ完全に排除してくれる。

文献には、以下のことが明記されている。すなわち、曹操は二一六年に「魏王」に封ぜられ、二二〇年春の死後に「魏武王」の諡を得た。彼が埋葬された八ヵ月後に曹丕が帝を称し、同年十一月、曹操を「武皇帝」と追尊した、と。この追贈以降、人びとが曹操を「魏王」と呼ぶことはなく、「武皇帝」もしくは「魏武帝」と呼ぶようになったはずである。もし刻字石牌が、曹操の生前に愛将もしくは近臣に「贈与」され、本人が死去した際に副葬されたものであるとするならば、その愛将もしくは近臣は、二二〇年二月から十月までの八ヵ月の間に死去したはずである。さもなければ、これらの石牌には「魏王常所用」あるいは「曹丞相常所用」と刻銘されているか（曹操が埋葬される前の状況）、「武皇帝常所用」あるいは「魏武帝常所用」と刻銘されているか（曹操が「武皇帝」と追尊された後の状況）でなければならない。西高穴二号墓中の石牌に刻まれているのは「魏武王常所用……」の文字であり、この「魏武王」の三字は墓主が曹操自身であることを示しているのである。

墓主は、埋葬時には「魏武王」と称されていたが、魯潜墓誌では「魏武帝」と称されている。浩瀚《こうかん》とした古代の文献において、生前に「魏武王」と呼ばれ、死後に「魏武帝」と呼ばれた人物は、曹操ただ一人しかいない。

西高穴墓には、曹操の生前における個人的習性も反映されている。

西高穴二号墓で出土した鉄製の鎧・鉄剣・鉄戟などの武器は、曹操の戦争に明け暮れた生涯を表すものである。

「慰項石」については、文献中に、曹操が慢性頭痛を患っていたことが記されている。

鉄刀については、文献中に、曹操が自ら「百辟刀」を製作したことが記されている。墓中の刀には「百辟」の名称は確認できないが、墓主の刀に対する愛情がこのことを実証していよう。

「香嚢卅双」の刻銘石牌については、文献中に、曹操が生前に薫香していたことが記されている。

墓内の文物と曹操の生前の事跡はこのように関連しているのである。

西高穴二号墓では、男性の墓主のほか、後室の二つの側室からそれぞれ木棺と女性の頭骨が発見されている。文献中には、数多くの曹操の妻妾たちの名が見える。

以上のように、細部における相互の条件が満たされることで、西高穴大墓と曹操との対応関係は強まったといえよう。

すなわち、後漢末に死去し、鄴城の西三〇㎞の高台に葬られ、帝王クラスの地位を具え、薄葬を実施し、頭に持病を抱え、埋葬時に魏武王であり、のちに魏武帝と呼ばれた人物は、曹操しかいないのである。

生前に「百辟刀」を使用し、死後に鉄刀を副葬された人物は、曹操しかいないのである。

生前に薫香し、死後に香嚢を副葬された人物は、曹操しかいないのである。

西高穴大墓の墓主は曹操である。すなわち墓内の六〇歳以上の男性に相当するのは、曹操しかいないのである。曹操が死去した年齢は、まさに六六歳であった。

安陽の西高穴、曹操はここに葬られたのである。

疑問が解消された後に残る疑問

◆曹操はなぜ許都もしくは亳州に葬られなかったのか

西暦一九六年、曹操は後漢の献帝劉協《りゅうきょう》を迎え、許を都とした。二二〇年、禅譲を受けた曹丕は漢に代わって帝を称し、魏を建国して許を許昌《きょしょう》に改めた。その後、魏は洛陽に遷都したが、宮殿や武庫はなお許昌にあり、許都は五都の一つに数えられた(1)。

許都故城遺址は、許昌県張潘郷《ちょうはんきょう》古城の東南、営王村の東にある。許都の平面は方形を呈し、城壁の東西の幅は一三〇〇m、南北の長さは一五〇〇mである。しかし現在、東・西・南の三面の城壁は長年の間に焼塼《しょうせん》が掘り出され、平地となっている。北の城壁にはなお延々と起伏が続き、残垣が明確に確認できる。故城遺址は盆李《ぼんり》・甄庄《けんしょう》の二つの自然村一帯に位置している(2)。このうち甄庄村では排水管道が発見され、また長年にわたり、銅戈・銅矛・銅爵・銅觚《どうこ》などの遺物が収集されている。城の西南角では四神柱礎《ししんちゅうそ》・龍虎紋青石方板《りゅうこもんせいせきほうばん》・石臼・「万年千秋」・「千秋万歳」の瓦当《がとう》などが出土している。これらは漢魏期の許都の宮殿建築の遺物であろう。

文献中には、曹操が死後に許都に葬られたという記載は確認できない。またこれまでに、曹操墓が許都遺址付近にあるという話も聞いたことがない。

曹操は献帝を許都に迎えた後、すぐに東西への征討を開始したが、彼が許都に居たのは主にこの中年期であった。二〇四年に鄴城を奪取すると、鄴は許都に代わって当時の政治と軍事、文化の中心となった。このように曹操は、老年期は主に鄴城に在住していた。それゆえ、最終的に許ではなく鄴を選択したのだろう。

亳州《はくしゅう》は曹操の故郷である。

曹操が挙兵してまもない時期、故郷の親族は彼を強力に支援した。しかし各種文献中に、曹操が譙《しょう》（亳州）に葬られたことを示す記載はない。また曹氏宗族墓にも曹操本人の墓葬の存在を証明するものはない。

曹操が死去した年、魏の文帝は大軍を率いて故郷に帰り、父老を大いに供応した。(3)

現在の亳州には、曹氏宗族の墓地がある。曹操の祖父と父はここに葬られている。曹氏宗族墓には後漢時代の墓葬が六〇基あまりあるが、その中に帝王クラスの墓葬はない。すでに発掘された十余基は、曹騰《そうとう》・曹嵩《そうすう》・曹熾《そうし》・曹胤《そういん》・曹鼎《そうてい》・曹鸞《そうらん》・曹勛《そうくん》・曹水《そうすい》・曹憲《そうけん》らの墓であると推測されている。

曹操の故郷は亳州であるが、故郷に葬ることができなかったのではないだろうか。

古代中国では、一般民衆は自身の故郷の付近に葬られるが、帝王は「国」を「家」とするため、「国都」の付近に葬られた。これは古代中国において帝王陵墓の地を選択する際の原則であった。それゆえに、前漢の十一帝は西安付近の地勢が高い咸陽原《かんようげん》・鴻固原《こうこげん》・白鹿原《はくろくげん》に葬られ、後漢の皇帝陵は洛陽付近の邙山《ぼうざん》に置かれたのである。また唐の十八陵は都長安以北の北山《ほくざん》一帯にある。同様に、朱元璋《しゅげんしょう》は故郷の安徽《あんき》省鳳陽《ほうよう》県ではなく南京の金山に葬られ、清朝の皇帝たちもまた、東北地方の故郷には葬られていない。

曹操が亳州に葬られなかったのは同様の理由によるのだろう。

亳州は、曹操が少年期・青年期を過ごした地である。しかし中年期・老年期の曹操は、故郷とは疎遠であった。死後の埋葬地として亳州を選ばなかったとしても道理に適っていよう。

◆曹操が邯鄲に葬られたとすることと、安陽に葬られたとすることにはどのような違いがあるのか

現在の行政区画上、邯鄲《かんたん》と安陽はそれぞれ河北・河南と異なる省に属している。この両都市を訪れたことのない者は、両市がはるか遠く離れていると思うかもしれない。しかし実際には、邯鄲と安陽は地理的に緊密な関係にある。すなわち、邯鄲市の磁《じ》県・臨漳《りんしょう》県と安陽市の安陽県は、漳河によって隔てられているだけである。

一八〇〇年前、河北省邯鄲市の磁県・臨漳県と河南省の安陽県はともに鄴に属していた。西高穴二号大墓は、現在の行政区画上では安陽県に属するが、地理的に磁県・臨漳県とは一条の河を隔てているにすぎない。漢魏期の漳河は、現在の磁県時《じ》村営《えい》郷の中南部と講《こう》武《ぶ》城《じょう》郷の一帯を迂回して東方に向かっていた。すなわち、鄴都から曹操の埋葬地までは、河によって阻まれてはいなかったのである（11頁の地図参照）。鄴城の銅雀台の上に立って西方を眺めると、西高穴村一帯はちょうどその西部に相当する。

曹操の埋葬地は一ヵ所しかない。したがって、曹操が邯鄲に葬られたのか安陽に葬られたのかという議論には意味がない。現在の安豊郷西高穴村は、古代においては鄴城の西にあったからである。現代の行政区画は、古代の鄴の地を分割しただけなのである。

◆墓中の石牌はどのように用いられたのか

どの時代の墓葬であれ、副葬品は念入りに準備されたもので、けっして随意に置かれたりはしてい

ない。戦国時代以来、等級の高い墓葬では、副葬品はみな機能に応じて「配置」され、墓に収められる際にすべて記録された。この登記に用いられたのが、「賵方《ほうほう》」あるいは「物疏《ぶっそ》」と呼ばれるものである。現代の学者たちは、『儀礼《ぎらい》』既夕《きせき》の「書遣于冊」の記載に基づき、これを「遣冊《けんさく》」と呼んでいる。

一九六〇年代半ばに発掘された湖北省江陵望山《ぼうざん》二号墓は、戦国時代の墓葬である。この墓は平面が甲字型を呈し、葬具として一槨三棺が発見された。望山二号墓は盗掘を受けていたが、墓内にはなお豊富な器物が残されていた。出土した文物は、合計六一七点（竹簡を除く）、墓葬の東室・南室に分けて置かれていた。東室には、祭器・酒器・楽器・兵器・車馬器・葬儀用器が置かれていた。たとえば鼎・敦・竹笥・壺・漆耳杯・玉帯鈎《ぎょくたいこう》・木俑・漆木瑟《しつもくしつ》・漆木虎座鳥架懸鼓《しつもくこざちょうかけんこ》・銅鏃《どうぞく》・鎮墓獣などがある。南室には、祭器・酒器・楽器・車馬器・竹簡が置かれ、漆木四矮足案《しつもくしわいそくあん》・六足案・八足案・漆木大《しつもくだい》房俎《ぼうそ》・小俎《しょうそ》・漆木勺《しつもくしゃく》・銅剣などが含まれる。東室・南室いずれにおいても、機能が同じ器物は近くに置かれていた。

副葬品のうち六六枚の竹簡は、主に「遣冊」である。遣冊の記載によると、副葬品は明確に分類されている。しかし出土時には多くが断簡となっており、また盗掘によって副葬品も失われているため、遣冊と実際の副葬品の数は一致していない。

墓葬内に遣冊・賵方を副葬する風習は、漢代にもっとも隆盛となった。これまでに考古発見されたものでは、たとえば「尹湾漢簡」に「刀二枚」「筆二枚」「管及衣各一」などの字句が確認できる。

西高穴二号墓からは二種の石牌が出土した。このうちの一種は六角形で、比較的幅が広く、上方の真ん中には孔が空いているが、銅環と銅鎖はついていない。表面には副葬品の名称と数量が記され、たとえば「書案一」「刀尺一具」「圭一」「璧四」「木墨形清《もくぼくけいせい》」（訳者注：「木墨行清」の誤りか。第二章参照）「胡粉二斤」などとある。これらの石牌は、事実上の物疏あるいは「遣冊」である。曹操は生前に自ら「上雑物疏」を作成していた。

もう一種は圭形の石牌で、器物の名称と主の名が記されるが、数量は記されていない。一つの牌で一点の物品に対応しており、対になって出土した。たとえば「魏武王常所用挌虎大戟」「魏武王常所用挌虎短矛」「魏武王常所用挌虎大刀」の石牌がある。これらの石牌の上部にも孔が空いており、孔の中には銅環が嵌められ、銅鎖とつながっている。これらの石牌の機能は前述の石牌とは異なるもので、特殊な「物品の標識」の類であろう。このような標識は、中国では初めて発見された。

◆なぜ墓誌や印璽が出土していないのか

考古学では多くの場合、墓誌《ぼし》の確認を通じて墓主を判定する。

墓誌は墓主についての情報が記される特殊な副葬品である。一般的には石製もしくは磚製で、わずかではあるが鉄製や磁器製のものもある。南北朝、とくに唐・宋以後の墓葬においては、墓誌は墓主の姓氏を明らかにするのみならず、その籍貫・年齢・経歴についても教えてくれる。

では、曹操高陵ではなぜ墓誌が発見されなかったのだろうか。それとも、本来あったはずの墓誌が盗掘者によって盗まれてしまったのだろうか。

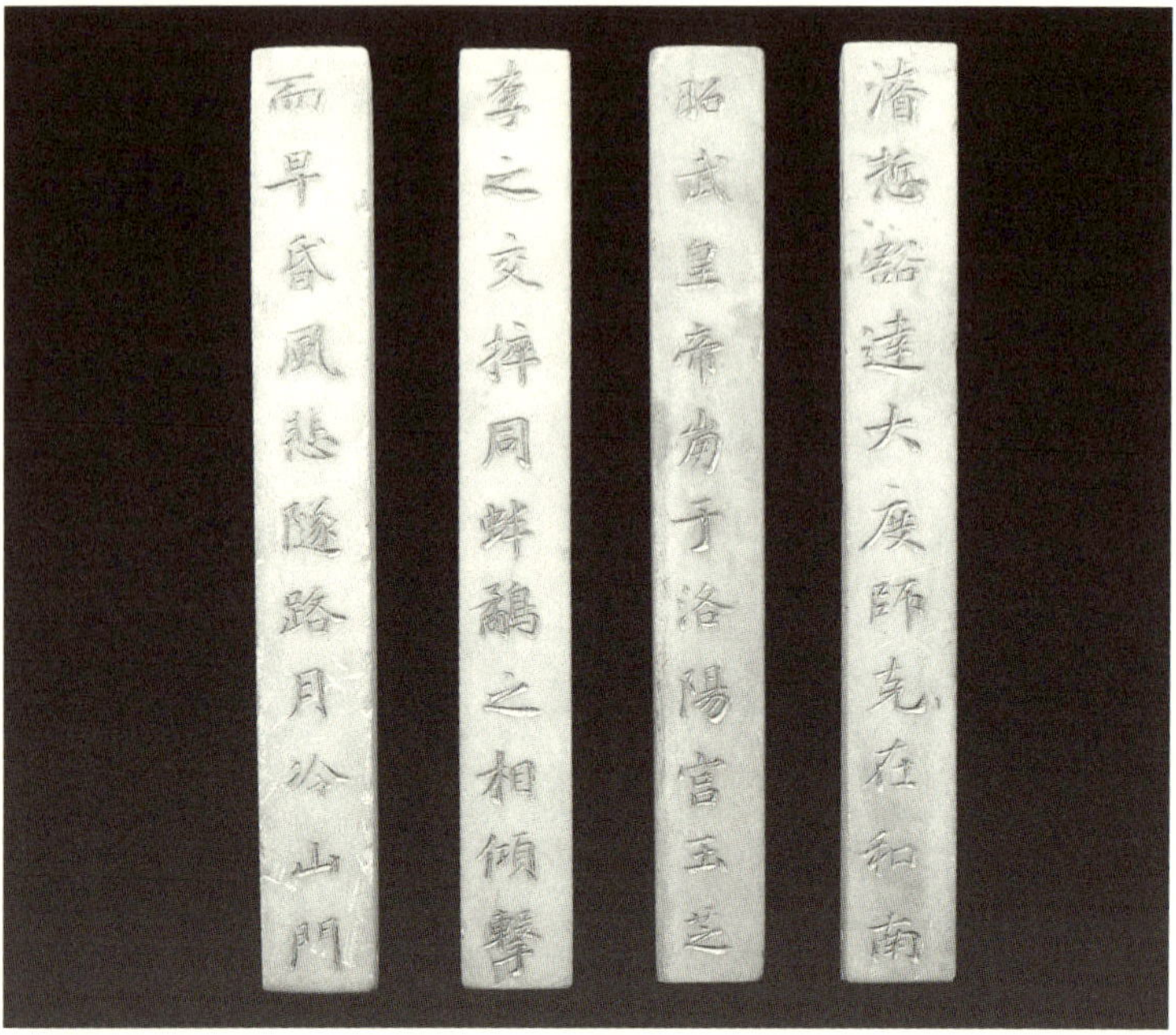

玉哀冊

帝王専用の祭文である。これは1980年代に北京豊台王佐郷史思明墓で出土した漢白玉製の哀冊である。

両漢代には「告地状《こくちじょう》」というものがあった。通常は木牘《もくとく》に書写され、死者の姓名・籍貫・葬儀と埋葬の時期・副葬品の目録が記録される。後漢代には、死者の姓名・籍貫を簡単に記録した墓《ぼ》磚銘《せんめい》が出現する。墓誌は、これら両漢代の「告地状」「銘文磚」から発展したものといわれている(4)。

厳密な意味での「墓誌」の出現は、南北朝時代以降のことである。後漢から曹魏・西晋時代にかけては、墓誌の起源の段階である。この時期の墓誌の形式と内容には、定型がない（たとえば曹操墓より一二五年後の後趙魯潜墓誌も、定型の内容ではない）。すなわち、墓誌は当時の墓に欠かせない副葬品ではないのである。

古代中国では、墓誌の使用は文武百官あるいは中下層の士人に限られる。皇帝の死後に用いられたのは「哀冊《あいさく》」であり、現在のところ、墓誌が副葬された先例はない。

「哀冊」は、皇帝専用の祭文である。二十世紀の八〇年代に北京豊台王佐郷《ほうだいおうさ》の史思明《ししめい》墓より出土した哀冊は、漢白玉製、文字は陰刻であり塡金《てんきん》されている。史思明は「安史の乱」の際に皇帝を称したため、哀冊を使用する資格を有していた。また唐の乾陵《けんりょう》に陪葬された懿徳太子《いとくたいし》墓からも哀冊が出土している。このことは表面的には原則に背くものであるが、実際、懿徳太子墓は「墓を号して陵と為す」とされ、皇帝クラスの待遇を受けていた。したがって、違制ではないのである。

曹操は生涯皇帝を称することがなかったため、制度上「哀冊」を使用できなかったのだろう。したがって、曹操高陵から墓誌や哀冊が出土していないことは当然のことであり、もしこれらが出土したならば、かえって不合理である。

曹操墓に印璽が副葬されていないことについては、曹操の子である曹植の「武帝誄」に手がかりを見出せる。「武帝誄」は曹操の埋葬時の情景を記しており、その中に「璽は身に存せず、唯だ紼のみ是れ荷ふ」とある。この部分は、曹操の遺令を厳格に遵守し、生前に使用していた印璽は副葬しなかったことを意味する。

◆薄葬であるにもかかわらず、なぜ金や玉が副葬されているのか

曹操高陵からは、点数は多くないものの、金器や銀器、玉器が発見された。「薄葬」であるにもかかわらず、どうして金や銀が副葬されているのだろうか。

曹操高陵内に副葬された物品は、二種類に分けられる。第一類は、曹操が生前常に使用していたもので、多くは衣服を装飾するものである。第二類は、曹操の死後に準備されたものである。墓中の大部分の物品は、実際には第一類に属するものである。これらの金銀玉器も同様で、衣物や箱篭の類を装飾していた可能性が高いものもある。すなわち、これらのものは、曹操自身が定めた「金珥・珠玉・銅鉄の物、一も送るを得ず」の遺令に反するものではなく、ましてや、曹操墓が「厚葬」を実施したことを示すものでもない。

◆どうして炭素十四年代測定法や熱ルミネッセンス年代測定法によって年代比定しないのか

炭素十四年代測定法と熱ルミネッセンス年代測定法は、考古学でよく用いられる古代の文物の年代測定法である。どうして曹操高陵の年代測定にこれらの方法を採用しないのだろうか。

これは主に、学術界が求める曹操墓の年代の精度と、この両種の方法の限界とによるものである。炭素十四年代測定法も熱ルミネッセンス年代測定法も、得られるデータにはどうしても「誤差」が生じてしまうのである。

高精度の炭素十四年代測定法による年代データは、年代測定の最良のサンプルではあるが、その結

果は「年輪年代」との較正が必要となる。たとえば、西高穴二号墓から保存状態の完全な樹木が出土し、その樹木に明確な年輪が確認できたとする。まず一層ごとの年輪からサンプルを抽出し、分別してそれぞれの年代を測定する。続いてこのような「系列年代データ」を年輪年代表と対照し較正する。こうして樹木のもっとも外側から採取したサンプルの年代データを「墓葬が埋葬された年代にもっとも近い」データとするのである。

しかし、西高穴二号墓からは樹木の標本は出土しなかった。したがって年代サンプルとなるものを得る方法はなく、年代系列を測定する方法もないのである。

西高穴二号墓には木棺が設置されていたが、早くに土の中で朽ちてしまい、痕跡を留めるのみである。もしこれを年代測定に用いることができたならば、最小誤差五〇年前後の範囲のデータが得られただろう（信頼度は六八％である）。

熱ルミネッセンス年代測定法の誤差の範囲はさらに大きい。すなわち、炭素十四年代測定法や熱ルミネッセンス年代測定法は、おおよその年代範囲を得られるのみなのである。西高穴大墓の測定年代の結果は、おそらく後漢後期から西晋の範囲となると予測される。このように幅のある年代では、墓主が曹操であるのか否かの議論において根本的な要求を満たすことは不可能である。

これに対し、考古学の類型学的年代測定法、とくに文字自体の年代情報は、西高穴二号墓の年代が後漢末にあることを教えてくれた。この結果は研究の要求を満たすものである。したがって、これに加えて炭素十四や熱ルミネッセンスで年代を測定するということは、「蛇足」となろう。

◆なぜ墓葬中の頭骨のＤＮＡ鑑定を実施しないのか

曹操高陵からは三つの頭骨および少量の手足の骨が発見された。墓自体の「内的証拠」は、これらのうち六〇歳以上の男性の頭骨が曹操本人であることを証明している。

少なからぬ人びとが以下のように追及している。現代は科学技術が発達しており、墓中の骨格が曹操のものであるのか否か、ＤＮＡ分析で検証できるのではないか、と。また、曹姓の人で曹操の後裔であると自称している者に名乗り出てもらい、研究のために比較サンプルを提供してもらえばよいだろう、とも言っている。

これもまた、文物の熱ルミネッセンス年代測定を求めるのと同じような意見である。

西高穴二号墓の人骨のＤＮＡ分析を実施することは、意義がないとはいえないまでも、「得るものよりも失うもののほうが大きい」提言である[5]。

少なくとも以下の五つの理由が、上述の話の傍証となる。

Ａ：人は死ぬと、ＤＮＡ分子は分解してゆく。すなわち、遺伝物質は時間が経つにつれて絶えず減少してゆく。その時間が長ければ長いほど、骨格から遺伝子の断片が得られる確率も減少するのである。古代の骨格サンプルからＤＮＡを取得するには、保存状況が相当によくなければならない。しかし曹操高陵の骨格の保存状況はいずれもさほどよくなく、サンプルの取得に成功する確率はかなり低い。

Ｂ：人骨のＤＮＡ鑑定を実施するには、サンプルの汚染を厳重に防がねばならない。西高穴二号墓は、埋葬後一八〇〇年の歴史の中で何度も盗掘に遭っている。二〇〇六年以降に限っても、多くの盗掘団が墓室に侵入している。ましてや曹操の頭骨は、後室から前室に捨て置かれていたのである。鑑定の過程でこれらの汚染を徹底的に取り除くことは非常に困難であろう。

C：DNAの取得に成功したとしても、比較研究に資するサンプルがない。比較に用いるDNAサンプルは、当然ながら確実に曹氏の子孫のものでなければならない。しかし一八〇〇年後の現在、どのようにしてDNAサンプルの提供者が曹操の子孫であることを確定できるのだろうか。

D：西高穴二号墓のほかの考古学的証拠から、墓中の男性の頭骨が曹操であることはすでに証明されている。DNA鑑定の結果は「検証」のために必要ではない。

E：優れた考古発掘というものは、文物の保護を絶えず心に銘記しておくものである。西高穴二号墓の中でもっとも価値のある文物は、「魏武王常所用挌虎大戟」の石牌でもなく、「魏武王常所用挌虎短矛」の石牌でもない。間違いなく曹操の頭骨である。我々は、フランス人が名画モナリザを保護する一〇〇倍の努力で曹操の頭骨を保護しなければならない。現代のDNA鑑定では、実験の過程で試料を損なってしまう。一八〇〇年後のいま、我々はどんな理由で曹孟徳に再び悲惨な破壊を味わわせる必要があるのか。

◆墓葬中の「彼女たち」は誰か

西高穴二号墓には二人の女性が埋葬されている。墓主が曹操であるとすると、この二人の女性は、当然曹操と密接な関係にあったはずである。

では、この二人の「曹女郎《そうじょろう》」はいったい誰なのだろうか。

現段階では、次の二つの方法から検討するしかない。

一つは、墓内の女性たちの年齢の鑑定結果が、文献中に記される「曹女郎」の死亡時の年齢と符合するかどうか。もう一つは、彼女たちの形質的特徴が、文献中の「曹女郎」に関するわずかな手がかりと対応するかどうか、である。

まず二人の年齢について見てみよう。

考古学者にとって、骨格の保存状態が完全であれば、年齢鑑定は可能である。

人類はその成長過程において、年齢の変化とともに骨格にも変化が生ずる。頭骨を例にとると、縫合線の接合時期が指標となる。すなわち、頭骨前部には冠状縫合と呼ばれる横方向の縫合線があり、一般的には二四歳から四一歳の間に接合する。また頭骨の頂部にも矢状縫合と呼ばれる前後方向の縫合線があり、それが癒合する年齢は二二～三五歳である。縫合線はほかにもあり、六〇歳以上でようやく接合するものもある。人類学者はこれらの指標に基づいて死者の年齢を推断するのである。

同じように、人の骨格は他の部分も年齢によって変化し、そのうちのいくつかは死者の年齢鑑定に用いられる。

西高穴二号墓の二人の女性は、頭骨・骨盤と一部の手足の骨が残されていた。

前後二回行なわれた人骨鑑定に参与したのは、中国社会科学院考古研究所の王明輝《おうめいき》と張君《ちょうくん》である。

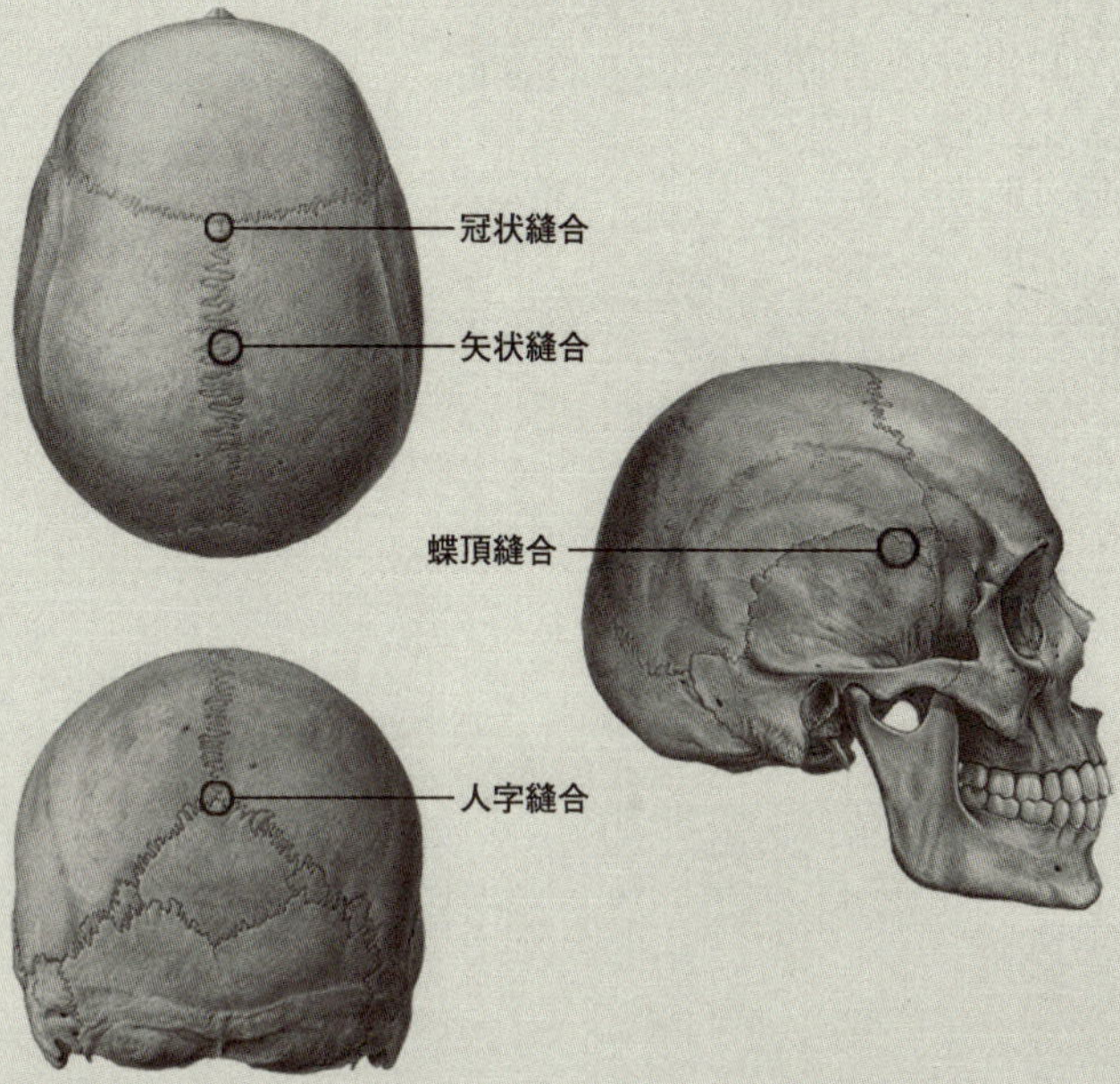

頭骨の秘密

頭骨は我々に多くの秘密を教えてくれる。たとえば、主人の正確な年齢である。頭頂部には冠状縫合と呼ばれる横方向の縫合線がある。頭蓋骨内外から観察すると、これは24歳から41歳の間に癒合することが分かる。

頭頂部にはまた矢状縫合と呼ばれる縦方向の縫合線があり、これは22～35歳で癒合する。

後頭部の縫合線は人字縫合と呼ばれ、26～47歳で癒合する。

こめかみにもまた3本の縫合線があり、合わせて蝶頂縫合と呼ばれる。これが癒合する期間はとくに長く、22歳で癒合しはじめ、65歳で完了する。

（本図は形質人類学の専門家・張君の意見を参考に描いた）

二人とも骨格鑑定の経験が豊富な学者である。彼らは骨格上の「年齢暗号」を根拠に、一人を二〇〜二五歳、もう一人を五〇歳以上と判定した。

年齢鑑定のほかに、生前の出産経験に関しては骨盤の「しるし」がある。西高穴二号墓の人骨を詳細に観察した張君は、二人の骨盤に明確な出産の痕跡があると確信した。

前漢時代、皇帝と皇后は通常同じ墓地に二つの穴を開鑿し、別々に埋葬される「異穴合葬」の形で葬られた。北京の大葆台《だいほだい》前漢墓はこの一例である。後漢時代になると、夫婦が同一の墓穴に埋葬される事例が現れる。河北省定県の劉暢夫婦墓がこの一例である。このような埋葬方法は、「同墓合葬」あるいは「同穴合葬」と呼ばれる。

西高穴二号墓は、墓主と二人の女性の「同穴合葬」であり、彼女たちは一人ずつ側室に安置されている。したがって身分は低くなく、侍女の待遇でもないことが分かる。

以上より、西高穴二号墓の二人の女性が誰であるかを判断するには、三つの「動かしがたい条件」があることになる。すなわち、

①生前は比較的地位が高く、曹操と仲むつまじい伴侶であった。

②死亡時の年齢は、年長者は五〇歳以上、年少者は二〇〜二五歳であった。

③二人とも子供を産んでいる。

数多くの曹操の妻たちの中で、上の条件に符合しているのは誰だろう。

曹操の妻たちは、その地位によっていくつかの等級に分けられる。そのうち地位がもっとも高いの

は王后である。文献によると、王后となったのは卞后《べんこう》一人である。王后以下には、夫人・昭儀《しょうぎ》および諸姫といった等級がある。

これら曹操の妻たちの中でもっとも地位が高いのは、丁夫人・卞夫人と劉夫人である。

このうち丁夫人は曹操の嫡妻である。しかし出産を経験せず、建安初めに廃されたため、墓中の二人の女性には該当しないと考えられる。文献によると、丁夫人は死後に許昌に葬られており、このことの傍証となろう。

西高穴二号墓の二人の女性はともに出産の痕跡がある。そこで、文献中で曹操の子女を出産したことが確認できる「曹女郎」たちを列挙したい。

劉夫人：曹昂《そうこう》・曹鑠《そうしゃく》・清河《せいが》公主を産む
卞夫人（卞后）：曹丕・曹彰《そうしょう》・曹植・曹熊《そうゆう》を産む
環夫人：曹冲《そうちゅう》・曹拠《そうきょ》・曹宇《そうう》を産む
杜夫人：曹林・曹袞《そうこん》・金郷公主・高城公主を産む
秦夫人：曹《そう》「王玄《おうげん》」・曹峻《そうしゅん》を産む
尹夫人：曹矩《そうく》を産む
王昭儀：曹干《そうかん》を産む
孫姫：曹上・曹彪《そうひょう》・曹勤《そうきん》を産む
李姫：曹徽《そうちょう》・曹整《そうせい》・曹京《そうきょう》を産む

周姫：曹均を産む
劉姫：曹棘《そうきょく》を産む
宋姫：曹徽を産む
趙姫：曹茂《そうも》を産む

最初に曹操の子を産んだのは劉夫人である。劉夫人は曹昂を残して早くに世を去った。その後、曹昂は丁夫人によって養われたが、曹操が張繡《ちょうしゅう》を討伐した際、殺されてしまった。丁夫人は毎日痛哭してやむことなく、耐えられなくなった曹操は彼女を実家に帰らせた。強情な性格だった丁夫人は、最後まで曹操と和解することはなかったという。

曹操の妻たちの中では、卞夫人がもっとも賢良で、かつもっとも地位が高かった。

卞夫人は曹丕・曹彰・曹植・曹熊の兄弟を産んだ。長子の曹昂の死後、曹丕らは曹操に掌上の明珠として見られていた。卞氏は物事を処理するにあたり慎重で要領を得ていた。曹丕が太子に立てられたとき、卞氏は「怒りて変容せず、喜びて節を失わ」なかったという。建安二十四年（二一九）、曹操が世を去る一年前、卞夫人は王后に立てられ、卞后となった。卞后は節約を好んで華美を尚《とうと》ばない性格で、恤民《じゅつみん》の心があり、曹操に評価されていた。(6)

文献の記載によると、卞夫人は延熹《えんぎ》三年（一六〇）十二月に生まれ、(7)魏の明帝《めいてい》の太和《たいわ》四年（二三〇）五月に死去した。(8)享年は七〇歳前後である。

文献の記載に誤りがないとすると、卞夫人は死亡時に古稀を超えていたことになる。墓室に同葬された二人の女性のうち、年長者の年齢は五〇歳を超える程度であった。すなわち、死去した年齢に基づくと、のちに魏の文帝となった曹丕を産み、曹操の数多の妻たちの中でもっとも重要な地位にあった卞夫人は、曹操と同穴には埋葬されていない可能性が生ずるのである。

しかしこのような推論は、人骨の鑑定結果が実際の状況に符合するという前提のもとで成り立つものである。形質人類学では、老年者の人骨の年齢鑑定には、ある程度の限界性を避けがたい。前述の矢状縫合・冠状縫合・人字縫合はいずれも中年期以前に癒合するため、六〇歳以上の頭骨と五〇歳以上の頭骨の年齢的特徴の類似性は排除しがたいのである。科学的立場からすると、現段階では慎重な態度をとらねばならない。すなわち、卞夫人が曹操と西高穴二号墓に同葬された可能性は低いが、最終的に排除することもできない。

では、他の「曹女郎」たちの中に、曹操墓の年長者の女性に該当する者はいないのだろうか。

曹操の妻妾たちの中では、杜夫人と環夫人が多くの子供を産み、比較的地位が高く、死亡時の年齢もやや高い可能性がある。彼女たちは、曹操墓の年長の頭骨の「嫌疑対象」である。

二〇～二五歳の女性の身分もまた、同様に複雑ではっきりしない。

曹操の数多くの妻たちのうち、死去した年齢が記録されている者は少ない。

その中で、曹昂と清河公主を産み、建安初年に世を去った劉夫人は、享年が三〇歳を超えていないと考えられる。もう一人は王昭儀である。彼女は曹干を産んでまもなく世を去っており、年齢は高くなかっただろう。また二人は曹操よりも前に死去している。死に臨んだ曹操が、このうち一人の遺骨を自身の墓に遷《うつ》したいと考え、西高穴二号墓の年少の女性となったのかもしれない。

しかしながら、曹操の妻たちは多く、当面の観点はすべて推論でしかない。二人の女性の真の身分は、千古の謎となるかもしれない。

◆卞夫人と西高穴一号墓に関して

卞夫人は、曹操の諸夫人の中で唯一「后」に封じられた女性である。彼女は曹丕・曹植の生母であり、地位の高さは曹操の妻たちの中で右に出る者がいない。彼女の埋葬地について、いくらか考えてみよう。

卞夫人は琅邪《ろうや》（現在の山東省臨沂《りんぎ》市北）の人である。その実家は、地位の高い家柄ではなかった。卞氏は曹操が若くして故郷で機を待っていたころに嫁いだ。以来、曹操の身辺につき従い、彼が征伐に赴くたびに従軍して身の周りの世話をしたという。

卞后の埋葬に関しては、『三国志』魏書・明帝紀に「秋七月、武宣卞后《ぶせんべんこう》を高陵に祔葬す」と記されている。また『三国志』魏書・后妃伝にも類似の記載があり、「高陵に合葬す」とある。

西高穴二号墓の北側には一号墓がある。世間の多くの人びとが、西高穴二号墓（曹操墓）に卞氏が葬られていないとすれば、西高穴一号墓こそが彼女が死後に住まった地であろうと推測している。

これより推論するに、『三国志』魏書・后妃伝に「高陵に合葬す」との記載がある一方で、西高穴一号墓と二号墓の距離は近く、「異穴合葬」の関係となっているようである。

卞后が「高陵に祔葬」もしくは「高陵に合葬」されたと明記されていることは、彼女の埋葬地の所在を解決する助けとなろう。

ある研究者は、古代の文献における「祔葬」と「合葬」の含義について以下のように整理している。(9)「祔葬」の重要な特徴は、墓を開いてそこに葬ることであり、すなわち、まずある人物が死後に埋葬されて第一の塚が形成される。その後、新たに死去した者のためにこの塚を開いて木棺を埋葬する、これが「祔葬」である。古代の文献において、「異穴合葬」を「祔葬」と呼んでいる例は一つしか見出せない。(10)そこでは、主陵のかたわらに小穴を開き、のちに死去した者を埋葬することを意味している。

「合葬」は、前漢以前においては異穴同墓、すなわち同一墓地内に別の穴をあけて人を埋葬したことを指す。後漢以降には、「同穴に人を埋む」ことも合葬と呼ばれるようになった。

『三国志』魏書・明帝紀と同后妃伝いずれの記載においても、卞后の死は曹操の死後のことである。「祔葬」と「合葬」をそれぞれ大多数の場合に照らして理解すると、「合葬」と記される場合は、卞后は同一の墓地内に別に掘られた穴に埋葬されたことになる。「祔葬」が正しいとすれば、曹操高陵をあらためて開き、曹操墓の中に卞后を埋葬したことになる。

卞后が二号墓に葬られているかどうかを判定するには、二号墓が「二次的に開かれた」痕跡の有無の調査が必要であり、また一号墓の墓主の身分の判定によって確定する。

ところで、『晉書《しんじょ》』礼志《れいし》には次のような記載がある。曹丕は皇帝を称した後、曹操に「武皇帝」を追贈し、金璽を刻して曹操に献げようと考えた。しかし璽は黄金製のため、もし曹操墓を開いて墓内に置くとなると、曹操の生前の「金玉珠宝を蔵すること無し」の指示に背くことになってしまう。そこであえて曹操墓を開くことはせず、金璽を石室に入れて墓道の前端に置くことで、墓内には依然として金銀器物は置かれていないという状態を保ったという[11]。

話を戻すと、このエピソードは、曹丕が曹操の墓室をあえて開かなかったということに言及する一方、「もし曹操の「金や玉を副葬してはならない」という指示に背く可能性のある黄金製の璽でなければ、曹丕は曹操の墓室を開いていた」という意味を暗に含んでいよう。したがってこの文献史料は、卞后の埋葬時に曹操墓を開いたかどうかを判断する助けとはならない。

一号墓の墓主の身分を判定するもっともよい方法は、当然ながら、一号墓に「二次的に開けられた」痕跡が認められるかどうかを確認することである。ただし、卞后が死去した時期は曹操と近く、もし当時曹操墓が開かれたとしても、墓を再びしっかりと封じていれば、考古発掘の過程で「二次的に開けられた痕跡」を確認することは難しい。また古代では、主墓の埋葬後しばらくの間、墓道を封じないという先例があった。すなわち、墓道の封鎖を数年待ち、その間に死去した近親者の棺を墓室に移してから、最終的に主墓を埋めたのである。このような状況では、考古隊による墓道の発掘を通じても、「二度目に塞いだ」痕跡は見つからないだろう。

したがって、卞后と一号墓の関係を検討するには、一号墓の発掘自体が鍵となるのである。

一号墓の墓主の判定もまた、多くの条件の制限を受ける。なかでも、墓内の人骨の保存状態が比較的良好で、科学的な年齢・性別鑑定の実施が可能であるということが重要となる。最悪の結果は、発掘を経た後に一号墓の墓主を判定する方法が根本的にないという可能性である。

◆西高穴二号墓は何と命名すべきか

西高穴二号墓は曹操の墓である。では、この墓は何と命名すればもっとも歴史的事実と符合するだろうか。

西高穴二号墓の発見以来、多くの名称が誕生した。たとえば後漢大墓・曹魏大墓・曹操高陵・曹魏高陵などである。さして問題とするようなことでもなさそうではあるが、ある種の「混乱」も発生しているようである。

曹操は歴史上の人物である。彼には自身の時代があり、特定の身分がある。曹操は曹魏の「高祖」「武皇帝」と尊称されているが、その死は後漢末のことであり、「曹魏大墓」は明らかに妥当ではない。『三国志』魏書・武帝紀には、「謚して武王と曰ふ。二月丁卯、高陵に葬らる」とある。曹操の死後、曹丕らはその墓を「高陵」と呼んだ。

曹植の「武帝誄」には、「既に西陵に次《やど》り、幽闥《ゆうけい》は路を啓く。羣臣奉迎し、我が王安《いづ》くにか厝《を》らん」とあり、曹操墓を「西陵」と呼んでいる。これは「高陵」に地理的概念が加えられたものであり、問題はない。唐代以前の多くの詩人たちが曹操墓を「西陵」と呼んでいるのは、彼らが鄴城あるいは相州で詩作したためだろう。

しかし、古代の大墓を命名する際に基本「要素」となるのは人名と身分であり、地理的位置は主要な条件とはならない。

一般民衆の墓は「墓」である。皇帝の墓は「陵」である。西高穴二号大墓を「曹操墓」と呼ぶのは簡単で明瞭だが、曹操が「生前は皇帝と同等」の立場にあり、死後に「武皇帝」の身分を追認されたということを表現できていない。伝統文化に比較的合致している呼び方は、「曹操高陵」「曹魏高陵」あるいは「魏武帝高陵」であろう。

また、中国人の心中において「曹操」が歴史上の人物の名前であるのみならず文化的符号でもあることを考慮すると、西高穴二号大墓がどのように命名されようとも、「曹操」の二字は残されるべきと考える。

以上を鑑みるに、「曹操高陵」こそ西高穴二号墓にもっともふさわしい名称であろう。

（1）北魏・酈道元『水経注』巻一〇・濁漳水。
（2）黄留春「許都故城調査記」（河南省文物考古学会編『河南文物考古論集』中州古籍出版社、二〇〇〇年）。
（3）『三国志』魏書・文帝紀に「甲午（二二〇）軍治於譙、大饗六軍及譙父老百姓於邑東」とある。
（4）「告地状」は墓誌の起源である。趙超「墓誌遡源」（『文史』第二一期、中華書局、一九八三年）を参照。
（5）復旦大学が曹姓の人のDNAサンプル採集を開始し、西高穴二号墓の墓主が曹操であるかどうかを検証すると報じられた。筆者はこうした科学的探求を歓迎するが、「墓内の曹操の身分がＤＮＡによって検証される」という取り上げ方には反対する。
（6）『三国志』魏書・后妃伝。
（7）裴松之注引『魏書』。
（8）『三国志』魏書・后妃伝。
（9）劉瑞「曹操高陵四題」（『中国社会科学報』二〇一〇年一月十九日）。
（10）『南史』蕭綜伝。
（11）『晉書』礼志に「及受禅、刻金璽、追加尊号、不敢開埏、蔵璽埏首、以示陵中無金銀諸物也」とある。

第五章　歴史を真実に回帰させる

毛沢東による名誉回復

往事 千年を越ゆ。魏武 鞭を揮《ふる》ひ、東のかた碣石《けつせき》に臨みて遺篇有り。
蕭瑟《しやうしつ》たる秋風、今 又た是れ人間を換了す。

この毛沢東の「浪淘沙 北戴河にて」における「魏武 鞭を揮ひ、東のかた碣石に臨みて遺篇有り」とは、曹操が北に烏桓《うがん》を征伐し、中原に帰還する途上の碣石で詠んだ名篇「観滄海」のことである。

東のかた碣石に臨み、以て滄海を観る。
水 何ぞ澹澹たる、山島は竦《そび》え峙《そばだ》つ。
樹木は叢生し、百草は豊かに茂る。
秋風は蕭《おご》そかに瑟《きび》しく、洪波は湧き起こる。
日月の行くや、其の中より出づるが若く、
星漢は燦爛として、其の裏より出づるが若し。
幸ひ甚だしく至る哉。歌ひて以て志を詠《うた》はん。

この曹操の「観滄海」と毛沢東の「浪淘沙 北戴河にて」は、千年の時を超えた二人の偉人による詩歌のやりとり、といえよう。

毛沢東は浪漫的詩人であり、曹操の詩を好んでいた。その気魄が雄大で情緒豊か、宇宙を呑吐するような様を好んだのである。

毛沢東は、「曹操は素晴らしい政治家・軍事家であり、また素晴らしい詩人でもある」と評価した。

毛沢東によると、『三国志』と『三国演義』とでは異なる曹操が描き分けられている。歴史上の曹操は英雄で、『三国志』では基本的に事実に基づいて叙述・評論されているが、『三国演義』では奸臣《かんしん》として描かれている。『三国演義』は通俗的で分かりやすく、これを目にする人びとが多く、ましてや民間の各種の三国劇はいずれも『三国演義』を種本に作成されているため、曹操は旧劇の舞台では白面の奸臣となっている。曹操が奸臣であるというイメージは、小説と旧劇によって、民間においてしだいに定型となっていったものである。

毛沢東はこのような状況に強く不満を感じており、曹操の名誉回復に努めることを決心した。

一九五八年、毛沢東は武漢で次のように発言した。

いま、我々は曹操の名誉を回復しなければならない。我々の党は真理を主張する党であり、誤審案件・冤罪は一〇年・二〇年前のものであってもすべて名誉回復し、千年・二千年前のものであっても名誉回復する。

毛沢東のこの姿勢は、学術界にも影響を与えた。

一九五九年、郭沫若《かくまつじゃく》は文章で以下の考えを公表した。曹操は生前に豪強を滅ぼし、兼併を抑制して貧しく弱き者を救済し、屯田《とんでん》を興し、漢末の混乱した社会に秩序をもたらした。また曹操は烏桓を平定して統一を守り、建安文学の繁栄をもたらした、と。

また彼は次のように言っている。

曹操の民族に対する貢献は高く評価されるべきであり、彼は民族の英雄と称えられるべきである。しかし宋以来のいわゆる「正統」観念が確立されて以後、この傑出した歴史的人物は無実の罪をこうむることとなった。『三国演義』が流行してからは、三歳の子供でさえ曹操は悪人で、顔を白く塗った奸臣であると思い込んでいる。これは歴史の大きな歪曲である。(1)

翦伯賛《せんはくさん》も郭沫若の意見に賛同し、次のように言っている。

私が見るに、曹操は三国時代の豪族の中での一流の政治家、軍事家、詩人であるばかりでなく、中国の封建統治階級の中でも有数の傑出した人物である。(2)

すぐさま、学術界で曹操の評価に関する前代未聞の大論争がわき起こった。一時期は大流行と呼べるものであった。

この論争は、学術界における曹操のイメージに重大な変化をもたらした。

名誉回復に反対する代表的な人物でさえも、次のように言っている。

曹操は優れた点もあり、欠点もあり、功労も大きいが、罪業も小さくない歴史的人物である。全体的にこの問題を見るに、功の方が罪にまさると評価すべきだろう。(3)

しかし、民間における曹操の「奸賊」のイメージが全面的に改まることはなかった。

英雄はどうして「奸賊」となってしまったのか

曹操評価の論争については、早くも三国時代には両派が形成されていた。曹操の「身内」は、当然ながら彼に対して多大な賞賛を送っている。郭嘉《かくか》は曹操と袁紹《えんしょう》を比較し、道・義・度・謀・徳・仁・明・文・武のすべてにおいて、曹操が袁紹よりも優れていないものはない、と言った。

しかし敵対する側の目には、曹操は残忍、暴虐、不誠実で、国家と人民に禍をもたらす者として映っていた。

建安七子の陳琳《ちんりん》は、曹操に投降する以前、曹操に対してもっとも辛辣な評価を下した人物である。彼が代筆した曹操討伐の檄文では、曹操の出身が宦官であり、徳行がなく、ずる賢くて残忍で、官を侵して国を暴すること、董卓と同じである、と罵っている。(4)

劉備は、曹操を董卓と合わせて論じ、曹操は漢室を盗み取り、天下を乱し、人びとの暮らしを駄目にした、と述べている。(5)

周瑜《しゅうゆ》もまた、曹操を「名は漢相に托すと雖《いえど》も、実は漢の賊為り」と非難している。

当時の人びとは立場が異なるため、曹操に対する態度に違いが生ずるのは当然であろう。重視すべきは、後世の史学家による曹操の評価である。

『三国志』の撰者である西晉の陳寿《ちんじゅ》は、曹操は少年時代に「飛鷹走狗を好み、游蕩《ゆうとう》すること度無し」と言っているが、曹操の生涯については、「非常の人、超世の傑」と高く評価している。

魏・晉の両王朝を生きた王沈《おうしん》は、『魏書』の中で曹操を孫武《そんぶ》・呉起《ごき》と合わせて論じている。

西晋になると、曹操はある事件のために人びとから非難された。献帝による衣帯詔《いたいしょう》事件の発生後、華歆《かきん》に命じて伏皇后を杖でうち殺させたことである。呉の人の手になる『曹瞞伝《そうまんでん》』はこのことを利用し、曹操がいかに残忍で無道であるかを極力誇張している。

他の人物、たとえば孫盛《そんせい》は『異同雑語《いどうざつご》』の中で以下のように批評している。曹操は鄴城を攻め落とした後、袁紹の妻を慰問して袁紹の墓を哭拝したが、これは偽りの気持ちであり、痛くも痒《かゆ》くもないことであった、と。

東晋時代になると、曹操に対する批判が増えはじめた。それは彼が伏皇后を殺したことに対する批判にとどまらなかった。

東晋の習鑿歯《しゅうさくし》は『漢晋春秋』の中で、「呉魏は順を犯すも強く、蜀人は正に杖《よ》るも弱し」と哀嘆し、「魏武は漢を受けて晋に禅ると雖も、尚ほ簒逆を為す」とした。曹操を簒奪者とみなしたのである。

南北朝時代以降、曹操のイメージは日増しに悪化していった。

唐代の史学家・劉知機《りゅうちき》は、曹操の貢献については肯定するものの、曹操が伏皇后を誅したことは認めず、「母后を賊殺し、主上を幽迫す。罪は田常《でんじやう》に百し、禍は王莽《おうもう》に千す」と非難した。『三国志』に注をつけた裴松之《はいしょうし》も、曹操を「古今の書籍の載する所を歴観するに、貪残・虐烈・無道の臣、操に於いて甚だしと為す」と大いに批判している。また劉義慶《りゅうぎけい》は『世説新語《せせつしんご》』に、多くの曹操に関する短い故事を収録している。その中でもっとも有名なものは、以下のような話である。曹操は他人が陰謀を企むのを恐れ、常々人びとに対して、次のように言っていた。私が眠りについた後は、絶対に近づいてはならない。私は無意識のうちにその者を殺してしまうだろうし、しかもその事実に気づかないだろう、と。のちに曹操が熟睡したふりをしていると、ある侍者が寒さを気遣って彼に蓋いを被せようとした。すると曹操は、手ずからその侍者を殺してしまったという。このような故事により、曹操の狡猾さが暴露されていったのである。

以上のように、南朝の人びとによって悪し様に描かれて以降、曹操のイメージは捻じ曲げられてきた。

唐代では、曹操のイメージはやや好転したものの、負のイメージを改めることはもはや難しかった。唐の太宗・李世民《りせいみん》は自らを曹操と比較し、曹操を「危に臨みて変を制し、敵を料りて奇を設く」、「匡正の功は往代に異なる」と賞賛した。ただしその一方で、「一将の智に余有るも、万乗の才は足らず」と評するに留めている。

司馬光《しばこう》『資治通鑑《しじつがん》』は、曹操は早くから簒奪の心を抱いていたが、あえて漢を廃して自立しなかったのは、「名義を畏れて」自己を抑制したのだ、とする。

北宋になると、曹操の負のイメージは民間に深く入り込んでいった。巷間では小唱が歌われ、雑劇が演じられ、講談が語られるようになったが、これらは三国の故事を題材にしたものから始まった。当時の人びとには明確な敵と味方があったようで、蘇東坡《そとうば》によると、東京《とうけい》（現在の開封《かいほう》）の街頭で講談を聞く人びとは、曹操が大敗したと聞くと大喜びし、劉備が負けたと聞くと激しく泣き叫んだという。

南宋時代になると、曹操のイメージはさらに深く落ち込んでいった。曹操を賊とみなすことが、人びとの共通認識となったのである。朱熹《しゅき》の『資治通鑑綱目《しじつがんこうもく》』では、歴史的事実をかえりみず、公然と曹魏を歴史叙述における正統の外へ排除している。

元・明・清になると、曹操の奸雄のイメージはついに定型となった。

元末明初に生きた羅貫中《らかんちゅう》は、史籍を参照して伝説を摘み取り、また当時流伝していた各種の平話や雑劇を基にして『三国演義』を著した。この書では、劉備が道徳的正統とされ、曹操は正統の外側に排斥されてしまい、狡猾かつ残忍で、漢の鼎《かなえ》をうかがって王を称するという謀逆者のイメージで描かれている。『三国演義』は非常に広く流伝し、曹操が奸雄であるというイメージは人びとの心の中に広まっていった。

孫権は江東に拠り、劉備は西川に兵を駐屯させたが、彼らは奸賊とはみなされていない。どうして曹操の頭上にのみ奸賊の「桂冠」が戴かれたのだろうか。曹操が「天子を挟《さしはさ》みて以て諸侯に令」した政策に原因があると考える者もいるだろう。人臣が君王をコントロールしようとするこの政策は、歴史的非難から逃れるすべはなく、当然この問題の一面ではある。しかし根本的な問題は、曹操の死後、彼が左右するすべのなかった歴史の発展の途上にあった。

曹操が英雄から「奸賊」となる千年あまりの期間において、鍵となるのは東晉南朝と南宋の時期である。

曹操は中原を縦横に駆け抜け、豪強を滅ぼして北方を統一し、中原から江南を虎視眈々と狙った。

東晋南朝の時期、中国北方は異民族の手中に落ちた。江南に割拠した東晋南朝の君臣たちは、かつての「孫呉」と同様の状況にあることに気づいたのである。この地縁と政治的立場からすると、曹操は北方に雄拠する軍事的敵対者に他ならない。すなわち、曹操を罵ることは、北方の異民族を罵ることと同じ意味を持っていたのである。また南宋時、金は徽宗《きそう》・欽宗《きんそう》を捕虜にして中原を占拠した。江南に割拠した趙宋の君臣たちは、三国時代の孫呉や劉備と同じ形勢に直面したのである。まったく同様の心理から、南宋の人びとは「愛国情緒」を駆使して南方の蜀・呉に同情し、北方の曹操を仇と見た。朱熹・陸游《りくゆう》が曹操を仇のごとく見たのは、彼らが熱い愛国の士であったからともいえよう。

特定の情勢下における政治的・道徳的決断により、曹操は歴史の生贄とされてしまったのである。『三国演義』は「曹操に対する誹謗書」ともいえよう。

高陵における「曹操の印象」

千年余来の史料を通じて描かれる曹操の印象は、まだら状である。

曹操高陵の発掘は、我々に真実の曹操の姿を語ってくれるのだろうか。

曹操高陵を一つの彫像として見てみよう。すなわち、墓葬の構造と副葬品によって彫刻された曹操像を観察するのである。すると、いくつかの細かい事柄が見えてくる。

◆「疑塚」は冤罪である

「生前は天を欺きて漢統を絶やし、死後は人を欺きて疑冢を設く」

兪応符《ゆおうふ》は、曹操を口汚い言葉で痛罵した。疑塚の話は、曹操に「奸詐」の悪名を背負わせるのみならず、彼が過去に盗掘を行なったことを証明しうるものでもあった。なぜなら、曹操が疑塚を築いたのは、自身がかつて「発丘中郎将」「摸金校尉」の官を設置し、幾度も盗掘を行なっていたためとされるからである。

歴史上、どれだけの人びとが疑塚に関する詩文を作り、曹操を辱しめてきたことか。北宋の王安石に京鏜《けいとう》、南宋の兪応符、金の蕭冰崖《しょうひょうがい》、明の周孟中《しゅうもうちゅう》に趙王枕易《ちょうおうちんえき》……。

西高穴二号墓が曹操高陵であると確認されたことで、七十二疑塚の話はただちに煙と化したのである。

◆「簒漢」はさらなる濡れ衣である

西高穴二号墓から出土した石牌のうち八点に「魏武王」の文字が刻まれている。どうして「魏武帝」や「武皇帝」ではなく、「魏武王」と刻まれているのだろうか。これらには根本的な違いがある。すなわちこのことは、曹操は死してなお「王」であった、ということを明確に伝えているのである。

「王」である以上、「皇帝」とはまだ一級の差がある。

文献によると、曹操は「天子の旌旗を建てる」ことを許されたとはいえ、死ぬまで皇帝を称することはなかった。

皇帝を称していないにもかかわらず、どうして簒奪者となるのだろうか。

ここで我々は、ある事件を想起せずにはいられない。

西暦二一九年、曹操が世を去る一年前、鄴城で魏諷《ぎふう》の乱が発生した。反乱が平定された後、群臣たちは曹操に代わって不満を漏らしたという。曹操は漢室のために心を尽くし職責を果たしながらも、かえって人びとに疑われている。むしろあっさりと献帝を廃し、自ら皇帝に即位したほうがよいのではないか、と。こうして「勧進《かんしん》」の声が四たび起こることとなった。このうち、前将軍の夏侯惇《かこうとん》の話がもっとも直接的な内容となっている。

天下の人びとはみな、漢王朝の命運がすでに終わりを告げ、新しい時代が起ころうとしていることを知っています。古《いにしえ》以来、民の災いを除き、人びとを帰服させることができる者こそが、天下の主となるべきです。いま殿下は、戦いの中に身を置かれること三〇年あまり、功績や恩徳は世を覆い、天下は帰服しております。天命に応えて民の心に順い、皇帝となることにどうして躊躇《ためら》われているのでしょうか。

曹操はこう答えた。

もし天命が私を皇帝に即けようとしているとしても、私は周の文王《ぶんおう》に倣って皇帝を補佐することに専心しよう。(6)

書案一

数十点の六角形石牌のうち「書案一」と刻まれた石牌は、曹操の他者と異なる一面を示している。曹操は武器とともに過ごしてきた政治家であり軍事家であるが、書案をともなう文学者でもあった。

このように、曹操の生涯はきわめて潔白であった。

◆文武をともに全うした戎馬の生涯

墓内から出土した錆びついた鎧甲や鉄刀、鉄剣は、曹操の生涯においてどのくらいの「生死の時間」を目撃してきたのだろうか。

我々はこの鎧甲を目にし、三〇〇〇の勇士を率いて陳留《ちんりゅう》（開封）で起兵し、董卓を討ち、天子を挟んで諸侯に詔令し、呂布を誅し、袁紹を滅ぼし、烏桓を平定し、馬超を征伐し、中国の北方を統一した曹操の、力強くたくましい身影を思い浮かべることができる。

墓中から出土した数十点の石牌には、「書案《しょあん》一」と刻まれたものがある。これは「遣冊」の性格を有する石牌で、墓内に置かれた書案（文机）を記録したものである。後漢代の墓葬では陶製の井戸や炉、さらには楼閣・猪・水田模型などが出土することはよくあるが、書案が発見されたことはない。したがってこの書案は、曹操の個性を表す副葬品であるといえよう。この書案は、彼の軍旅に随伴したものかもしれない。

曹操の個性を表す副葬品としては、ほかに陶製の硯《すずり》がある。

この書案と陶硯は、何に使用されたのだろうか。答えは言わずとも明らかだろう。すなわち、「短《たん》歌行《かこう》」「苦寒行《くかんこう》」「度関山《どせきざん》」「陌上桑《はくじょうそう》」などはこの書案の上で作られたのかもしれない。

これが曹操なのである。彼の生涯は、刀剣・鎧甲のみならず書案・陶硯にも付き添われていた。誰しも、曹操が『孫子』に注をつけたことを不思議には思わないだろう。魏武注『孫子』は、彼の軍事的生涯と学者としての習性とが完璧に結びついたものである。

これが曹操なのである。彼は、政治家・軍事家・文学者の性質を一身に集めていた。

鉄鎧甲

これらの鉄鎧甲を通じ、我々は、3000人を率いて陳留（開封）で起兵し、董卓を討ち、天子を挟んで諸侯に命令し、呂布を誅し、袁紹を滅ぼし、烏桓を平定し、馬超を征伐した。金戈鉄馬、中原を統一した曹操のたくましい身影を思い浮かべることができる。

大型魚鱗甲の復原模型

徐州前漢楚王陵の鉄製甲冑の復原模型。白栄金・鍾少異の『甲冑復原』による。

古今以来、政治家・軍事家・文学者の性質を一身に集めた人物は、はたして幾人いただろう。

◆倹約家としての曹操

西高穴二号墓は帝王クラスの墓であるが、「不封不樹」でもある。玉衣は副葬されず、四壁も純白で、華麗な装飾は加えられていない。

曹操は生前、豪著を戒めて倹約を尊び、華美なことを好まなかったとされるが、墓葬の状況はこのことを完全に実証していよう。

曹操は妻や子供たちに、説教じみた口ぶりで次のように言った。

私の夜具はいずれも一〇年は使い続けているもので、ほどければ洗い、破れれば繕い、何度も使用している。(7)

曹操の死後、息子の曹植は生涯倹約家であった父を思い出し、哀しみ泣き叫んで止むことがなかった。彼は哭しつつ、死に臨んだ父が補修された衣服を身につけていたと言っている。(8)身をもって倹約を励行した老人が、目の前にいるのである。

◆気丈かつ勤勉で、人をよく見て用いる

「魏武王常所用慰項石」についても言及せねばなるまい。

この文物には、曹操の生前の苦しみがどのくらい含まれているのだろうか。

国家を主導した老人は、頭痛に一年中悩まされていた。外には強敵がおり、内にも憂いがあった。彼の生涯はいかなるプレッシャーを受けていたのだろうか。しかし彼は国家統一の意思を失うことはなかった。

この「魏武王常所用慰項石」を目にして、我々はようやく曹操の「亀雖寿」を真に理解できる。

老驥 櫪に伏すも、志は千里に在り。
烈士 暮年、壮心は已まず。

曹操高陵の中には曹操の「求賢若渴」「知人善用」に関する資料は見出せないが、彼の他の品行は墓内の文物により証明されている。したがって、文献中にもっとも多く言及されている、賢に礼して士に下り、人を任用して疑わなかったという事跡も信用できよう。曹操は、自身の陵園の付近に広大な土地を確保することを忘れなかった。これは、将来部将たちが死去した後、彼らと別の世界で引き続き艱難辛苦を共にしたいと望んだためである。

◆曹操の艶やかな故事

死去した曹操は、孤独ではなかった。

曹操高陵の後室には、南北二つの側室があり、二人の女性がそれぞれ一つの部屋を占有していた。二人の女性が誰であるかは明らかでなく、自ら陪葬《ばいそう》を望んだのかも不明であるが、彼女たちは明らかに高貴な待遇を受けている。彼女たちは一人で一つの棺に納められ、その棺は鉄製の金具で吊るさ

河北定県北庄後漢墓出土

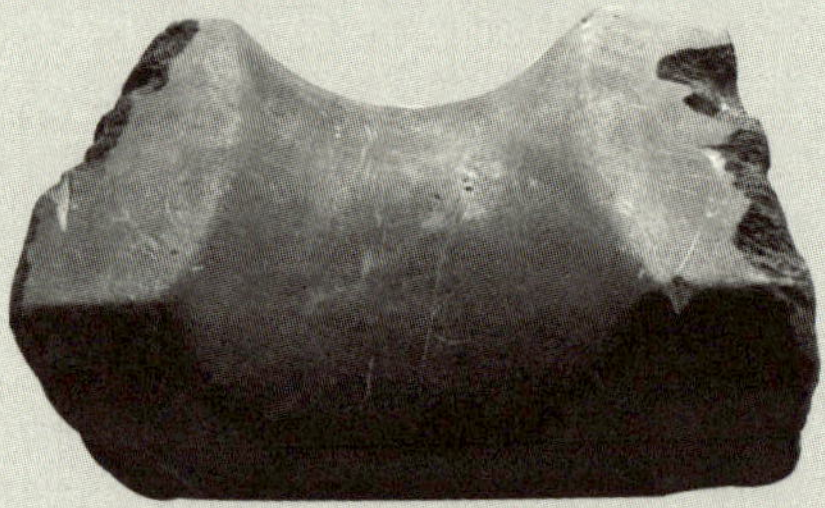

曹操高陵出土

亳州董園村２号墓出土

枕

漢代の王侯クラスの墓葬ではしばしば玉枕が副葬されている。様式はさまざまで、たとえば董園村2号墓で出土した細長い玉板で組み立てられた玉枕や、河北定県北庄後漢墓で出土した一つの玉を彫り込んで作製された玉枕などがある。しかし一年中頭痛を患っていた曹操は、一般的な石枕を副葬した。

れた帳幔で覆われていた。

彼女たちが誰であれ、曹操は自身の艶やかな故事を冥界に「複製」したのである。高陵内で四角攢尖式天井を採用しているのは前室および前北側室であり、あたかも冥界の応接間のようである。曹操は、彼女たちとこの「応接間」で茶を飲み、甘味を食したのであろう。

我々が想起するのは、曹操が生前にもっとも愛情を注いだのは卞王后であるということである。彼女と曹操はともに歩み、互いに敬い愛しあい、その一部を描くだけでも千年の正劇に感慨するに足る。卞夫人は娼家の出身であるが、曹操は蔑んだりしないばかりでなく、彼女を封じて后とした。この女性は、生涯黙々と曹操に仕え、曹家の大小の万事を切り盛りした。

また我々は、曹操が臨終の前に、後人に彼の妻妾たちを手厚く遇するよう言いつけ、彼女たちには自力で食べていけるよう裁縫を学ぶように遺言したことを想起する。(9)妻妾たちを自立させることは、彼女たちに対する世話焼きでもあった。

◆曹操の愛情と憂い

曹操高陵の周囲は、非常に広々としている。この広大な地は、曹操が愛将たちに遺したものである。曹操は臨終の間際に至っても、将士のことを気にかけていた。

建安十二年（二〇七）二月、東方で「海賊」管承《かんしょう》を征討して鄴城に帰還した曹操は、論功行賞を開始し、「封功臣令」を発布した。

私が義兵を起こし、暴乱を討伐してきて一九年が経過したが、征伐に出るたびに必ず勝利することができたのは、はたして私自身の功績であろうか。いや賢良なる士大夫諸君の力である。天下はまだ完全には平定されていないが、必ずやみなとともに平定することができるだろう。しかしみなに苦労をかけてばかりでは、どうして落ち着いていられようか。急いで論功行賞を行なえ。(10)
この話によると、論功行賞の根本的な目的は、天下の安定にあることが明らかである。
こうした愛情の裏側で、曹操は憂患の尽きない生涯を過ごした。
天下はなお乱れ、民もいまだ安んぜず、自身の統一の大志は遠く未完成だった。
酒に対《むか》へば当《まさ》に歌ふべし　人生　幾何《いくばく》ぞ
譬《たと》へば朝露の如し　去る日は　苦《はなは》だ多し
慨《なげ》きて当に以て慷《いた》むべし　幽思　忘れ難し
何を以てか憂ひを解かん　惟だ杜康《とこう》有るのみ
この「短歌行」には、なんと多くの憂患が綴られていることか。

「超世の傑」の精彩に富んだ人生

曹操墓の発掘により、「終令」「遺令」『三国志』などの文献における曹操関連の記載には、不確かなものは何一つなく、一方で多くの文人たちによる詩詞や瓦肆《がし》評書《ひょうしょ》の内容は再検証が必要であるということが判明した。

正史における曹操は、才能さえあれば人を推挙し、優れた才知と計画を具え、戦場では自ら兵士の先頭に立つ曹操であり、中国統一の大志を抱く曹操であり、プレッシャーを受けながらも、黙々と労苦をいとわず非難を意としない曹操であり、昼に軍略を講じて夜は経伝に思索を向ける曹操であり、高台に登れば必ず賦を作り、優れた「直古悲涼」の句を作り、それらを管弦にのせればいずれも楽章となる、中国文学史上に建安文学を打ち立てた曹操である。

『三国志』を撰著した陳寿は、曹操を次のように総評している。

太祖（曹操）は自身の知恵を運用し、天下を縦横した。彼は秦の申不害《しんふがい》・商鞅《しょうおう》の治国の策を身につけ、韓信《かんしん》・白起《はっき》の経世の術も具えていた。彼は人材を用い、そのことによって謀り、信義を重んじて胸算し、過去の過失や恨みを問題にしなかった。それゆえ、ついには機会を得て大事業を成し遂げたのである。これは、彼が全局面を把握していたからである。彼は並外れた人物であり、時代を超えた英傑というべきであろう。(11)

考古発掘によるさまざまな傍証を得たいま、歴史文献である「正史」を頼りに、この「超世の傑」の人生を復元してみよう。

◆青年曹操の豪気と憂患

曹操は、西暦一五五年（後漢桓帝《かんてい》の永寿《えいじゅ》元年）に生まれた。祖父の曹騰《そうとう》は、桓帝代における宦官の重鎮であった。後漢時代、宦官は養子を取ることを許されており、曹騰は曹嵩《そうすう》を養子とした。(12)曹操は、この曹嵩の子である。

少年時代の曹操は、聡明かつ放縦で、自由奔放な性格であった。

漢代では、「挙孝廉《こうれん》」という特殊な人材登用制度が行なわれていた。すなわち、政府が各地の孝順・清廉の士を推薦させ、官吏に充当するのである。曹操の政治的生涯は、この孝廉に推挙されるところから始まった。

曹操は二〇歳のとき、推挙されて孝廉となった。まず郎となり、続いて洛陽北部尉《らくようほくぶい》となった。曹操はこの洛陽での在任中に、人びとから称揚された。

このころの曹操は、郡太守になることを目標としていた。そこで政務を行なう一方、清官としての名声を獲得し、栄誉を打ち立てたいと望んでいた。(13)

二三歳のとき、曹操は「頓丘令《とんきゅうれい》」に任じられた。しかし、まもなく人の刑に連座し、職を去って故郷の亳州に帰ることとなった。故郷で生活したこの数年の間に、彼は二人の妻を娶った。一人は丁氏、もう一人は卞氏である。

二六歳のとき、曹操は再び出仕し、「秩比六百石《ちつひろっぴゃくせき》」の議郎《ぎろう》の官を得た。議郎の俸禄は「六百石」ではあるが、具体的な職権はなく、現在の顧問のようなものである。しかしこのような閑職にあっても、曹操はまじめに勤めた。彼がこの期間に行なった二度の上奏は、自身の判断に基づいて他者のために正義を主張し、また時弊を切に諫めるもので、まさに理想と抱負を抱いた青年であった。

曹操が三〇歳のとき（一八四年）、河北の鉅鹿《きょろく》郡出身の張角《ちょうかく》による黄巾《こうきん》の乱が発生した。たちまちにして天下が呼応し、朝廷は動揺した。後漢の霊帝《れいてい》はその討伐を決定した。当時まだ青年官僚であった曹操は「騎都尉《きとい》」を拝し、皇甫嵩《こうほすう》に従って潁川《えいせん》（現在の河南省禹州《うしゅう》一帯）の黄巾賊を征討した。比二千石の官である騎都尉は、曹操の官途における重要な昇進であった。この出征で、彼の所属する官軍は潁川の黄巾軍を大いに打ち破り、「斬首すること数万級」の功績を挙げた。

黄巾賊鎮圧の功により、曹操は「済南国相《せいなんこくしょう》」に抜擢された。

漢代では郡国制《ぐんこくせい》が実施されていた。郡は中央に直属し、国は諸侯に分封された領地である。済南国は、現在の山東省済南・章丘・済陽・鄒平などの市県を境域としていた。この済南での在任中、曹操はある有名な政策を実施した。淫祀《いんし》の禁止・根絶である。

淫祀とは、無駄で必要のない祭祀活動のことである。当時の済南国では、非常に多くの祠廟が設置され、民衆はこれを見るたびに拝さなければならず、生計が成り立たなくなっていた。そこで曹操は、各方面の反対を顧みず、祠廟の取り壊しを強行したのである。

曹操の行動は現地の豪族たちを敵にまわして多くの人びとの不満を引き起こすこととなり、彼は病に托して辞職を請うた。[14] 朝廷は簡単には曹操を職務から解放しようとはせず、前後して「東郡太守《とうぐんたいしゅ》」に任命したが、曹操はこの職を受けなかった。朝廷は再び彼を「議郎」の職に任じた。曹操はこれをしぶしぶ受けたが、再び故郷の亳州に帰り、その郊外で読書と狩猟を楽しみつつ暮らした。このときの故郷での生活は、一年以上にわたるものだった。

一八六年（中平三年）、朝廷は曹操を都尉《とい》に任じた。曹操はこの軍職を拝受し、再び兵権を握った。二年後、三四歳となった曹操は、王芬《おうふん》らに「霊帝を廃する」謀議を持ちかけられたが、これを拒否した。

◆陳留での挙兵

一八九年（中平六年）、霊帝が崩御した。地方軍閥の董卓は都（洛陽）に兵を進め、少帝の劉弁《りゅうべん》を廃し、陳留王劉協を帝とした。この新皇帝が、後漢の献帝である。

董卓は曹操に兵権を与えて籠絡しようと、彼を驍騎校尉《ぎょうきこうい》に推薦した。しかし曹操は内心董卓の人となりに反発しており、また彼が長くはないと考え、これと合流せず、洛陽を捨てて故郷の亳州へ帰ることを決心した。(15)

陳留（現在の開封の境）への帰途、曹操は陳留太守の張邈《ちょうばく》と友人である孝廉の衛茲《えいじ》と面会した。三人は董卓が専権する朝政に反対し、ついに董卓討伐の兵を挙げる決心をした。曹操は家財を散じ、兵馬を集めた。故郷の一族も亳州から陳留にやってきて、曹操の事業を支えた。のちに曹操の功業を支えることとなる夏侯惇・夏侯淵《かこうえん》・曹仁《そうじん》・曹洪《そうこう》・楽進《がくしん》らの著名な将領たちは、みなこのときに曹操の陣営に加わっている。曹操は自ら工匠とともに兵器を製造し、わずか数ヵ月で五〇〇〇人の軍隊を築き上げた。(16) 一八九年十二月、曹操は陳留の己吾《きご》（河南省寧陵県の西南）で、正式に董卓討伐の大旗を揚げた。このとき、曹操は三五歳であった。

当時の関東地区では、董卓の支配下にある洛陽を除き、河北・河南・山東・安徽などの各地において、董卓討伐の気運が抑えようのない勢いで広がっていた。

一九〇年（初平元年）正月、冀州牧《きしゅうぼく》の韓馥《かんぷく》、兗州刺史《えんしゅうしし》の劉岱《りゅうたい》、河南太守《かなんたいしゅ》の王匡《おうきょう》、勃海太守《ぼっかいたいしゅ》の袁《えん》紹《しょう》、東郡太守《とうぐんたいしゅ》の橋瑁《きょうぼう》、豫州刺史《よしゅうしし》の孔伷《こうちゅう》、済北相《せいほくしょう》の鮑信《ほうしん》、後将軍《こうしょうぐん》の袁術《えんじゅつ》らは、反董卓の兵を挙げた。陳留太守の張邈と曹操もその列に加わった。彼らは袁紹を盟主に推薦し、一ヵ所に兵を集め、その威勢は盛んだった。袁紹は盟主の立場で、曹操を「奮武将軍《ふんぶしょうぐん》」代理に任命した。

東方から押し寄せる討伐の波は、董卓にとって強大な圧力となった。袁紹の連合軍に対処するため、董卓は一九〇年二月に献帝を連れて洛陽から長安へ移り、洛陽の一部の宮室と官府に火を放ち、数百万の人びとを関中に遷した。また部将に命じて皇帝陵と公卿以下の墳墓を掘り返し、「其の珍宝を収め」させた。(17) 彼のこの行動は、万一自身が軍事的に敗れたときのための準備であった。

曹操は董卓による洛陽の破壊という暴挙に憤慨し、「薤露《かいろ》」の詩を詠んだ。

惟《おも》ふに漢の廿二世　任ずる所は誠に良からず
沐猴にして冠帯し　知小にして　謀《はかりごと》彊し
猶予して敢へて断ぜず　狩に因りて君主を執《と》ふ
白虹　為に日を貫き　己も亦た先づ　殃《わざわひ》を受く
賊臣　国柄を執り　主を殺して宇京を滅す
帝の基業を蕩覆し　宗廟　以て燔《や》き喪《ほろ》ぼさる

播越して西に遷り移り　号泣しつつ且つ行く
彼の洛城の郭を瞻《み》れば　微子《びし》為に哀傷せん

董卓は献帝を西方に遷したとはいえ、洛陽を軍事上放棄したわけではなかった。彼は大将の徐栄《じょえい》を滎陽《けいよう》に駐屯させ、関東の連合軍を阻止させた。しかしこのときの袁紹連合軍は、董卓を恐れてあえて進軍しようとしなかった。曹操はこの一戦が天下を定める好機であると考え、袁紹に打って出るよう勧めたが、袁紹は従わなかった。

このときの曹操には、頑強な正義の一面をはっきりとうかがうことができる。彼は自身の部隊を進軍させることを決め、兵を率いて滎陽の前線まで到達した。このとき連合軍で曹操を支援したのは、済北相の鮑信と陳留太守の張邈が派遣した衛茲だけだった。

滎陽に駐屯する徐栄は、戦場の経験が豊富な西涼の兵馬を率いており、また曹操よりも力量に優れていた。双方は交戦し、曹操の部隊は多数の死傷者を出した。衛茲は戦死し、済北相の鮑信と曹操自身も傷を負った。

滎陽では敗戦したものの、曹操の勇気はくじけなかった。彼は引き続き故郷や揚州《ようしゅう》などの地で募兵を行ない、まもなく三〇〇〇人を率いて袁紹の駐屯地へ戻った。ただしこのとき、関東連合軍の内部では、各々がふた心を抱いており、内輪もめも発生した。兗州刺史の劉岱が東郡太守の橋瑁を殺害したのである。袁紹本人もまた、冀州牧の韓馥とともに幽州牧《ゆうしゅうぼく》の劉虞《りゅうぐ》を帝に擁立するよう策謀した。

曹操はこの新皇帝擁立の話に非常に不満を抱き、「諸君は北面せよ、我は自から西を向かん」と言い[18]、自身は献帝を推戴する意思を表明した。

◆戦場での基盤固め

一九一年（初平二年）、袁紹らは反対をかえりみず、劉虞を帝に擁立しようとしたが、劉虞は引き受けなかった。同年、孫堅《そんけん》は袁術の支援を受け、幸運にも洛陽を攻め落とすことができた。董卓は長安に撤退せざるをえなかった。

孫堅が洛陽を占拠すると、連合軍は共通の軍事目標を失い、しだいに各々のふた心を拡大し、自己の勢力を発展させようと謀るようになった。

袁紹は、韓馥と幽州に駐屯している奮武将軍《ふんぶしょうぐん》の公孫瓚《こうそんさん》との対立を利用し、韓馥に冀州牧を譲るよう迫った。しかし袁紹自身は、太行山一帯で活躍していた「黒山軍《こくざんぐん》」と呼ばれる黄巾賊の余党の襲撃を受けた。

同年、黒山軍の首領褚飛燕《ちょひえん》の軍勢十数万が魏郡（河北省磁県・臨漳県一帯）と東郡（河南省濮陽市西南）を攻撃した。袁紹は曹操を迎撃に向かわせ、曹操はこれを濮陽《ぼくよう》でうち破った。

この戦功により、曹操は袁紹の手中から「東郡太守」の称号を取り戻し、東武陽《とうぶよう》（山東省莘県南）の統治権を獲得した。自身の地盤を確保した曹操は、これより勢力を増大してゆく。

一九二年春、黒山軍が東武陽を攻め囲んだが、曹操は再び勝利を収めた。その軍事的才能が真に発揮されはじめた。

河北の黄巾賊は曹操によって打撃を受けたが、山東の黄巾勢力は発展していた。一九二年四月、青州《せいしゅう》の黄巾賊が一〇〇万の衆を率いて兗州を攻撃し、兗州牧の劉岱を殺害した。東郡の官僚である陳宮《ちんきゅう》やもともと曹操と仲のよかった済北相の鮑信らはこの情勢を鑑み、兗州の官吏たちを説得し、曹操を兗州牧に迎えるよう建議した。後漢では全国を十三州に分けていた。州牧は地方における最高ランクの軍政長官であり、現在の省長に相当する。曹操は弱冠三八歳で兗州牧となったのである。

兗州牧の在任中、曹操は引き続き黄巾賊の鎮圧にあたった。一九二年冬、彼は現在の山東省長清区一帯で黄巾軍と戦い、軍事的圧力と談判により、数十万人を投降させた。彼は投降者に危害を加えず、その中から五、六万人(一説には三〇万人)を選抜して「青州軍《せいしゅうぐん》」を編成し、新たな自身の重要な戦力とした。

黄巾軍を攻撃する過程で、曹操は兗州牧を獲得し、軍隊も強大となった。黄巾賊平定の道のりは、曹操が立ち上がる好機を提供するものであったといえるかもしれない。

曹操は実際に兗州を支配下に置いたとはいえ、彼の兗州牧は長安の朝廷から認可されたものではなかった。まもなく袁術は、公孫瓚・徐州牧《じょしゅうぼく》の陶謙《とうけん》らと連絡をとり、曹操に対して進攻してきた。曹操はまず袁術を撃破した。ちょうどこのとき、自身の金銀財宝を携えて曹操のもとに逃げようとしていた父の曹嵩が、陶謙の管轄区内でその部将に殺害された。曹操は怒りの矛先を陶謙に向け、復讐を誓った。

一九三年(初平四年)、曹操は陳宮を残して東郡を守らせ、自らは兵を率いて陶謙の征討に向かった。

彼の大軍は向かうところ敵なしで、すぐに陶謙の大本営である彭城《ほうじょう》（現在の江蘇省徐州）に至った。陶謙は主力を率いて来戦したがかなわず、東方の郯《たん》県（現在の山東省郯城）に逃れ、堅く守って出てこなくなった。曹操は郯を攻めるがこれを降すことができなかった。父の仇を胸に抱く曹操は怒りに震えて大虐殺を行ない、男女数万を屠り、その血は泗水《しすい》を染めたという。これが真実であるとすれば、曹操の残忍な一面を表しているといえよう。

曹操は長きにわたり郯県を攻め続けたが降すことができず、食糧補給が困難となり、また陶謙が青州刺史の田楷《でんかい》と劉備の支援を受けたため、一時的に兵を引き揚げた。

一九四年（興平元年）四月、曹操は再び陶謙を征討し、まっすぐに琅邪・東海の二郡に至った。しかし、よもや陳宮・張邈らがこの東征に乗じ、彼に背いて呂布を兗州牧に推挙するとは予測していなかった。これを知った曹操は大急ぎで兗州に戻ったが、すでに呂布は濮陽《ぼくよう》を占拠していた。曹操は濮陽を攻め囲んだが、呂布と激しい戦いを繰り広げ、一進一退となり、両者が対峙する局面に突入した。まもなく、陶謙が病死した。彼は死の直前、劉備に徐州牧を託した。

一九五年（興平二年）、曹操はついに呂布を打ち破り、兗州の失地をしだいに回復していった。呂布・陳宮らは落ち延びて劉備に投降した。張邈は敗れて揚州へ向かう途上、部下に殺された。こうしてついに、兗州の局面は安定した。長安の朝廷は、曹操が兗州を支配している現状を鑑み、正式に彼を兗州牧に任じた。

◆天子を挟みて以て諸侯に令す

曹操が関東で激しい戦いを繰り広げている間、長安もまた大いに混乱していた。一九六年（建安元年）、献帝は董承《とうしょう》・楊奉《ようほう》らにともなわれて黄河を渡り、山西に出奔し、各地を転々として最終的に洛陽にたどり着いた。しかしこのときの洛陽は、宮殿は毀《こぼ》たれ、百官は住まうところがなかった。献帝はもとの宦官の趙忠《ちょうちゅう》の家に住むしかなく、また飲食も大きな問題となっていた。

天子が東方にやってきたことを聞いた袁紹の謀士沮授《そじゅ》は、ただちに袁紹に「西に大駕を迎え、即ち鄴都を宮とし、天子を挟みて諸侯に令すべし」と提言した。袁紹はこの建議を聞き入れなかった。

一方、曹操はもとよりこの天子の品行を敬重していた。董卓が少帝劉弁を廃した際、曹操は董卓討伐の兵を起こしたが、のちに袁紹が劉虞を擁立しようと画策した際には、曹操は断固として反対した。いま献帝が洛陽に到着したことを耳にし、曹操は天子を許県に迎えることを決めた。

曹操は各種の手段を通じ、まず楊奉の同意を得た。楊奉は献帝に建議し、曹操を拝して鎮東将軍《ちんとうしょうぐん》とし、費亭侯《ひていこう》を継承させた。曹操はひと通り推薦を辞退した後、受け入れる態度を示した。まもなく、曹操は自ら洛陽に赴き、献帝に朝見して事実上洛陽を支配下に置き、節鉞《せつえつ》を賜った。献帝はさらに、彼を録尚書事《ろくしょうしょじ》に任じ、「司隷校尉《しれいこうい》」を兼任させた。

節鉞を領するということは、曹操が内外の諸軍を指揮し統率する権力を具えたことを意味する。録尚書事は、彼が朝政を総管する権力も獲得したことを意味する。司隷校尉は百官を監察し、京師の治安を守ることを職掌とした。曹操は、中央から与えられる軍政の大権を獲得したのである。

同年九月、曹操は献帝を許県に迎えた。こうして許県は許都となった。

天子は許都に移った後、曹操を大将軍《だいしょうぐん》に任じ、武平侯《ぶへいこう》に封じた。大将軍の職を得たことで、曹操は名義上も実質的にも正当な軍事の大権を掌握した。また県侯である武平侯は、先に彼が継承した亭侯よりも二級高いものであった。さらに重要なことは、曹操が「天子を奉じて以て不臣に令す（奉天子以令不臣）」の大計を実現したことである。曹操は大きな労力を費やさずして、洛陽以東の広大な地域を獲得し、関中の諸将は彼の号令を聞くこととなった。この年、曹操は四二歳であった。

曹操が独自に献帝を統制下に置くようになり、不満を抱いた楊奉は、献帝を奪い去ろうとしたが、曹操に撃破された。楊奉は袁術のもとに投じた。

曹操が献帝を統制下に置くようになり、もっとも後悔したのは袁紹であった。曹操は袁紹との古くからの友情を思い、また袁紹が朝廷に反抗する態度を示さないことから、献帝の名義で袁紹を太尉《たいい》に任じ、鄴侯《ぎょうこう》に封じた。

当時、大将軍・太尉・司空は朝廷の「三公」と呼ばれ、中央における最高の位階であった（訳者注：三公は太尉・司徒・司空である）。ただし三公の中では、大将軍の地位が最高であった。袁紹は自身が「三公」の一つに封じられたものの、その地位は曹操が就任している大将軍の下にあることから、曹操が恩を忘れ義に背いていると考え、この任命を受けなかった。曹操はそこで、大将軍を袁紹に譲り、自身は「司空」に就任した。このとき、曹操はまだ袁紹と仲違いしておらず、彼の義をうかがうことができる。

事実上曹操の統制下にある献帝は、長らく曹操の征戦に従い功を立ててきた荀彧《じゅんいく》・程昱《ていいく》・毛玠《もうかい》・董昭《とうしょう》・夏侯惇・夏侯淵・曹洪・楽進・李典《りてん》・于禁・徐晃《じょこう》・典韋《てんい》らを封賞した。

曹操はこのように古くからの部下を封賞して抜擢すると同時に、新たに優秀な人材を招聘し、寛容の心で来たる者を大切にした。彼は功績がある者を封賞し、有能の士を登用し、広く人材を集めることを通じて有効に国家の管理システムを支配し、軍隊を掌握し、自身のブレーンを築き上げた。

◆許下屯田

政局が安定してきたことを鑑み、曹操は毛玠の建議を採用して「耕植を修め、軍資を蓄える」ことに着手した。すなわち、種まきと耕作を有効に管理し、経済を発展させることを通じ、軍糧の問題を解決したのである。

暮らしの中で食料が豊富な現在、人びとは古代における食料が欠乏した状況を理解しがたいだろう。当時、食料にありつくためだけに多くの人びとが軍に身を投じたのである。曹操は関東を征戦している間、常に軍糧の問題に悩まされていた。彼が揚州で募兵した際、徴発した新兵は食料の不足により、途中で逃げ去ったこともあった。

曹操は、中国を統一する大志を抱いていた。彼は、天下を兼併するには軍糧を手にすることが必須であることに、はっきりと思い至ったのである。

曹操の進めた屯田制度

曹操の屯田政策における鍵となったのは、収穫を官民で分配するモデルである。たとえば、官の耕牛を借りた場合は、収穫を六公四民の割合で分配し、私牛を用いた場合は五公五民で分配する。この政策を進めることで、曹操は北方統一のための経済的基盤を確立したのである。　（図版は陝西靖辺出土の後漢壁画墓より）

曹操が食糧を増やすためにとった具体的な措置とは、屯田であった。

一九六年十月、曹操は「置屯田令」を発布した。彼は棗祗《そうし》を屯田都尉《とんでんとい》に、任峻《じんしゅん》を典農中郎将《てんのうちゅうろうしょう》に任命し、屯田の管理を担当させた。

屯田制はまず許都地区で実施された。

屯田には二つの前提が必要である。一つは、無主の荒地、もう一つは、墾田する労働力である。後漢末の長期にわたる戦乱により、大量の人口が死亡しまた逃散した。とくに関東地区では、広大な地が荒れたまま放置され、耕作する者がいなかった。社会がいったん安定してくると、これらの荒地を耕作することが可能となった。

屯田制は農地を人びとに分給し、「計牛輸穀」と「分成収租」の方法で屯田戸の積極性を奨励するものである。簡潔に説明すると、以下のようになる。まず政府が農地を屯田戸に配給する。通常の場合、政府と屯田戸はその収穫を五公五民の割合に基づいて分け合う。屯田戸が耕作のために政府の耕牛を借りた場合は、政府と六公四民の割合に基づいた。すなわち政府が六割を、屯田戸が四割を得るのである(19)。民衆はこの分配方法を十分に承知していた。

このようにして実施された屯田制の効果は顕著だった。許下で屯田が行なわれた初年度には、「穀百万斛を得」たという。屯田制が拡充されると、穀物の生産量は大いに増加し、倉廩は充実した。

曹操は屯田制を通じ、各地に割拠する軍事勢力を滅ぼすための経済的基盤を固めたのである。

◆中原の征討

一九六年、曹操が献帝を許都に迎えたころには、各地の軍事的割拠の情勢はだいたい確定した。曹操は献帝を挟んで許を都とし、兗・豫二州を擁し、現在の河南省と山東省西部の地域を占拠した。袁紹は冀州を本拠とし、青・并州を保ち、現在の河北省・山西省および山東省の一部の地域を支配下に置いた。公孫瓚は幽州を拠点とし、現在の北京地区を支配下に置いた。張楊《ちょうとう》は河内《かだい》を拠点とし、現在の山西省南部を支配した。呂布は徐州を拠点とし、現在の江蘇省の大部分を支配した。袁術は淮《わい》南《なん》を拠点とし、現在の安徽省と河南省の一部を支配した。劉表《りゅうひょう》は荊州《けいしゅう》を拠点とし、現在の湖北省を支配した。張繡《ちょうしゅう》は南陽《なんよう》を拠点とし、現在の河南省の西南地域を支配した。孫策《そんさく》は江東を拠点とし現在の江西省・福建省を占有した。韓遂《かんすい》・馬騰《ばとう》は涼州を拠点とし、現在の甘粛省一帯を支配した。張魯《ちょうろ》は漢中《かんちゅう》を拠点とし、現在の四川省東北と陝西省西南部を支配した。劉璋《りゅうしょう》は益州《えきしゅう》を拠点とし、現在の成都《せいと》平原を支配した。

こうした情勢を分析した曹操は、北方の袁紹と和し、弱きを先に攻め強きを後にする各個撃破の方針をとり、まずは張繡を征伐の標的として定めた。

一九七年（建安二年）正月、曹操は自ら大軍を率い、張繡の占拠する宛《えん》県（現在の河南省南陽市）に向けて兵を進めた。張繡ははじめ賈詡《かく》の勧めに従い、曹操に投降した。宛城を占拠した曹操は、偶然張繡の叔母に出会った。その美貌を目にした曹操は、後先を考えず、彼女を妾とした。張繡は激怒して再び叛き、兵を率いて曹操の軍営を襲撃した。まったく防備していなかった曹操は、典韋と于禁の必死の救出でようやく逃れることができ、一命を取り留めた。典韋は戦死し、曹操の長子曹昂《そうこう》も父を救うために自身の騎馬を譲り、張繡の兵に殺されてしまった。

一度目の張繡征伐が失敗に終わった後、曹操は献帝を利用して関中および西涼の馬騰・韓遂を落ち着かせ、一方で二度目の張繡征討の準備を進めた。

同年十一月と一九八年三月の二度にわたり、曹操は兵を発して張繡を討伐した。一九九年（建安四年）、張繡は賈詡の建議に従い、ついに曹操に投降した。

当時、袁紹も張繡を味方につけようと考えており、張繡は曹操と袁紹のどちらに投降するか決めかねていた。さらに曹操とは幾度も戦い、深い恨みを受けていることから、曹操が自分を許さないのではないかと憂慮していた。賈詡は、曹操は覇業を建てる志のある人物であり、個人的な私怨を晴らそうとはしないだろうと言い、また彼は天子を奉じて天下に号令しているのであり、我々が投降することは名分が正しく道理も通っている、と助言した。はたして曹操は、息子と愛将を殺された恨みを問題とせずに張繡を受け入れ、献帝に彼を封じて列侯・揚武将軍とするよう請い、政治家としての広い度量を示した。

この張繡との攻防の間、曹操は袁術や呂布とも戦っていた。

袁術は長らく、帝号を称したいというふた心を抱いていた。一九六年、袁術は曹操が張繡征伐に向かった機会に乗じ、孫堅から奪った「伝国璽《でんこくじ》」をもとに、寿春《じゅしゅん》で帝を称した。帝を称した袁術は、天下の非難を浴び、呂布と手を結ぼうとした。しかし、呂布は曹操の説得により袁術との連合に躊躇し、何度もその意志をひるがえした。こうした呂布の矛盾した態度を見た袁術は、大将の張勲《ちょうくん》らを派遣し、楊奉・韓暹《かんせん》らと連合して呂布を攻撃した。しかし楊奉・韓暹は、呂布の説得により逆に袁術を攻撃し、袁術は大敗した。

一九七年、袁術の勢力が弱まったのを見た曹操は、軍を南に向けて袁術を討伐した。袁術は敵わず淮河の南に退き、二度と立ち上がることはなく、最後は寿春付近の江亭で病死した。こうして、曹操の勢力範囲は淮南方面に大きく広がった。

一九八年九月、曹操は袁術の勢力が衰退するのに乗じ、自身の脅威とならぬよう呂布を征討した。呂布はこのとき、袁術に使者を派遣して救援を求めたが、袁術は当然ながら承知しなかった。曹操はわずか三ヵ月で徐州を占拠し、呂布と陳宮を捕らえて殺し、最大の強敵を除いたのだった。

陳宮は曹操の旧友であったが、曹操に叛いた。曹操は陳宮を殺した後、その家族を厚遇し、その母を養い、その娘を嫁がせた。こうして情を重んじ、義を重んじ、才を重んじる品格と旧怨を問題にしない度量を示したのである。

呂布を捕らえる過程においては、劉備の助けがあった。曹操は劉備の功に感謝し、彼を許都に連れて帰り、献帝に奉上して左将軍に任じた。しかし、漢室を復興するという大志を抱く劉備は、許都で献帝の岳父である車騎将軍《しゃきしょうぐん》の董承とともに、曹操を排除しようと密謀した。曹操は、酒席で劉備に「天下の英雄は、君とこの曹操のみである」という問答で探りを入れたが、察知できなかった。まもなく曹操は、袁術が北上して袁紹のもとに投じるという情報に接し、劉備に兵を率いさせて派遣し、阻止しようとした。劉備はこれを好機として許都を逃れ、曹操の支配下から離脱した。劉備は東方に去ると、すぐに曹操に反旗をひるがえした。

二〇〇年（建安五年）、曹操はいわゆる「衣帯詔《いたいしょう》」を入手し、董承と劉備による曹操打倒の計画を見破った。彼は令を下して董承と献帝の妻（貴人）である董承の娘を死刑に処した。献帝は妻のために幾度も曹操に命乞いをしたが、曹操は固く拒んだ。このことは朝廷の文武百官に大きな衝撃を与え、彼の朝廷における威信を一歩進めた。

曹操が袁術・呂布を征討している同時期、袁紹は北方の公孫瓚を滅ぼした。こうして両者の軍事的対立は、戦闘が避けられない状況となった。

一九九年、袁紹はもはや曹操の勢力の発展を座視できず、「南に向かひ以て天下を争う」ことを決定し、精鋭兵一〇万を発して許都を攻める様子をうかがわせた。曹操は真っ向から対決しようと、精鋭兵二万を率いて黎陽に軍を進め、ここに両者が対峙する形となった。

曹操は「衣帯詔」事件を見抜いて以来、劉備の謀反が気がかりで、彼が強大となり後方が不安定となることを憂慮していた。そこで袁紹がまだ思い切って攻めてこないことに乗じ、急いで兵を進めて劉備を討つことを決めた。曹操はわずかひと月で劉備を撃破し、その妻子を捕らえ、関羽を投降させた。劉備は落ちのびて袁紹のもとに身を投ずるしかなかった。

劉備を敗走させて後顧の憂いを断った曹操は、すぐに袁紹と対峙する前線に戻った。

◆官渡の戦い

袁紹は、曹操が東方に劉備を征討している短期間のうちに攻め込むという好機を失った。

官渡の戦いは三つの戦役に分けることができる。まず白馬《はくば》（河南省滑県東）の包囲解放戦、続いて延津《えんしん》（現在の河南省延津県北）の役、最後に官渡の決戦である。[20]

二〇〇年二月、袁紹は大将の顔良《がんりょう》を派遣して白馬を進攻させ、自身は大軍を率いて黎陽《れいよう》に進駐し、黄河を渡る準備をした。一説に、このときの袁紹の軍隊は一〇万、[21]一方の曹操軍は、史書によると一万人にも満たず、負傷兵も少なくなかったという。[22]曹操は白馬の包囲を解くため、謀臣荀攸《じゅんゆう》の計略を採用し、まず兵を率いて延津を襲撃し、黄河を渡って袁紹の背後をつくように装った。こうして顔良を誘い出して戦い、顔良を斬ってついに白馬の包囲を解いた。その後、白馬の軍民を徙《うつ》し、黄河に沿って西方に退いた。

曹操が白馬から撤退すると、袁紹は黎陽から黄河を渡り追撃してきた。袁紹の軍が延津の南まで到達すると、曹操は白馬の輜重《しちょう》隊を使って誘い寄せた。輜重を目にした袁紹の騎兵は自軍の足並みを乱し、曹操は再び勝利した。

これら二つの序盤戦の後、曹操は軍を官渡に還した。

八月、袁紹軍は陽武《ようぶ》（現在の河南省原陽県）から官渡に迫った。袁紹軍と曹操軍は官渡で二、三ヵ月にわたり対峙した。この間、曹操は動くことなく、勝機を待っていた。

九月、袁紹の軍糧を載せた数千両の穀物輸送車が官渡に到着した。曹操は荀攸の建議を採用し、徐《じょ》

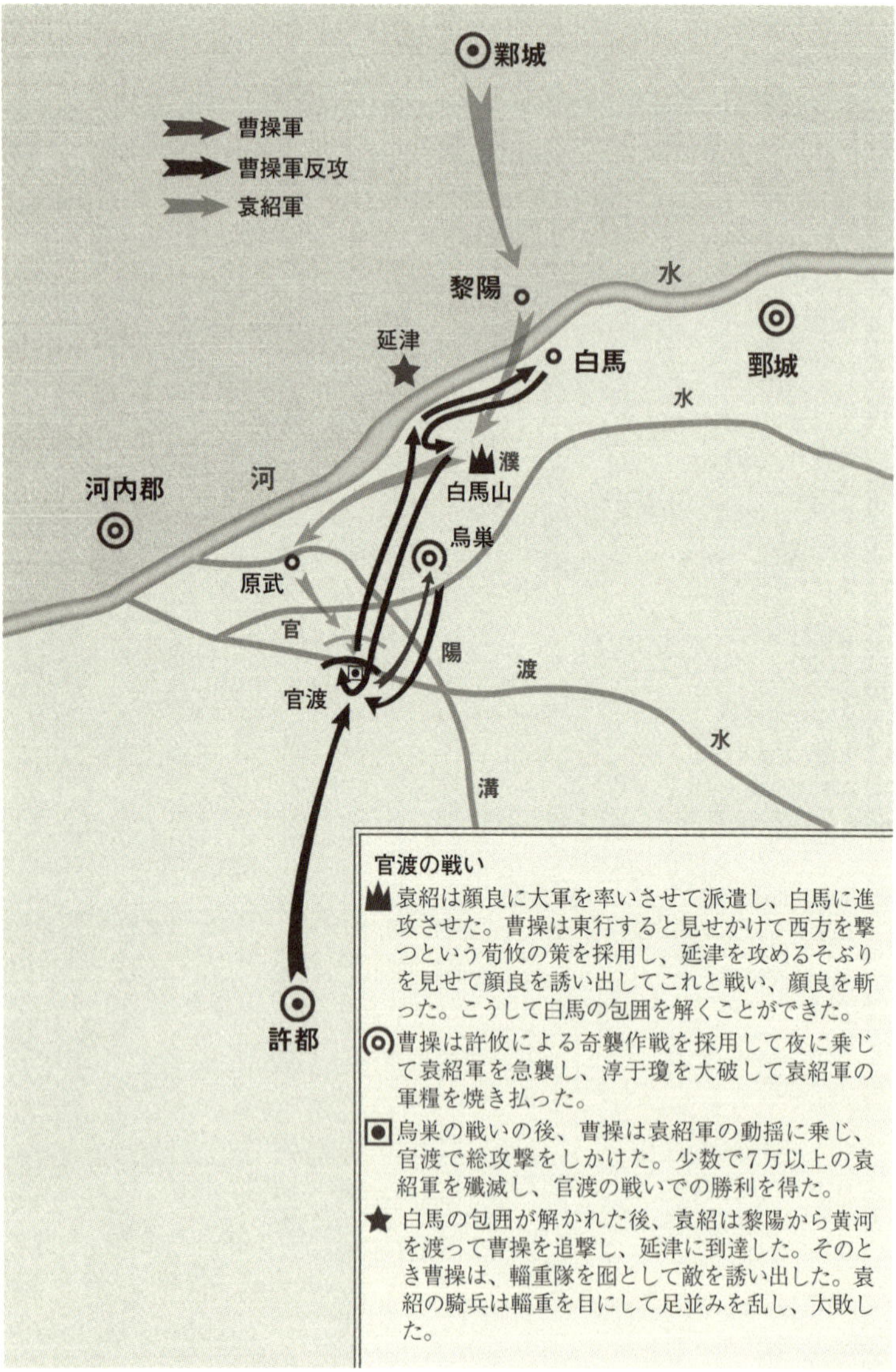
鄴城
曹操軍
曹操軍反攻
袁紹軍
黎陽
水
鄄城
延津
白馬
水
濮
河内郡
河
白馬山
烏巣
原武
官
陽
渡
官渡
水
溝
許都
官渡の戦い
袁紹は顔良に大軍を率いさせて派遣し、白馬に進攻させた。曹操は東行すると見せかけて西方を撃つという荀攸の策を採用し、延津を攻めるそぶりを見せて顔良を誘い出してこれと戦い、顔良を斬った。こうして白馬の包囲を解くことができた。
曹操は許攸による奇襲作戦を採用して夜に乗じて袁紹軍を急襲し、淳于瓊を大破して袁紹軍の軍糧を焼き払った。
烏巣の戦いの後、曹操は袁紹軍の動揺に乗じ、官渡で総攻撃をしかけた。少数で7万以上の袁紹軍を殲滅し、官渡の戦いでの勝利を得た。
白馬の包囲が解かれた後、袁紹は黎陽から黄河を渡って曹操を追撃し、延津に到達した。そのとき曹操は、輜重隊を囮として敵を誘い出した。袁紹の騎兵は輜重を目にして足並みを乱し、大敗した。

晃《こう》らを派遣してこの糧秣輜重を焼き払わせた。同年十月、袁紹は再び河北より一万両以上の軍糧を運ばせた。部将の淳于瓊《じゅんうけい》が兵を率いて護送にあたり、故市《こし》・烏巣《うそう》（延津県の境内）で宿営した。このとき、袁紹の謀士許攸《きょゆう》が曹操のもとに投降し、夜に乗じて袁紹軍の輜重を襲撃するよう建議した。これを聴き入れた曹操は、曹洪・荀攸を残して本営を守らせ、自身は歩騎兵五〇〇〇人を率い、薪や柴などの引火物を携帯させ、袁紹軍の旗や幟で偽装し、糧秣を急襲した。路上で質問を受けると、袁紹は曹操が後方を襲うことを心配しており、戻って守りを固めるのだと答えた。袁紹の兵は誰もこれを疑わなかった。曹操らは烏巣に到着すると、すぐに糧秣を焼き払い、袁紹の軍営は大混乱に陥った。軍糧が曹操に攻撃されたことを知った袁紹は、曹操の本営が空であるに違いないと考えてそちらを攻撃し、淳于瓊の救援には少数の兵を割くのみであった。曹操は袁紹の救援軍が烏巣に到着する前に淳于瓊を撃破し、救援軍も壊滅させた。曹操の本営を攻撃した大将の張部《ちょうこう》と高覧《こうらん》は袁紹の謀士郭図《かくと》と不仲であり、彼に憤慨して曹操に投降した。敗戦が濃厚となったのを見た袁紹は、子の袁譚《えんたん》ら数百騎を従えて河北に逃げ帰った。

こうして官渡の戦いは終結し、中国歴史上に輝かしい、少数をもって大軍に勝利するという戦例が曹操によって完成されたのである。

◆鄴城の占拠

二〇一年（建安六年）、曹操は山東省陽谷県一帯で再び袁紹を破った。これより袁紹は鄴城に撤退し、鬱積から病を発し、翌年に死去した。

袁紹の死後、末子の袁尚《えんしょう》が冀州牧を領して鄴城に駐屯した。長子の袁譚は青州刺史、次男の袁熙《えんき》は幽州刺史、外甥の高幹《こうかん》は幷州刺史となった。四州の地は、なお袁氏の支配下にあった。しかし袁家の兄弟の間には政権争いが生じ、しだいに関係が悪化していった。

二〇四年、曹操は袁尚が袁譚を攻撃した機会に乗じ、兵を率いて一路鄴城を攻撃した。鄴城は非常に堅固であった。曹操は漳河を決壊させて鄴城に注がせ、包囲すること三ヵ月、城中の半数が餓死した。この間、袁尚は兵を率いて鄴を救おうとしたが、曹操により撃滅された。鄴城内の士気はさらに落ちた。

二〇四年八月、曹操は遂に鄴城を陥落させ、守将の審配《しんぱい》を殺した。

鄴城に進駐した曹操は、袁家を大いにいたわった。彼は袁紹の妻を慰問し、自ら袁紹の墓前で祭奠《さいてん》し、さらに曹丕に袁紹の次男・袁熙の妻である甄氏《けんし》を娶らせた。その後、河北の租税を免除した。

同年九月、曹操は献帝に上奏し、冀州牧を領した。

二〇五年、曹操は袁譚を殺した。

二〇六年、幷州の高幹を打ち破った。こうして北方の強大な軍事勢力はついに平定された。

二〇七年二月、曹操は鄴城に帰還し、「封功臣令」を布告して大いに功臣を封じ、戦没した将士の家の徭役を免除した。

◆北に烏桓を破る

袁尚・袁熙は曹操に敗れた後、北方に逃亡し、烏桓の力を頼りに反攻しようと企てた。

烏桓は遼西地区に居住していた少数民族である。後漢末、烏桓はしだいに強大となり、しばしば内地の混乱に乗じて、辺境の城を攻撃し、民を殺掠し、漢王朝の北部辺境を乱していた。(23) 袁紹は公孫瓚と戦っていたころ、烏桓と通じて協力し、公孫瓚を滅ぼすと、献帝の名義で烏桓の貴族たちを封賞していた。曹操は北方統一という究極の目的のため、毅然として烏桓に遠征し、北辺の患いを解決しようと決心した。

二〇七年（建安十二年）五月、曹操は大軍を率いて鄴城を出発し、まず易《えき》県に到達した。八月、幾城（現在の遼寧省朝陽市付近）で烏桓王の蹋頓《とうとん》、遼西単于《りょうせいぜんう》の楼班《ろうはん》、右北平単于《ゆうほくへいぜんう》の烏延《うえん》らと戦った。このとき蹋頓が率いた軍は数万人にのぼったという。激戦の後、曹操は蹋頓を殺した。袁氏兄弟は公《こう》孫康《そんこう》のもとに投じたが、曹操を恐れた公孫康は、袁尚・袁譚を殺し、その首級を曹操に献上した。

烏桓を征伐し、北方統一戦争を成し遂げた曹操は、翌年の正月に鄴城に帰還した。その途上、河北の昌黎《しょうれい》を過ぎて大海を目にした曹操は、万感の思いで「観滄海」を詠んだ。その気勢は広大で、豪放不羈かつ進取の気概が表れている。

◆赤壁の戦い

鄴城に帰還した曹操は、すぐに南征の準備を開始した。

このとき南方で曹操と対立していたのは、荊州の劉表、江東の孫権および劉表のもとに寄寓していた劉備の三勢力であった。

二〇八年（建安十三年）八月、劉表が病死し、子の劉琮《りゅうそう》は曹操に帰順した。こうして曹操は荊州を奪取した。劉琮が曹操に降ったことを聞いた劉備は、急いで南下したが、このとき劉琮の側近および多くの荊州の民衆を引き連れていた。曹操は劉備をその途上で追撃し、敗れた劉備は江夏《こうか》に逃れ、劉表のもう一人の子である江夏太守の劉琦の救援を受けた。

荊州を奪取したことで、曹操の威信は天下を震わせた。孫権と劉備は自らを守るため連合するしかなかった。

曹操は八三万（一説に二〇万）の兵を率いて長江を下り、孫権・劉備の連合軍と赤壁で対峙した。赤壁は現在の湖北省蒲圻《ほき》市の西北に位置し、長江を隔てて烏林《うりん》（現在の湖北省洪湖市東北）と相対する。

曹操は、艦隊を烏林側に寄せていた。また出陣時に北方出身の士卒たちが船酔いしてしまうという問題があり、これを解決するため、曹操は鉄の鎖で戦船同士をつなぐことを決定した（訳者注：これは『三国志演義』の虚構）。一方、孫呉の大将である周瑜や黄蓋らは火攻めの実行を決めた。

二〇八年十二月七日、黄蓋は「蒙衝《もうしょう》・闘艦《とうかん》数十艘」を率い、各艦に燃えやすい干草や薪柴を積み込んで油を注ぎ、帷幕で覆った。またそれぞれの後方に、士兵が引き返すための「走舸《そうか》」を準備し、夜間に乗じて曹操の軍営に向かい、投降しに来たと偽って曹操軍を欺いた。

曹操軍と二里ほどの距離に近づくと、黄蓋は各船に点火するよう指示した。まもなく「煙炎は天に張り、人馬の焼溺死する者甚だ衆《おお》し」となった。猛火は岸辺の陸塞にまで燃え広がった。周瑜は急襲が成功したことを確認し、自ら軽鋭を率いて突進してきた。劉備もまた兵を率いて烏林へと向かってきた。このとき曹操軍は混乱しており、敗れて西方に逃れた。周瑜・劉備は水陸両方から同時に進み、曹操を追撃して南郡《なんぐん》城下に到達した。曹操は敗局がすでに定まったのを見て、襄陽《じょうよう》を部将に守らせ、自身は残りの部隊を率いて鄴城に帰還した。

赤壁の戦い後、孫権は周瑜を江陵《こうりょう》に駐屯させ、程普《ていふ》に江夏を守らせ、呂蒙《りょもう》を潯陽《じんよう》令とした。こうして孫呉は、西は現在の湖北省宜昌市から東は江西省九江市に至るまでの長江の防衛線を支配下に置いた。劉備は公安《こうあん》を拠点とし、のちにまた武陵《ぶりょう》・長沙《ちょうさ》・桂陽《けいよう》・零陵《れいりょう》などの地を獲得した。劉琦の死後、劉備は自ら荊州牧を領した。

赤壁の敗戦は、曹操の中国統一事業における悲壮な敗北となった。こうして、三国鼎立の情勢が形成されはじめたのである。

この年、曹操は五四歳であった。

◆魏公から魏王へ

二〇八年（建安十三年）六月、赤壁の戦いの前夜、曹操は「三公」を廃止し、丞相《じょうしょう》を再び設置して軍政の大権を一手に握れるようにした。すなわち、曹操は自ら丞相となったのである。後世の演劇における「曹丞相」は、これに由来する。

赤壁の敗戦により、曹操の声望は損なわれてしまった。直後の二年間、彼は内政に尽力した。

二一〇年、曹操は「求賢令」を布告し、広く賢人を受け入れた。また、鄴城に銅雀台を築いた。

二一一年、馬超《ばちょう》・韓遂が一〇万の兵を擁して曹操に反乱した。曹操は馬超を大いに破り、関中を平定した。その声望は、もと通りに回復した。

二一二年、馬超を平定した曹操は、鄴城へ帰還した。献帝は曹操に特別な待遇を与え、朝廷に入る際に剣を佩《お》びることを許した。

このときの曹操は、鄴城を非常に重視していた。そこで、鄴の地でさらに直接多くの封地を握れるよう謀った。二一三年、彼の画策のもと、献帝は曹操を魏公に封じた。(24)「河内の蕩陰《とういん》・朝歌《ちょうか》・林慮《りんりょ》、東郡の衛国・頓丘・東武陽・発幹《はっかん》、巨鹿の曲周・南和、広平の任城《にんじょう》、趙の襄国《じょうこく》・邯鄲・易陽《えきよう》を割きて以て魏郡を益す」とある。

二一四年、孫権が皖城《かんじょう》を攻め落とした。曹操は甘んじず、再び孫権を親征した。しかし今回の出征は、三ヵ月で帰還することとなり、功績を挙げることができなかった。同年、劉備が蜀を破り、劉璋に代わって益州牧となった。曹操は張魯《ちょうろ》を征討する意を固めた。

二一五年春、曹操は西に張魯を征討し、同年十一月、張魯に投降を迫った。この間、司馬懿《しばい》や劉曄《りゅうよう》は曹操に、劉備が劉璋に取って代わってまもないことに乗じ、兵を発して蜀を討つよう建議したが、曹操はこれに従わなかった。

二一六年二月、漢中から鄴城へ帰還した曹操は、同年五月に爵位を進められて魏王となった。魏王に封ぜられた曹操は、なお統一の大志を放棄することなく、同年十月、再び兵を発して孫権を征討し、これを撃ち破った。

二一七年三月、孫権は使者を派遣して降伏を願い、曹操は鄴城に帰還した。献帝はすぐに詔を下し、曹操に天子の旌旗を掲げ、出入の際に先ばらいをすることを許した。まもなく、再び曹操に、冕《べん》に一二の旒《りゅう》をつけ、天子の乗輿《じょうよ》を備えることを許した。曹操は、曹丕を王太子に立てた。

同年八月、曹操は「挙賢勿拘品行令」を布告し、兄嫁を盗み取るような者でも、才能さえあれば、品格にこだわらず重用することを提議した。

◆洛陽に病死す

二一七年（建安二十二年）十月、劉備は張飛を派遣して漢中を攻撃した。

二一八年、劉備は自ら兵を率いて漢中まで進軍した。曹操は再び親征せざるをえなかった。

二一九年三月、曹操は漢中に進軍し、劉備と幾度か交戦したが成果を挙げられず、また漢中を保つのが困難であることを悟り、ついに漢中を放棄して防衛線を陳倉に設けた。

二一九年夏、曹操は鄴城に帰還し、卞氏を王后に立てた。ついに、この誠実で真心のある女性に名分が贈られたのである。同年秋、曹操は孫権に荊州を攻撃するよう策動する一方、自らは摩陂《まひ》に駐屯し、徐晃を派遣して関羽と対陣させた。十二月、孫権が荊州を攻め落とし、関羽は捕らえられて殺された。

二二〇年（建安二十五年）正月、曹操は洛陽に帰還し、二十三日に病死した。二月、曹操は魏武王と諡され、高陵に葬られた。十月、献帝は曹丕に位を譲り、曹丕は元号を改めて黄初元年とした。ここに後漢は滅びた。

十一月、曹丕は曹操を追尊して武皇帝とした。

（1）『光明日報』の『文学遺産』専刊第二四五期に発表された郭沫若「談蔡文姫的「胡笳十八拍」」。
（2）『史学』専刊第一五二号に発表された「応該替曹操恢復名誉——従赤壁之戦説到曹操」。
（3）一九五九年五月三十一日『文匯報』に発表された「論曹操」（訳者注：著者は譚其驤）。
（4）「操贅閹遺醜、本無令徳、僄狡鋒侠、好乱楽禍、幕府董統鷹揚、埽夷凶逆、続遇董卓侵官暴国」とある。
（5）「董卓首難、蕩覆京畿、曹操階禍、窃執天衡。皇后太子、鴆殺見害、剗乱天下、残毀民物」とある。
（6）『三国志』魏書・武帝紀の裴松之注引『魏氏春秋』に、「若天命在吾、吾為周文王矣」とある。
（7）「内誡令」に、「吾衣被皆十歳也、歳歳解浣補納之耳」とある。
（8）曹植「武帝誄」に、「躬御綴衣。璽不存身」とある。
（9）曹操の「遺令」に、「諸舎中無所為、可学作組履売也」とある。
（10）曹操の「封功臣令」に、「吾起義兵、誅暴乱、於今十九年、所征必克、豈吾功哉。乃賢士大夫之力也。天下雖未悉定、吾当要与賢士大夫共定之。而専饗其労、吾何以安焉。其促定功行封」とある。

(11)『三国志』魏書・武帝紀に、「漢末、天下大乱、雄豪並起、而袁紹虎眎四州、彊盛莫敵。太祖運籌演謀、鞭撻宇内、擥申・商之法術、該韓・白之奇策、官方授材、各因其器、矯情任算、不念旧悪、終能総御皇機、克成洪業者、惟其明略最優也。抑可謂非常之人、超世之傑矣」とある。

(12)『三国志』魏書・武帝紀に、「桓帝世、曹騰為中常侍大長秋、封費亭侯。養子嵩嗣、官至太尉、莫能審其生出本末。嵩生太祖」とある。

(13)「譲県自明本志令」の中で、「欲為一郡守、好作政教、以建立名誉」と追憶している。

(14)曹操「譲県自明本志令」。

(15)『三国志』魏書・武帝紀の裴松之注引王沈『魏書』に、「太祖以卓終必覆敗、遂不就拝、逃帰故里」とある。

(16)『三国志』魏書・武帝紀に、「太祖至陳留、散家財、合義兵、将以誅卓。冬十二月、始起兵于己吾」とある。

(17)『後漢書』董卓伝。

(18)『三国志』魏書・武帝紀裴松之注引『魏書』。

(19)『晉書』慕容皝載記に、「魏晉雖道消之世、猶削百姓不至七八、持官牛者、官得六分、百姓得四分。私牛而官田者、与官中分」とある。

(20)何茲全「官渡之戦」(『続史集』上海人民出版社、一九八二年)。

(21)『三国志』魏書・袁紹伝に、袁紹は「精卒十万、騎万匹」とある。

(22)『三国志』魏書・武帝紀に、「時公兵不満万、傷者十二三」とある。

(23)『三国志』魏書・烏桓伝に、「寇暴城邑、殺略人民、北辺仍受其困」とある。

(24)『後漢書』献帝紀に、「夏五月丙申、曹操自立為魏公、加九錫」とある。

エピローグ——千年の古墓における現世のまぼろし

曹操の名は、中国では女性や子供でも知っている。

彼の「酒に対《むか》へば当《まさ》に歌ふべし、人生幾何《いくばく》ぞ」は千年の時を経て詠み継がれ、彼が高らかに歌った「老驥 櫪に伏すも、志は千里に在り」は耳慣れたものである。官渡の戦いでは史上稀に見る少数で多数に勝利する戦例を創出した一方、赤壁の戦いでは悲しみを極めた。天下統一の優れた才知と計略を具えていたが、「三国鼎立」の現実を受け入れざるをえなかった。学者には巨人として描かれ、詩人や小説家には「乱世の奸雄」のレッテルを貼られた。

一八〇〇年前、曹操は自身の活劇を演じきり、永遠のアンコールに応えた。いかばかりの憂慮、感嘆、困難や辛苦、忘れがたさがあっただろう。

しかし曹操に関する種々の争議や批判、陵辱は、死後も尽きることはなく、埋葬地さえもはっきりしなくなっていた。

一八〇〇年後の今日、この謎はついに現代の学術によって明らかにされたのである。

西高穴での考古発見は、曹操の埋葬地の謎を解明したのみならず、歴史が彼に与えた多くの不当なイメージも払い去った。

我々は曹操を誤解していたのである。

しかし不幸なことに、誤解は再び演じられた。西高穴二号大墓が曹操墓であると論定される過程において、世間が考古学に対して最初に投じたのは懐疑の一票であった。

「墓誌がないのでは話にならない」

「阿瞞《あまん》は読書を好んだというのに、墓中に書物がないのはおかしい」

携帯電話のメールも好意的ではなかった。

「曹操墓から驚くべきことに二つの頭蓋骨が出土した。考古学者の鑑定により、一つは曹操のもの、もう一つは曹操の幼いときのものということが分かった」

「考古隊はどうやって、この墓がこれらの器物を故意に残した偽の墓ではない、と確認したのか」

「考古隊の発掘は、現地政府のための「墓ＧＤＰ」（訳者注：曹操墓という歴史的名所を作り上げることで観光客を集め、現地のＧＤＰを上昇させること。墓が偽物というニュアンスを含む）である。彼らは河南の人びとに買収されたのだ」

西陵は、いまなおここにあり、幾度もの寒煙の秋を過ごしてきた。

疑り深い世間ながら、遥か昔の崩御がこれほどまでに疑われるとは。

ネット仲間の胡展奮《こてんふん》は曹操墓をめぐる論争に感ずるものがあり、「遍地曹操下夕烟」というタイトルの書き込みをした。その一部を謹んで抄録し、修改を加えて本書の結びとしたい。胡氏は自身が言おうとした話を繰り返すことを許してくれるだろう。

農暦己丑年の残歳の午の日（二〇〇九年十二月二十七日）、私が午後の仮眠をしていたところ、一陣の風が起こり、高貴な衣冠を身に着けた古人がゆっくりと入って来て、自分は漢の丞相曹操であると言った。朦朧《もうろう》とする中、私は死者と生者の世界の境を忘れて以下のような問答をした。

胡：丞相は、近ごろ人びとにとって年末最後の娯楽となっているものをご存じでしょうか。あなたの陵寝の所在については許昌の説、亳州の説と安陽の説があり、現在は安陽に高陵があったとする説がもっとも高まっています。このことについて、どのように思われますか。

曹：私はあなたにはっきりと伝えよう、私はもはや曹操ではない。みなの自由な議論の底には節度があることを期待したい。無知に過ぎる話をみだりに語り、ムードをぶち壊してくれる必要はない。

胡：丞相のご意見を賜りたく存じます。

曹：安陽の高陵を夏侯惇の墓だという者がいる。その当否についての見解は示さないが、その根拠は非常におかしなものである。曹操は死の前に王に封ぜられたのか、死後に王に封ぜられたのか、現在もなお分からない、というのである。何とおかしなことか。この問題は、男性には前立腺があるが、女性にはないというくらい明確なものではないか。どの史籍にも「曹操は建安二十一年に魏王を称し、建安二十五年正月に世を去り、「武王」と諡された」と記されている。私の後事を行なった息子の曹丕はまだ帝を称しておらず、当然ながら、父の諡号を「魏武帝」ではなく「魏武王」とした。そして彼が帝を称した後に、私を追封したのである。

また、墓に墓誌銘がないことから、「仮」の墓であるとする者がいる。私の時代に墓誌銘があっただろうか。「文革」の時期に携帯電話があったと言っているようなものである。

ある専門家は次のように言っている。「魏武王常所用……」などの文字は「現代に刻まれた」もので、これは明らかに現代の書法を引き立てている——明らかに標準の漢隷、世に「八分」と呼ばれるもので、書法は知られており、現代人は多少努力すればこのように習熟して書くことができるだろう、と。私は彼に関内侯を与えたい。

胡：墓中の女性に対するネット仲間たちの憶測も多く、「甄后」・貂蟬と大喬・小喬とする方向に分けられます。

曹：私は先に言った、無知に過ぎる話はくだらなく、みだりに語るべきではない、と。「甄后」はわが息子の妻であるぞ。彼女は何の用があって我が墓に穴を開け、私の住まう場所までやってきたのか。私が息子の妻を汚したとして非難しようというのか。貂蟬はしばしば男たちを制し、不吉である。私はもとより好色であるが、白門楼の後にどうして彼女を留めて天下の笑い者となろうというのだろうか。羅貫中は私を貶めようと尽力したが、もしこのように猥らな行ないがあったとすれば、放っておくだろうか。大喬と小喬に至っては、さらに荒唐無稽である。前者は孫策、後者は周郎の妻であり、その死後も夫に従った。いま名もなき地に穴を開けて敵国の丞相である私の墓にやってきて何の用があるというのであろう。我々は当時敵同士である。胡適は「考古は疑いなき中から疑いが生まれる」と言ったが、「考古は疑いなき中から疑いを造り出すべきである」とは言っていない。たとえば、西暦前二二一年、秦が六国を滅ぼした――あなたは、あらためてこのことを推算する必要があると考えたことがあるだろうか。

胡：丞相、あなたの見方によれば、このすべての乱れた論争の原因はどこにあるのでしょうか。

曹：これはきわめて簡単である。無知無学、誠信の危機と利益のみの追求にある。

一百年来、旧学の重大な過ちは一掃され、いくらかの「文化人」が誕生してから日が浅いにもかかわらず話語権（訳者注：発言権。意見を聞いてもらう権利というニュアンスを含む新語）が掌握されている。これは非常に危険である。あなたは水墨画がどうしてこんなにも衰微してしまったかご存知か。これは、画家の「無学」によるものである。水墨画には旧学の滋養が必要で、鮑は鶏のスープで煮込むべきであるのと同じである。

考古学もまた同様に、特別な学術原理であり、重要な学問なのである。

主客の問談がたけなわとなったころ、携帯電話がけたたましく鳴り出した。衣冠の高い古人はわずかに残念そうな表情をし、にわかに灰となった。

附録　曹操高陵発見の一部始終（1）

・一九八八年三月八日、『人民日報』第一版に「〃曹操七十二疑塚〃之謎揭開」が発表され、曹操疑塚が実際には北朝の大型古墓群であることが実証された。またその正確な数字が七二基ではなく一三四基であることが指摘された。ただし、当時はまだ一般の人びとには何の影響も生じなかった。曹操墓の具体的位置はなお曖昧ではっきりとしなかった。

・一九九八年四月二十三日、河南省安陽県安豊郷西高穴村の村民・徐玉超が土を掘っていた際、偶然に刻石を発見した。その刻石は、長さ三〇cm、幅二〇cmの大きさで、墓誌の文章は一四行計一二〇字、隷書で記されていた。のちに魯潜墓誌と呼ばれるこの石の表面には「故魏武帝陵」の相対的位置についての言及があった。現在に至る大発見の幕開けである。

・一九九八年五月十四日、「魯潜墓誌」が正式に安陽市文物局に提出された。この青石は単独で発見されており、専門家は盗掘者が投げ捨てたものと考えた。当時、徐玉超を含む西高穴村の村民たちは誰も、墓誌の「故魏武帝陵」の文字に注目していなかった。

・一九九八年六月二十八日、『中国文物報』の第一面に「安陽出土十六国後趙魯潜墓志——具体標示曹操陵墓位置」が発表された。同月の早くには、新華社も同様の情報を発表した。これら二つの記事はともに、いわゆる「曹操墓」が西高穴村にあることを確認するものであったが、当時はまだ人びとの注目を集めることはなかった。

・二〇〇〇年、河北省邯鄲歴史学会会長の劉心長《りゅうしんちょう》が中国文史出版社より『曹操墓研究』という専門書を出版した。その内容は現地のメディアに連載されたもので、邯鄲の人びとの熱烈な注目を集めた。劉心長は文献を根拠とし、鄴城や西門豹祠、銅雀台という曹操墓の位置を推断する証拠の連鎖を総合的に確立し、大胆にも河南・河北両省にまたがる面積五㎞²内に「曹操墓園」があると推断した。

・二〇〇二年、安陽市博物館の党寧が『殷都学刊』第四期に「由〝魯潜墓志〟探尋魏武帝陵」を発表した。墓誌を頼りに、高陵は安陽県安豊郷高穴村から漁洋村にかけての一帯にあると推測したものである。

・二〇〇三年、漁洋村民で、現地の人びとに土博士と呼ばれる龍振山が『華夏考古』第二期に「魯潜墓志及其相関問題」(参考資料㈡)を発表した。この論文は、刻石が提示する「魏武帝陵」とは一代の梟雄・曹操の陵墓であり、墓誌が魯潜墓と魏武帝陵の相対的位置関係について言及することを指摘している。このような情報は、考古学者たちのみならず、盗掘者の注目も引くこととなった。

・二〇〇五年の大晦日、家々が爆竹を鳴らして春節を過ごすこの夜を選び、盗掘が行なわれた。この一〇年来で初めて墓穴が開かれたのはこのときであろう。盗掘坑の入り口の位置は隠蔽され、また地底から比較的近かったため、この穴はその後幾度も盗掘の侵入口となった。

・二〇〇六年三月、村民が初めて盗掘坑を発見し、政府に通報した。南水北調安陽段文物保護工作の責任者である河南省文物考古研究所の潘偉斌副研究員は、安豊郷党委員会の賈振林書記の訪問を受け、この盗掘を受けた大墓を確認しに赴いた。彼らはのちにこの緊急発掘を推進する中心となる。このとき、潘偉斌は盗掘坑から墓室に進入し、大きさや高さ、構造から、この古墓は後漢末の王侯クラスの大墓であると判断した。彼は安豊郷政府に盗掘坑を埋め戻して保護を強化するよう要請し、上級指導者に報告した。しかし盗掘坑の入り口は埋め戻されたものの、盗掘は阻止できなかった。こののち二年間に四度の盗掘事件が解決され、二〇人あまりが逮捕された。

・二〇〇七年十二月末、一二人の盗掘団が墓穴に侵入し、図案が彫刻された石片を掘り出した。石片は三つに割れており、重さはおよそ二～三〇〇kgある。二〇〇八年の初秋、安豊郷派出所によって一二人の関与した盗掘事件が解決され、この「画像石」が押収された。「画像石」の画面は三層に分かれ、僕役・車馬・橋梁が描かれ、また躍如として真に迫っている蜻蜓（トンボ）の絵が刻まれ、「水陸攻戦図」に似ている。本書ではこれを「七女復仇図」と呼んでいる。

・二〇〇八年十一月、河南省文物局は西高穴村後漢大墓の緊急発掘を決定し、国家文物局に報告して認可を得た。

・二〇〇八年十二月六日、河南省文物考古研究所は、正式に安陽西高穴大墓の緊急考古発掘を開始した。

・二〇〇九年四月六日、数ヵ月の考古発掘作業を経て、二つの墓の平面の形状と寸法が整理された。河南省文物考古研究所は両墓の規模が広大で、規格が高いことを考慮し、考古発掘論証会を開いた。河南省文物考古研究所の孫新民所長と賈連敏副所長が会議に参加した。彼らは、以前に漳河の岸辺で北朝王陵を発掘したことのある中国社会科学院の専門家・徐光冀と朱岩石、漢魏時代の葬送制度の専門家である鄭州大学の韓国河教授を招聘した。河南省文物局考古処の司治平所長と楊振威副所長も会議に参加した。会議では、二つの大墓のうち二号墓を先に発掘することが確認された。その後、河南省文物局の孫英民副局長が発掘現場にやってきて詳細な発掘計画の策定を求め、発掘前にまず保護棚を建設して一号墓と二号墓を覆い、文物の安全を確保するよう求めた。

・二〇〇九年六月四日、墓道の発掘が完了した。墓室の発掘の前夜、河南省文物局は再び考古発掘諸葛亮会を開き、北京と鄭州の専門家たちを招聘した。彼らは墓室の発掘に関する多くの事前策を提案した。

・二〇〇九年九月二十五日、この日、河南省文物局の陳愛蘭局長と文物考古研究所の孫新民所長の一行が発掘現場にやってきて作業を指導すると、前室の前部で頭骨が出土した。その後、考古隊員たちの手によりいくつかの陶器・鉄器と精美な魚鱗状の鉄鎧が立て続けに発掘された。

・二〇〇九年十一月六日、考古隊員が前室内の堆積土を整理していた際、残断した石牌の表面に「魏」字の半分が確認できることを発見した。十一月十一日、「魏武王常所用挌虎大戟」の石牌が発見された。数日後、二人分の頭骨とばらばらに砕けた手足の骨が発見された。

・二〇〇九年十一月十六日、国家文物局の単霽翔局長が発掘現場を視察し、四つの指示を提示した。

※安全に注意すること。人身の安全、文物の安全、作業場の安全を確保すること。

※科学発掘ではいかなる考古現象も見逃してはならない。緻密に作業を進め、骨格を重要な文物として扱い、可能な限りを尽くして人骨を収集し鑑定を行なうこと。

※すぐに専門家を組織して発掘現場の視察を行ない、出土文物を研究し、科学的論証を進めること。早期に結論を出して意見を統一したのち、記者会見を開いて公表すること。

※現在より、今後の保護と展示について考えはじめること。どのような展示をするか、しっかりと計画するように。とくに重要なのは遺跡の展示である。遺跡の保護についても、しっかりと計画するように。

・二〇〇九年十一月十九日、河南省考古研究所は再び専門家を招聘し、西高穴後漢大墓の発掘成果について評議を進めた。参加者は、中国社会科学院考古研究所の専門家徐光冀と朱岩石、陝西省考古研究院の焦南峰、中国考古学会常務理事・中国世界文化遺産専家委員会委員の陳雍、鄭州大学考古文博学院の韓国河、河南省文物考古研究所の孫新民と賈連敏、河南省文物局の孫英民と楊振威、安陽市文物考古研究所の孔徳銘らであった。

・二〇〇九年十一月二十日、孫英民は西高穴大墓の発掘保護および安全問題について、鉄条網の設置、監視および文物の預託、プレハブなどの手配を進めた。

・二〇〇九年十二月十二・十三日、西高穴後漢大墓発掘専門家論証会が開かれた。国家文物局文物保護与考古司の関強司長に随行した国家文物局専家組組長・元国家文物局副局長の黄景略、北京大学の李伯謙教授、中国社会科学院歴史研究所の漢魏史専門家の梁満倉、国家文物鑑定委員会委員・河南省文物考古研究所前所長・考古学と古文字学の専門家の郝本性、中国秦漢史研究会の元副会長・歴史学専門家の朱紹侯、中国社会科学院考古研究所の安家瑶研究員、王明輝副研究員ら十数名の専門家が安陽を訪れ、発掘現場を視察した後、一日中閉じこもって討論を進めた。考古学・歴史学・古文字学・形質人類学などの角度から総合的な論証が行なわれた。論証会は西高穴二号墓の墓主は曹操であろうと考えた。

・二〇〇九年十二月十七日、中国社会科学院学部委員、社会科学院考古研究所前所長、漢魏考古学の権威のある学者である劉慶柱が西高穴二号墓を視察し、発掘作業に対する指導を行なった。

・二〇〇九年十二月二十七日、曹操高陵の発掘および論証成果が国家文物局に報告された。国家文物局は河南省文物局が社会に向けて曹操高陵の発見のニュースを公表することについて許可した。

・二〇〇九年十二月三十一日、曹操高陵発見後の公衆の質疑に対し、河南省文物考古研究所は「曹操高陵考古発見説明会」を開いた。

・二〇一〇年一月十一日、中国社会科学院考古研究所の王巍所長に率いられた一二名の学者で組織された一団が西高穴大墓を訪れ視察を行なった。その成員には漢魏考古学の第一級の専門家である朱岩石・銭国祥・劉振東、文字学の専門家趙超、形質人類学の専門家張君、炭素十四年代測定法の専門家張雪蓮、化学の専門家趙春燕らがいた。

・二〇一〇年一月十三日、中国社会科学院により西高穴大墓の考古発掘が二〇〇九年全国六大考古新発見の一つとして評価された。

・二〇一〇年一月十四日、中国社会科学院考古研究所は「公共考古論壇」を開き、メディアおよび大衆に向け、考古研究の基本手順および曹操高陵の関連問題について回答した。

・二〇一〇年一月十八日、国家文物局の童明康副局長が曹操高陵を考察し、さらなる発掘・保護・研究・展示についての指示を行なった。

・二〇一〇年四月二日から三日にかけて、中国秦漢史研究会・中国魏晉南北朝史学会の両会会長および関係する専門家たちが河南省安陽で合同会議を開いた。この会では、文献史学家は考古学者による西高穴二号墓が曹操高陵であることは確実であり、その判断が正しいという認識で一致した。

・二〇一〇年六月十一日、河南省安陽西高穴曹操高陵が「二〇〇九年度全国十大考古新発見」に選ばれた。

・二〇一〇年六月十二日、国家文物局・中央電視台は河南省の関連部門と提携して河南省安陽西高穴村曹操高陵の緊急考古発掘を主な内容とする特別番組「中国記憶——6・12中国文化遺産日」を放映した。中国網絡電視台・河南衛視と香港・台湾などの関連テレビ局でも同時に放映された。

（1）この附録の作成にあたって、一部の資料を張安国博士より提供していただいた。謹んで感謝申し上げる。

解説　「曹操墓の真相」の行方

渡邉義浩

はじめに

「曹操墓」発見の第一報が日本に伝わった直後のこと、さっそくTV局の取材を受けた。曹操墓偽作説が伝わる前のことである。インターネットで情報を収集した限りでは、曹操墓か否か、半信半疑であった。正直に言えば、分からない、とTV局には答えた。もちろん、納得してもらえるはずもなく、自宅まで取材に来られたので、分からない理由を説明した。その回顧より始めたい。

1　薄葬とは何か

発見の場所は、申し分なかった。『三国志』巻一 武帝紀に、（建安二十三年〈二一八〉）六月、令して曰く、「古《いにしへ》の葬むる者は、必ず瘠薄《せきはく》の地に居《を》る。其れ西門豹の祠の西原上を規《はか》り寿陵を為《つく》り、高きに因りて基を為し、封せず樹せず。周礼《しゆらい》に、冢人 公墓の地を掌《つかさど》り、凡そ諸侯は左右の以前に居り、卿・大夫は後に居ると。漢制も亦た之を陪陵と謂ふ。其れ公卿・大臣・列将の功有る者は、宜しく寿陵に陪せしむべし。其れ広く兆域を為り、相容れるに足らしむべし」と。

とあるように、曹操は建安《けんあん》二十三年（二一八）六月より、自らの陵墓の造営を始めていた。生前に造る墓を「寿陵《じゅりょう》」と呼ぶ。その場所と指定された「西門豹《せいもんひょう》の祠《ほこら》の西原上」が、鄴《ぎょう》県の西にあることは唐代の地理書『元和郡県図志《げんなぐんけんずし》』にも記されている周知のことであった。西高穴《せいこうけつ》二号墓は、まさしくそのあたりから発見された。

令（『宋書《そうじょ》』礼志《れいし》二に「終令《しゅうれい》」と引用されるため、「終令」と呼ばれることが多い。以下、終令とする）の最初の二文のうち、「古の葬むる者は」、「封せず樹せず」という部分は、『周易《しゅうえき》』繋辞伝《けいじでん》の「古の葬むる者は、［厚く之を衣するに薪を以てし、之を中野に葬り、］封せず樹せず、［喪期に数無し。］」を典拠とする。『周易』はこの後、聖人が棺槨《かんかく》をつくり、丁寧に埋葬することを始め、それが易の大《たい》卦《か》䷛に基づくことを記す。

曹操が、聖人の創造した制度に基づかず、それ以前の「古《いにしえ》」に軌範を求めたのは、自らの政策の正統性をそこに求めるからである。終令では省略されている、しかし、後漢末の知識人であれば、暗誦していたであろう［草や雑木を敷いて（屍《しかばね》を）載せその上にまた草や雑木を載せて厚く覆って衣服のようにし、これを郊野の土中に葬るだけで、］［喪《も》に服するに一定の期間はなく、ただ悲しみの心が無くなれば終わる。］」という［ ］の部分は、曹操が政策として掲げた「薄葬《はくそう》」の正統性の論拠なのである。

初めて儒教を国教とした後漢《ごかん》では、経義の根本に置かれる「孝」を重視した。後漢の宮城の警護をする衛士《えいじ》（衛兵）は、みな『孝経《こうきょう》』を暗誦していたとされ、皇帝の諡《おくりな》には、「孝明帝《こうめいてい》」「孝章帝《こうしょうてい》」のように「孝」の字が冠せられた。また、郷挙里選《きょうきょりせん》と呼ばれる後漢の官僚登用制度では、「孝廉《こうれん》」という科目が常挙《じょうきょ》（毎年行なわれる官僚登用）とされており、「孝」であることは、官僚に迎えられることに直結していた。こうした中で、親への「孝」を可視化するもの、それが「厚葬《こうそう》」であった。曹操は、これに敢然と立ち向かったのである。

日本においても、近親者が死去した際に、翌年の年始の挨拶を自粛する「喪中」の風習は残っている。『儀礼《ぎらい》』喪服《そうふく》によれば、親の喪には三年服するべきで、その間は、官僚とならず、喪服《もふく》を着て、粗末な食事をし、異性に近づかないことが「孝」の体現であった。後漢末、楽安《らくあん》郡の趙宣《ちょうせん》という「民」は、親を埋葬した後、墓道《ぼどう》を閉ざさず、その中に二〇年あまりも暮らして服喪したので、郷里で「孝」を称えられ、郡や州からしばしば推薦された。それでも、直接皇帝に招聘されるといったさらに有利な条件を求めて、趙宣は「孝」を続けていた。ところが不幸なことに、やがて赴任した楽安太守の陳蕃《ちんばん》は、曹操を評価した許劭《きょしょう》も憚る目利《めき》きであったため、趙宣が服喪中に五人も子供を生ませている事実をつきとめ、礼を乱す者として処罰した。注目すべきは、官僚でもない「民」の墓が、二〇年も暮らせるほどの墓道を備えていたことにある。盛大な墓をつくり、金銀財宝を納める「厚葬」は、自らの「孝」を示す何よりの証《あかし》なのである。そこで、後漢では財産を傾けて壮麗な墓をつくり、長らく喪に服することが官民を問わず流行していた。曹操は、この悪弊を打破したかったのである。

曹操は、終令だけではなく、「遺令《いれい》」（遺言として出す令）でも、薄葬を命じている。

（建安二十五年〈二二〇〉正月）庚子、王 洛陽に崩ず、年 六十六。遺令して曰く、「天下 尚ほ未だ安定せざれば、未だ古に遵《したが》ふを得ざるなり。葬 畢《を》はらば、皆 服を除《ぬ》げ。其の将兵の屯戍する者は、皆 屯部を離るるを得ず。有司 各〻乃《なんぢ》の職に率《したが》へ。斂するには時服を以てし、金玉・珍宝を蔵すること無かれ」と。諡して武王と曰ふ。二月丁卯、高陵に葬る。

前半に言われる喪服《そうふく》（喪服《もふく》を着て、喪に服すること）の期間を短くすることと、「斂《れん》するに」以下が、薄葬を命じる部分である。「斂するに」以下を理解するため、『後漢書《ごかんしょ》』礼儀志《れいぎし》により、後漢における皇帝の「崩御」から「斂」までの儀礼が、いかに煩雑であったのかを示しておこう。なお、礼儀志は、董卓《とうたく》のブレーンであった蔡邕《さいよう》が著した「十意《じゅうい》」（意は志と同じ）を種本とする。曹操は、匈奴《きょうど》に拉致された蔡邕の娘の蔡文姫《さいぶんき》を買い戻している。曹操も知っていた儀礼と考えてよい。難解なため現代語の意訳で掲げたい。

> 皇帝が崩御すると、亡骸《なきがら》の耳に黄色の綿である黄緜《こうべん》をつめ、赤色の絹である緹繒《ていかい》で身体を覆《おお》い、その上に「金縷玉衣《きんるぎょくい》」を着用させる襲《しゅう》という儀礼を行なう。口に玉《ぎょく》を含ませ、腐敗を防ぐため盤に氷を入れて寝台の下におく。百官は、正殿の下で泣き声をあげる。郡太守と国相および諸侯王に、皇帝の崩御を知らせる。使者が到着すると、みな伏して泣き声をあげ悲しみを尽くす。亡骸に衣服を着せる「小斂《しょうれん》」の儀礼を行い、東園匠《とうえんしょう》・考工令《こうこうれい》は大斂に使用する東園《とうえん》の秘器《ひき》をたて

まつる。東園の秘器は表裏ともに朱色で彩り、（そこに鹿頭龍身の神獣である）虡《きょ》の姿を描き、さらに日・月・鳥・亀・龍・虎・連璧《れきへき》・偃月《えんげつ》の模様を配する。檜《ひのき》製のくぎで棺《ひつぎ》に仮止めを施す。正殿内の二本の大柱の間で亡骸を棺に納める「大斂《だいれん》」の儀礼を行う。五官中郎将《ごかんちゅうろうしょう》・左中郎将・右中郎将・虎賁《こほん》中郎将・羽林《うりん》中郎将は、それぞれ自分の配下を率い、虎賁の戟《げき》を持って、宮殿の正門に駐屯し、また正殿の左右の廂《ひさし》の下に居並ぶ。中黄門は武器を持ち、正殿の上に居並ぶ。深夜、群臣は正殿の前に入る。早朝、大鴻臚《だいこうろ》は（王・侯・公・卿・二千石・六百石・郎・吏・匈奴の侍子の）九賓の席次を設けて正殿の下に並ばせる。謁者《えっしゃ》は諸侯王を導き、正殿の下に立ち並ばせるが、彼らは西を向き北を上位とする。宗室の諸侯と外戚はその後ろに座り、西を向き北を上位とする。治礼《ちれい》は三公を導き、所定の席につかせ、三公は正殿の下で北を向く。特進《とくしん》は中二千《ちゅうにせん》石《せき》の次に、列侯は二千石の次に、六百石と博士はその後ろに位置する。これら群臣の席につく者は、みな何列にもなって並び西を上位とする。すべての者が席につき終わると、大鴻臚はその旨を告げ、謁者はそれを奏上する。正殿内の配置は、皇后は西側で東を向き、貴人《きじん》・公主《こうしゅ》・宗室の婦女は順序よくその後ろに立ち並ぶ。皇太子・皇子は東側におり、西を向いている。皇子は皇太子よりも少し後ろに退き、皇太子の南側にいて、北を向いている。みな伏して泣き声をあげる。そのとき、大鴻臚は、泣くように、と伝え、外に居ならんだ群臣はみな泣き声をあげる。三公は東側の階段である阼階《そかい》から殿上にのぼり、棺を安んじその中に玉や身の周りの品を入れる。近臣は三公を補佐する。皇太子は泣き声をあげる。東園匠は武士に釘と楔を打ちつけてひつぎを固定し、仮止めを外させる。太常《たいじょう》は（牛と羊と豚を犠牲とする）太牢《たいろう》を奉じて祭祀をささげる。太《たい》官《かん》・食監《しょくかん》・中黄門・尚 食《しょうしょく》もそれに続いて祭祀をささげる。太常・大鴻臚が、泣くように、と伝える。

こうして「大斂《だいれん》」の儀礼が終わったのち、新皇帝が柩前で即位する、その後も大葬の礼は続き、崩御した皇帝は陵墓に埋葬される。『後漢書』礼儀志に記される埋葬時の「明器《めいき》」（死者が生前に用いた物を模倣して墓の中に収める副葬品）は、『儀礼《ぎらい》』既夕礼《きせきれい》の規定より、はるかに種類と量が多く、『宋書』礼志二は、「漢礼、明器 甚だ多し」と記している。

陶器で作る「明器」は、それでも費用は掛からないほうである。盗掘者が狙うものは、「襲《しゅう》」という儀礼の際に着る「金縷玉衣」であった。たとえば、劉備が自らの祖先と唱えた中山靖王劉 勝《ちゅうざんせいおうりゅうしょう》の「満城漢墓《まんじょうかんぼ》」からは、二四九八個の玉が、約一・一kgの金糸で綴《つづ》られた「金縷玉衣」が発見されている。金も高価であるが、さらに価値の高いものは、ホータン産の玉である。これを盗まれた後、裸にされた遺体は投げ捨てられる。現存する「金縷玉衣」は五体に過ぎない。すべて盗掘されているのである。

曹操の故郷 譙《しょう》（現在の亳州《はくしゅう》）にある「曹操宗族墓《そうぞくぼ》」からは、「銀縷玉衣」が発掘された。曹操の祖父曹騰《そうとう》・父曹嵩《そうすう》は費亭侯《ひていこう》という諸侯であり、「銀縷玉衣」を着て埋葬される資格があった。それでも、曹操は、こうした葬礼を拒否し、「薄葬」を命じたのである。西高穴二号墓からは、玉衣の破片すら見つかっていない。

東側の最大幅二二m、東西の長さ一八m、墓葬全体の総面積は約七四〇m^2という西高穴二号墓の規模は、日本人の抱く「薄葬」というイメージからは遠いのかもしれない。しかし、「薄葬」とは、陵墓の規模よりも、むしろ儀礼や副葬品、喪服などの全体を貫く思想である。曹操墓が、曹操の生存中に「令」により造営された「寿陵」であることを考えれば、西高穴二号墓の規模は、後漢末の王墓として申し分のない大きさなのである。

第一報を聞いたとき、西高穴二号墓を曹操墓ではないか、と半分信じた理由は、発見された場所と墓の規模にあったのである。それでは、半分疑った理由は、何か。それは、本書の著者たちが、当初より、西高穴二号墓を曹操墓である最大の証拠として掲げ続けている「魏武王常所用挌虎大戟」という石牌《せきはい》にあった。

2　夏侯惇墓の可能性

インターネットの画像で初めて「魏武王常所用挌虎大戟」の文字を見たときに、あまり上手な字ではないな、という印象を持った。文字は、たしかに漢代の隷書《れいしょ》であり、本書で述べられている通り、張遷碑《ちょうせんひ》に近い。ただし、それは本書も比較のときに用いているように、「遺冊」の文字のほうである。「魏武王常所用挌虎大戟」は、たとえば、もっとも美しい隷書の一つとされる曹全碑《そうぜんひ》と比べると、字としてかなり見劣りする。曹操は草書の名手とされ、周囲にも名だたる書家がいた。そもそも自らの墓に入れる戟や刀に、うまくもない字で「魏武王常所用挌虎大戟」と自分の名前を書かせるのか、という思いがあった。そのため、半信半疑であり、分からない、とTV局に伝えたのである。TV局は、最後の部分だけを伝え、場所や規模の正しさなどは伝わらなかった。放映された二〇〇九年十二月二十九日の時点では、曹操墓は偽物である、との情報が日本にも伝わって来ていたからである。

偽作説は、インターネットを駆けめぐるだけではなく、やがて出版物にもまとめられた。手元にあるものは、倪方六（著）『三国大墓』（江蘇人民出版社、二〇一〇年六月）、張国安（著）『顛覆曹操墓』（東方出版社、二〇一〇年六月）である。しかし、ともに魅力を感じなかった。わたしの感じた疑問を共有するものではなかったためである。「魏武王常所用挌虎大戟」の文字を見たときに感じた疑問は、これは夏侯惇《かこうとん》の墓ではないか、という仮説に通じていた。それは、すでに翻訳していた『後漢書』列伝三十二 光武十王 東平憲王蒼《とうへいけんおうそう》伝に、

（章帝）乃ち陰太后の旧時の器服を閲し、愴然として容《かんばせ》を動かす。乃ち命じて五時の衣 各〻一襲、及び常に御する所の衣 合はせて五十篋を留め、余は悉く諸王、主及び子孫の京師に在る者に分布すること各〻差有り。

とあることを思い出したからである。「常に御《ぎょ》する所」の原文は「常所御」、「常所用」と同義である。章帝《しょうてい》は、祖母の陰皇太后《いんこうたいごう》が「常に御（着用）する所」であった衣裳のうち、五〇箱は手元に止め、残りを諸王（皇帝の息子）・主（公主《こうしゅ》、皇帝の娘）・子孫に配ったというのである。この続きには、祖父光武帝《こうぶてい》の道具と衣服も、すでに諸国に賜ったと明記される。曹操が用いていた戟や刀を贈られた人物の周辺が、贈られた人物の墓に入れたのではないか。その人物とは、夏侯惇なのではないか。この

仮説について、本書は次のように記述する。

では、次のような可能性はないのだろうか。「魏武王常所用挌虎大戟」は、曹操の自ら使用していた「大戟」をある「愛将」に贈与し、その「愛将」が、曹操から贈与された「大戟」を自身の墓に副葬したものである、と。すなわち、たとえば張遼や許褚が生前に曹操の武器を獲得し、それを「栄誉」として標識とともに自身の墓に副葬したとは考えられないだろうか。……もう一つの理由は、「贈与説」をほぼ完全に排除してくれる。

文献には、以下のことが明記されている。すなわち、曹操は二一六年に「魏王」に封ぜられ、二二〇年春の死後に「魏武王」の諡を得た。彼が埋葬された八ヵ月後に曹丕が帝を称し、同年十一月、曹操を「武皇帝」と追尊した、と。この追贈以降、人びとが曹操を「魏王」と呼ぶことはなく、「武皇帝」もしくは「魏武帝」と呼ぶようになったはずである。もし刻字石牌が、曹操の生前に愛将もしくは近臣に「贈与」され、本人が死去した際に副葬されたものであるとするならば、その愛将もしくは近臣は、二二〇年二月から十月までの八ヵ月の間に死去したはずである。さもなければ、これらの石牌には「魏王常所用」あるいは「曹丞相常所用」と刻銘されているか（曹操が埋葬される前の状況）、「武皇帝常所用」あるいは「魏武帝常所用」と刻銘されているか（曹操が「武皇帝」と追尊された後の状況）でなければならない。西高穴二号墓中の石牌に刻まれているのは「魏武王常所用……」の文字であり、この「魏武王」の三字は墓主が曹操自身であることを示しているのである。

この説明は、誤っている。しかも、発見時にこの墓が夏侯惇の墓であると主張した劉心長の『曹操墓研究』（中国文史出版社、二〇〇〇年）に巻末の年表で触れながらも、張遼《ちょうりょう》や許褚《きょちょ》というありえない事例を掲げ、夏侯惇の可能性を無視する記述には、学問上の手続きとして不備がある。

年表形式で、曹操への諡《おくりな》と夏侯惇の薨去《こうきょ》（諸侯の死去）について、簡単に整理しよう。


建安《けんあん》二十五年（二二〇）正月庚子《せいげつこうし》（二十三日）、曹操崩御。魏の武王と諡される（〜二月）。

二月丁卯《ていぼう》（二十一日）、曹操、高陵《こうりょう》に葬られる。

延康《えんこう》元年（二二〇）三月己卯《きぼう》（三日）、夏侯惇、大将軍となる。

四月庚午《こうご》（二十五日）、夏侯惇、薨去。

十月庚午《こうご》（二十八日）、曹丕、魏の皇帝に即位。

黄初《こうしょ》元年（二二〇）十一月癸酉《きゆう》（一日）、曹丕、曹操を魏の武皇帝と追尊。


このように、夏侯惇は、曹操が「魏の武王」と呼ばれている間に大将軍となり、薨去している。しかも、『三国志』巻二文帝《ぶんてい》紀注引『魏書《ぎしょ》』に、

（魏）王（曹丕）、素服して鄴の東の城門に幸し、哀を発す。

とあるように、曹丕は、喪服を着て、夏侯惇の葬列を鄴の東の城門まで見送り、哀悼の意を示している。本来は、君主が臣下の喪列を城門まで見送ることは違礼である。曹丕は、礼制に違反してまで、夏侯惇の薨去を惜しんだ。夏侯惇は、二五〇〇戸の封邑を持つ高安郷侯《こうあんきょうこう》という諸侯であった。西高穴二号墓は、後漢の諸侯墓としては少し格式が高過ぎるが、曹操の存命中は、同じ車に乗って出かけ、

寝室まで自由に出入りができたという、曹操のもっとも信頼した親族である。曹丕が、夏侯惇に曹操の愛用した戟や刀を賜与し、「終令」で曹操が希望していた「陪陵」の一つとして、夏侯惇の陵墓を造営させた可能性は高い。

西高穴二号墓が夏侯惇墓であれば、「魏武王常所用挌虎大戟」の文字が上手ではない理由は納得でき、その副葬品が「武」に偏《かたよ》ることも頷《うなず》ける。場所も造営時期もほぼ同じであるため、本書が西高穴二号墓が曹操墓である証拠として掲げる、後漢時代固有の語彙、埋葬方法や画像磚などは、そのまま夏侯惇墓の証拠となる。すなわち、西高穴二号墓を曹操墓と確定するためには、西高穴二号墓は夏侯惇墓ではない、という証明が必要なのである。

第一報を聞いたとき、西高穴二号墓は曹操墓ではないのではないか、と半分疑った理由は、本書が西高穴二号墓を曹操墓であると確定する最大の論拠「魏武王常所用挌虎大戟」の発見にあった。その疑問は、いまだ完全には払拭されていない。

3　待たれる全域の発掘調査と公表

本書の出版（科学出版社、二〇一〇年五月）後も、曹操墓に関する情報が次々と公開され、西高穴二号墓が曹操墓ではないか、と考えられる確率は、しだいに高まっている。本書以外に、現在、手元にある文献は、次の九冊である。

一．于茂世（著）『千古之謎曹操高陵』（大象出版社、二〇一〇年四月）
二．張体義（著）『曹操墓風雲録』（大象出版社、二〇一〇年四月）
三．李憑（主編）『曹操高陵――中国秦漢史研究会、中国魏晋南北朝史学会長聯席会議』（浙江文芸出版社、二〇一〇年十月）
四．聶樹人（著）『詩話曹操高陵』（大象出版社、二〇一〇年十一月）
五．王光明（編著）『民間説曹操』（大象出版社、二〇一〇年十一月）
六．劉二安（著）『謎説曹操』（大象出版社、二〇一〇年十一月）
七．河南省文物考古研究所（編）『曹操高陵考古発現与研究』（文物出版社、二〇一〇年十一月）
八．賀雲翺・単衛華（主編）『曹操墓事件全記録』（山東画報出版社、二〇一〇年十一月）
九．愛媛大学東アジア古代鉄文化研究センター（編）『曹操高陵の発見とその意義――三国志 魏の世界』（汲古書院、二〇一一年三月）

これらの中には、便乗本と思しき内容の乏しいものもある。学術的な価値の高い著作は、三・七・八・九の四冊である。

三は、中国秦漢史研究会と中国魏晋南北朝史学会とが、合同で開催した曹操高陵に関する学術討論会の報告書である。収録された論考には精粗があるが、歴史学だけではなく、考古学からの研究も収録されている。

七は、『考古』や『文博』『中原文物』などの学術雑誌から、「人民日報」「光明日報」といった新聞までに発表された、曹操高陵に関する論考を集成した論文集である。現在、もっとも重要な資料である「発掘簡報」は、当初『考古』二〇一〇年八期に発表されたが、七に収録される際に、図版が彩色に変更され、文章も加筆された。本書に収録した「参考資料㈠」は、七に収められた修訂版に基づいて翻訳している。そのほかにも、七には、今後、曹操高陵を研究する際に、水準とすべき見解・本書で知り得なかった情報が多く集められている。たとえば、九も注目して訳出している「加強基礎研究、回帰学術探討——曹操高陵考古発現専家座談会発言摘要」に収められた韓国河の見解は注目に値する。

今日、全員で考古隊が修復した瓦鼎《がてい》を見学した。わたしは、潘偉斌《はんいひん》先生に、次のように質問した。現在修復されている陶鼎《とうてい》はすべてで一一件であるが、『後漢書』礼儀志の記載を見ると、天子に随葬するものは、「瓦鼎十二」とある。現在すでに一一件あるので、もしまた修復できるものがあれば、一二鼎となる。これは規定上から見て非常に重要であり、（曹操が）天子の礼儀を使った証明となる。もろちん、後漢墓では仿銅陶器《ほうどうとうき》を副葬することは衰退していると言う人もあるが、これは曹操が漢の正統を強調し、天子の礼を体現するために、一二鼎を用いて規定を満たしたと

考えることができる。……

たしかに、『後漢書』礼儀志は、東園《とうえん》の武士と執事が、陵墓内に降ろす明器《めいき》の一覧の中に、「瓦鼎は十二」と記録している。西高穴二号墓から出土し、現在公表されている「遣冊」（埋葬品リスト）の中には、「瓦鼎十二」の文字はない。しかし、「発掘簡報」（参考資料㈠）によれば、「刻銘石牌《こくめいせきはい》」は、圭形・六角形の二種合わせて六二点が発掘されているとあり、そのすべてが公開されれば、韓国河の指

摘の正否は明らかとなる。西高穴二号墓が曹操墓へと近づいていくためには、墓自体はもちろんのこと、すべての出土品を公開し、考古学の成果を歴史学と摺り合わせていく共同研究が必要なのである。八は、本書でも触れている曹操墓の真偽をめぐる論争を肯定派・否定派・懐疑派に分類して、それぞれの主張を収録したものである。

九は、二〇一〇年十一月に愛媛大学で開催されたシンポジウム「三国志 魏の世界──曹操高陵の発見とその意義」を主催した、愛媛大学東アジア古代鉄文化研究センターが編集したものである。もっとも新しい出版であるため、本書からは知り得なかった情報が含まれており、有益である。

西高穴二号墓が曹操墓と確定されるためには、曹操が「終令」で構想していた「陪陵」の発見が必要となる。その中に、夏侯惇墓が含まれていることが予想されるためである。もちろん、西高穴二号墓の隣にある一号墓の調査を進めなければならないことはいうまでもない。西高穴一号墓に関しては、TV番組（BSジャパン「三国志ミステリー 覇王・曹操の墓は語る！」二〇一〇年六月放映）の監修をした関係上、情報をいただいているが、未公開情報であるため、ここに書くことはできない。九により明らかにされたもっとも重要な情報は、

墓周辺で、曹操高陵の陵園《りょうえん》に対する調査を進めています。墓の西部は土取りのため破壊されていますが、墓の周囲に土壁《どへき》が見つかっており、現存部分から、陵園は平面長方形を呈し、南北幅六八m、北壁残長一〇〇mと判明しています。一号墓と二号墓の墓道《ぼどう》部分に対面して、二つの途切れた部分がありますが、陵園の門です。この他、ボーリング調査により、陵園西側で規模の大

きい陪葬墓地が確認されており、現在のところ磚室墓《せんしつぼ》一基が発見されています。（五九頁、傍点と振りがなは渡邉の補）

というものである。「陪陵」は、やはり存在するようである。曹操の「終令」に引用されている『周《しゅ》礼《らい》』によれば、「諸侯（の墳墓）は（王の墓の）左右の前方に位置し、卿《けい》・大夫《たいふ》（の墳墓）は（王の墓の左右の）後方に位置する」とされているので、曹操墓を中心として多くの諸侯・功臣の墳墓を造営する予定であったようである。その全容がつかめたとき、「曹操墓の真相」の行方もまた、明らかになっていくであろう。

おわりに

「曹操墓の真相」の行方の解明には、まだまだ時間がかかる。たとえば、後漢の皇帝が祭祀に用いた明堂《めいどう》・辟雍《へきよう》・霊台《れいだい》という施設の発掘は、一九六二年に始まり、一九九二年まで三〇年間かかった。その発掘報告集である中国社会科学院考古研究所（編著）『漢魏洛陽故城南郊礼制建築遺跡』（文物出版社）という大部の冊子が出版されたのは、二〇一〇年七月、日本に輸入され、わたしが読み始めたのは昨日のことである。日本で、曹操墓からの出土品を展示できるのは、最短で三年後からと言われているが、もっと時間が必要かもしれない。

曹操が埋葬されてから、すでに一八〇〇年以上の時が流れた。その長さを思えば、「曹操墓の真相」

の解明を待つための時間は、それほど長くは感じないのではなかろうか。

（二〇一一年五月五日）

参考資料

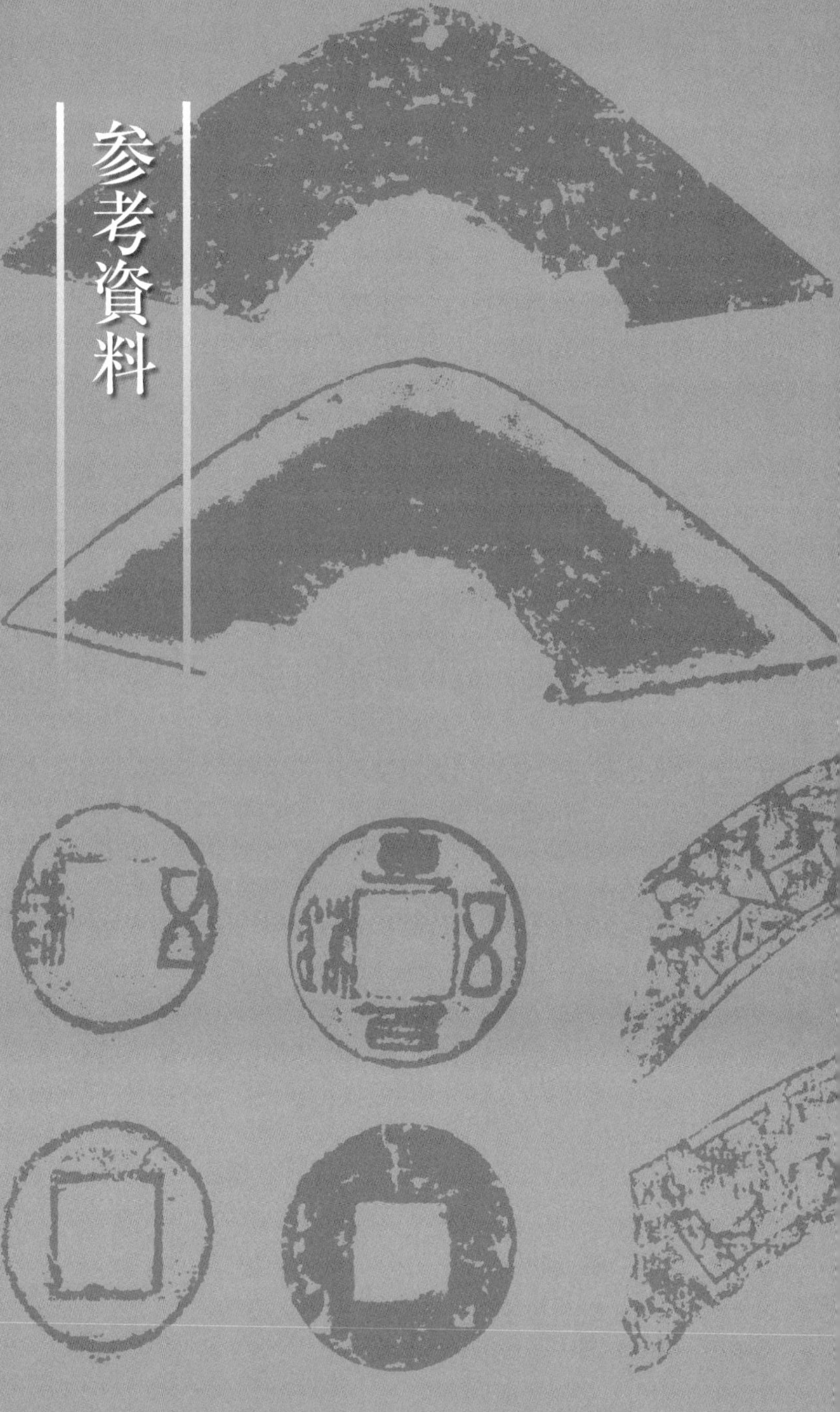

(一) 河南安陽市西高穴曹操高陵

河南省文物考古研究所　安陽県文化局

曹操高陵は、河南省安陽市の西北約一五kmの安陽県安豊郷西高穴村に位置する。この地は、西は太行山脈に依り、北は漳河に臨み、南は南嶺に倚り、地勢はやや高い。西高穴村の東七kmには西門豹祠の遺址、一四kmあまりには鄴城遺址がある。東は安陽固岸北朝墓地に臨み、漳河を隔てた北には講武城遺址と磁県北朝墓群がある（図1）。

この墓葬の西面はもともとレンガ製造所の土取り場であったため、墓坑西部の埋土は五mほど掘り下げられて一部が露わとなり、幾度も盗掘を受けてしまった。二〇〇八年春には、画像石などの遺物が盗み出されている。河南省文物考古研究所は、地下の文物を救出し、墓葬のさらなる破壊を避けるため、国家文物局の許可を得て二〇〇八年十二月中旬よりこの墓葬の緊急発掘を開始した。二基の墓葬が整理され、それぞれ一号墓、二号墓と編号された。一号墓は発掘中であるため、今回は二号墓（曹操高陵）の資料について以下に報告する。

二号墓は西高穴村の西南に位置する。海抜は一〇五mで地勢は高く、地表は現在農地になっている。墓葬の上に積み重なる地層は厚さ一・八～二m、四つの層に分けられる。①a層は現代の耕土層、①b層は現代の攪乱土層、②a層は明清期の文化層、②b層は唐宋期の文化層、③層は南北朝期の文化層、④層は魏晉期の

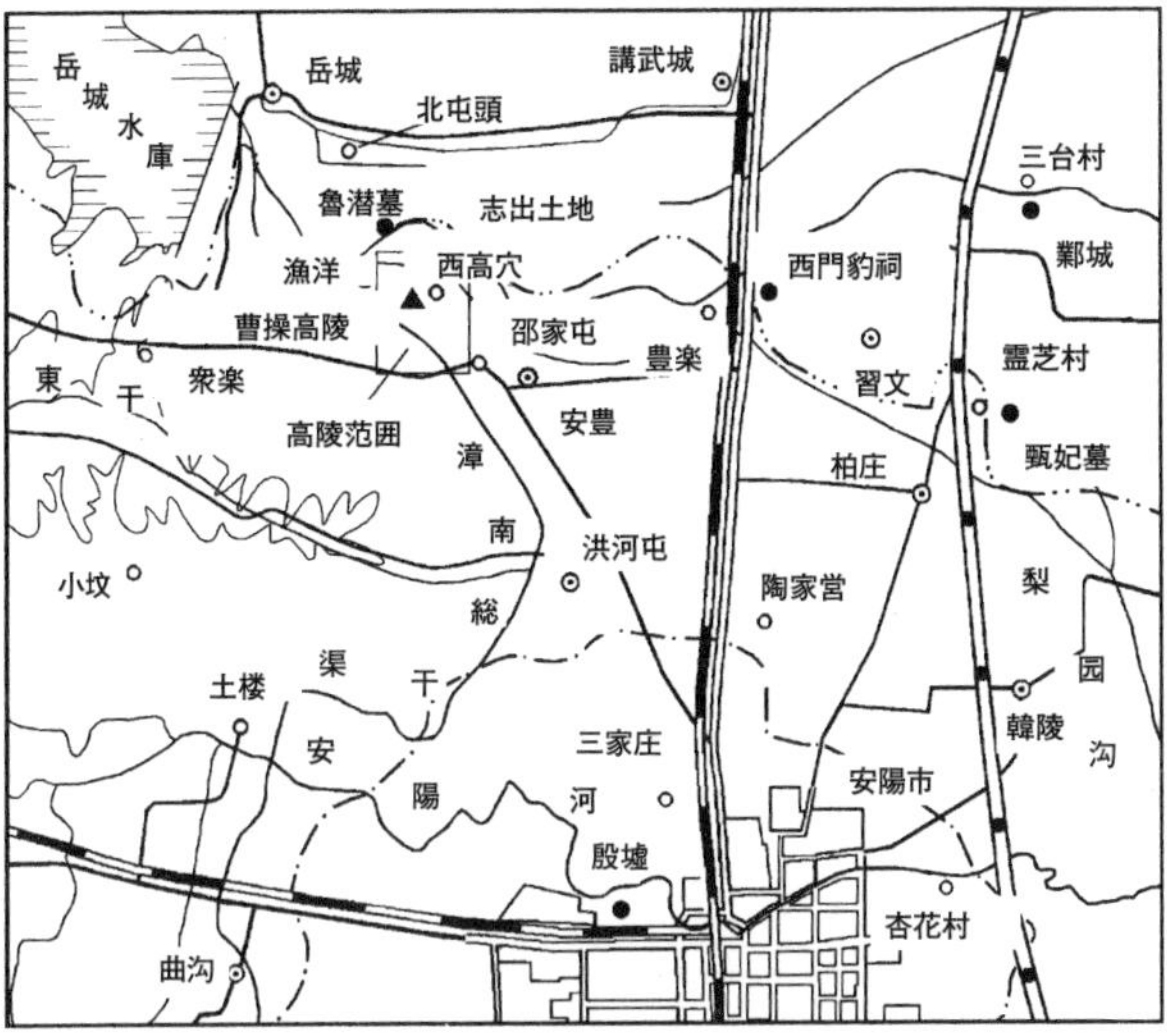

図1　西高穴曹操高陵位置示意図

文化層である。墓葬は地下二mの④層の下部にある。発掘の結果、墓上に墳丘は確認できなかった。墓室西部の断崖には直径三・八m、深さ三mの大型盗掘坑があるが、墓室には到達していない。また断崖の下にも南北二つの盗掘坑がある。このうち一号盗掘坑はレンガ製作所が土取りをした際に上部の地層が掘られたため、時代は不明である。二号盗掘坑は現代のもので、直径は約一m。こちらの盗掘坑も上部の土が掘り返され、地層が攪乱されている。一号盗掘坑を整理した際、地表から深さ五mの盗掘坑の周囲で大量の画像石の破片が出土した。この盗掘坑は後室の墓頂の後部付近にある。

　墓葬の前室では一部の舗地石が剝がされており、とくに北側室の舗地石の破壊は甚大である。後室中部の甬道付近でも舗地石が剝がされて破壊され、さらに下に向かって深い坑が掘られている。

一、墓葬の形態

墓葬は平面が甲字形を呈する多室磚室墓である。西から東向きに座し、その角度は一一〇度。墓坑の平面はほぼ長方形を呈し、東側の最大幅は二二m（西側のやや狭い部分の幅は一九・五m）、東西の長さ一八m、面積は約四〇〇m²。墓葬全体の総面積は約七四〇m²、墓道・磚砌護壁・墓門・封門墻・甬道・墓室・側室などから構成され、全長は六〇mほどである（図2、図3）。墓室と甬道、側室はいずれも長さ四八cm、幅二四cm、厚さ一二cmの大型磚を積み重ねて築かれている。

墓道　スロープ状で、長さ三九・五m、最深部は地表から約一五m。上方が広くて下方が狭く、上口の幅九・八m、底部の幅二・七m。墓道の両壁は七段になっており、しだいに狭まっていく。墓道と墓門が交わる個所の南北両壁には、それぞれ長さ五m、高さ四mの小型磚積みの護壁が設けられている。壁の内側には龍骨として五本の丸木の柱が埋め込まれており、その木目は明瞭である。墓道の埋土は大量の姜石を含み、平らに突き固められた版築層の厚さは〇・一二～〇・四二mとばらつきがあるが、非常に堅固である（図4）。

墓道の両側には九対の南北対称の磬形坑があり、それぞれの凹んだ部分は不規則な形の坑を囲んでいる。磬形坑と並行して、東西方向に柱洞が並ぶ。墓道の東端には、南北方向に方形坑が並ぶ。墓道東端の右側には、東西の長さ三m、幅一・六mの長方形坑がある。墓葬の中部には、南北方向の版築層があるが、墓道によって断たれている。

墓門　磚積みの双券アーチ形門である。外券は幅一・九五m、高さ三・〇三m、アーチの高さ一・一三m。内券は幅一・六八m、高さ二・五八m、アーチの高さ〇・八〇m。墓門は破壊されてすでになく、幅〇・二四mの

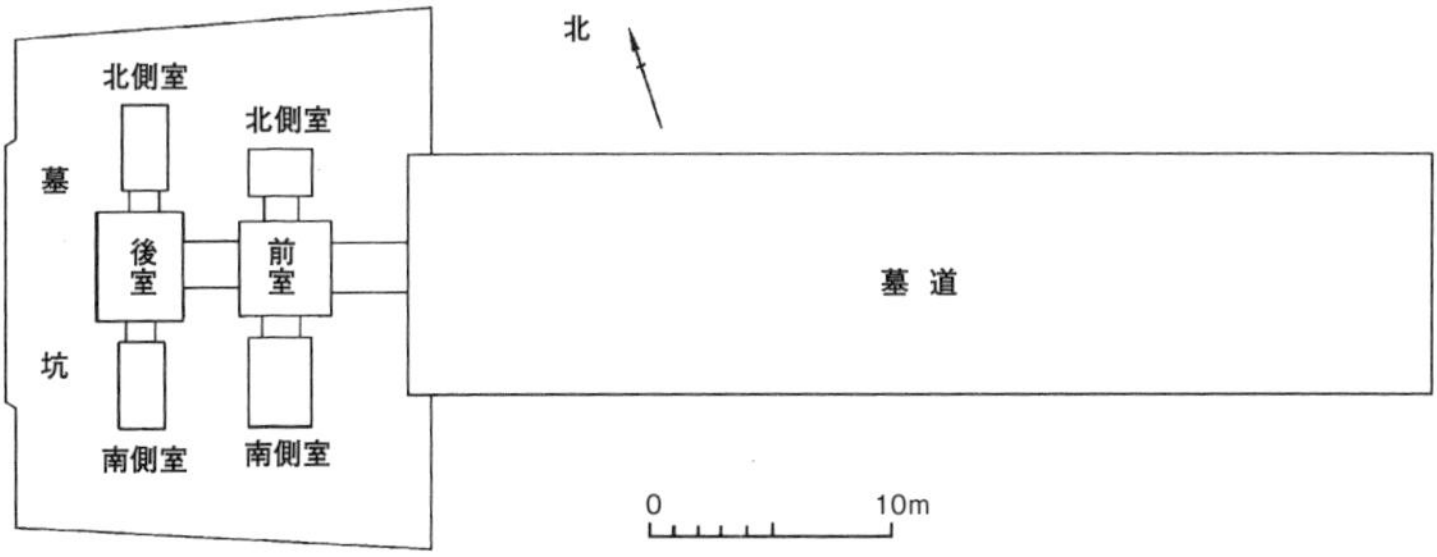

図2　西高穴曹操高陵平面構造図

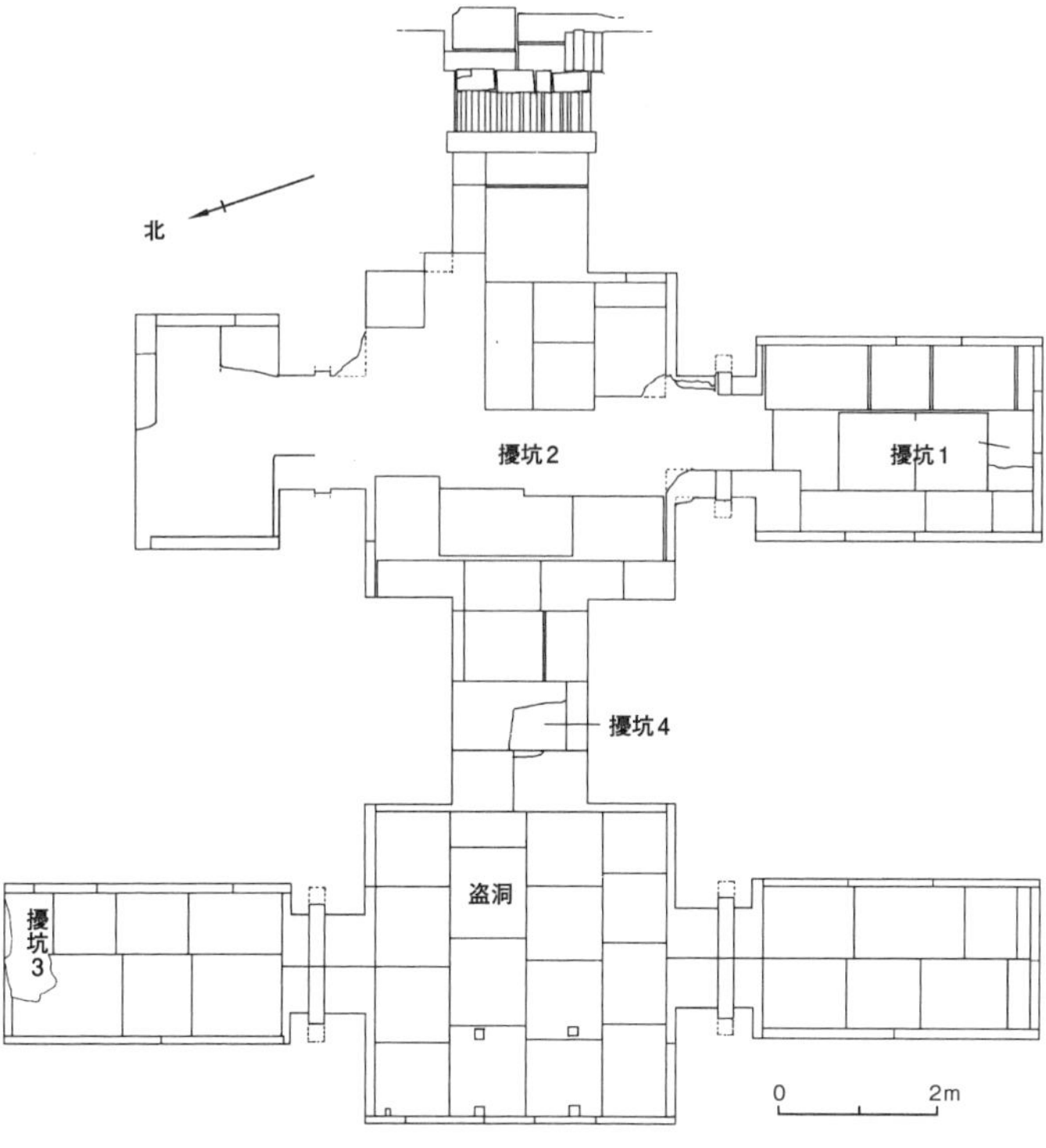

図3　西高穴曹操高陵平面図

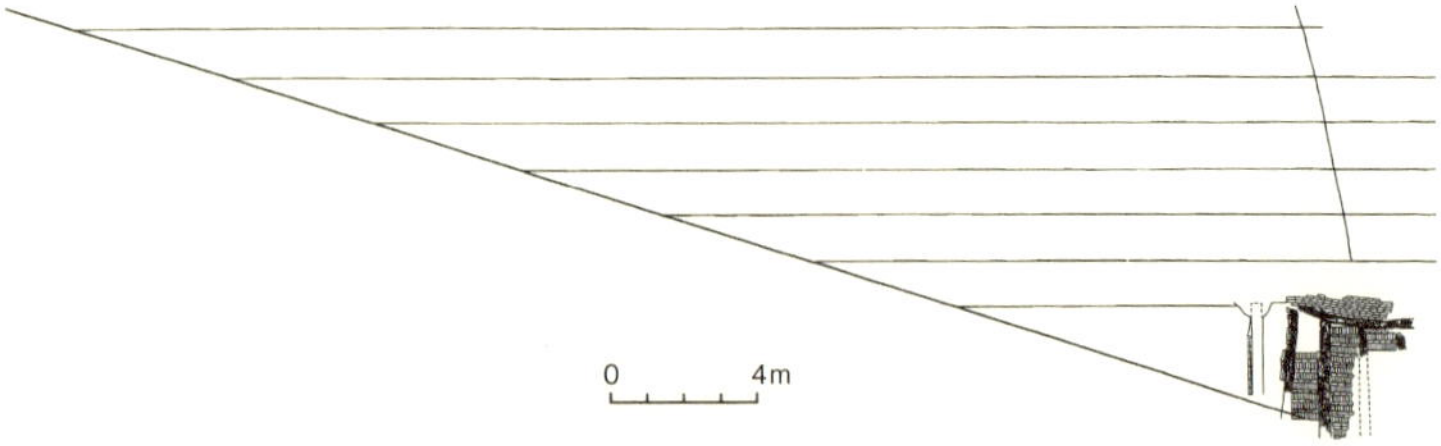

図4　西高穴曹操高陵墓道南壁立面図

門槽のみが残る。外側には三つの封門壁がある。外側の封門壁は縦に磚を積み、中央の封門壁は互い違いに、内側の封門壁は斜めに磚を積んで築かれている。封門壁全体の厚さは一・四五mに達する。

甬道　磚積みで、アーチ形天井、床は青石で舗装される。長さ二・八五m、幅一・六八m、アーチの高さ〇・八〇m、全体の高さ二・五八m。

墓室　磚積みで、前後二室に分かれる。前室は平面が正方形に近く、東西の長さ三・八五m、南北の幅三・八七m。四角攢尖式の天井で、墓底から墓頂までの高さは六・四〇m。床は青石で舗装される。前室の南北には平面が長方形の側室があり、このうち南側室は南北の長さ三・六〇m、東西の幅二・四〇m、墓底から墓頂までの高さ三・四六m、アーチ形の天井で、墓底より二・二五mのところからアーチ状に磚が積まれる。北側室は南北の長さ一・八三m、東西の幅二・七九m、墓底から墓頂までの高さ四・七〇m、四角攢尖式の天井で、墓底より二・六五mのところからアーチが始まる。前室と側室は甬道でつながる。甬道はアーチ形天井で、門隔はあるが幅〇・二〇mの門槽が残るのみ。北側室の甬道は長さ一・二〇m、幅一・三六m、南側室の甬道は長さ一・〇〇m、幅一・四〇m。側室と甬道の床はともに青石で舗装される。前室の甬道付近では頭骨が発見された。鑑定の結果、六〇歳前後の男性とされている。

前室と後室をつなぐ甬道はアーチ形天井で、床は青石で舗装される。長さ二・四五m、幅一・六八m。

後室は四角攢尖式の天井で、東西の長さ三・八二m、南北の幅三・八五m、墓底から墓頂までの高さ六・五〇m。床は青石で舗装される。後室の後部付近では六つの石葬具の痕跡が発見された。ここに石棺床が設置され、その上に木棺が置かれていたと推測される。後室内には、二つの頭骨と一部の骨格が散乱していた。鑑定の結果、一人は五〇歳前後、もう一人は二〇歳前後の女性とされている。

後室の南北にも平面が長方形の側室がある。アーチ形天井で、南北の長さ三・六〇m、東西の幅一・九〇mと一・九二m、墓底から墓頂までの高さ三・〇八m。このうち北側室は地表二・一二m、南側室は地表二・一五mのところからアーチが始まる。床は青石で舗装される。後室の南北側室ではそれぞれ木棺一組が発見され、その四隅では鉄製の帳の金具が確認された。後室と側室は甬道でつながり、門隔はあるが幅〇・二〇mの門槽が残るのみ。北側室の甬道は長さ〇・九七m、幅一・一七m、南側室の甬道は長さ〇・九七m、幅一・二八m。床は青石で舗装される。

墓室の床を舗装する青石の大きさは大小さまざまで、前甬道の舗地石は長さ一・七五m、幅一・一五m。前室の最大のものは長さ一・六七m、幅〇・八三m、最小のものは長さ〇・七六m、幅〇・七三m。後室は最大で長さ一・〇五m、幅〇・九五m、最小は長さ〇・九四m、幅〇・九〇m。これらの舗地石は互い違いに敷かれ、床面は平らに整えられている。墓壁の四周の床には幅〇・一二mの凹槽が確認できる。

墓壁の内側の表面には白灰が一層塗られ、上下に何層もの鉄釘が刺さっている。前室の釘は端が円孔状で、孔に紐の痕跡が残る。後室の釘の頭は鈎状である。

墓室は何度も盗掘を受けており、発掘時には室内に約三mの高さで攪乱土と堆積土が堆積していた。遺物

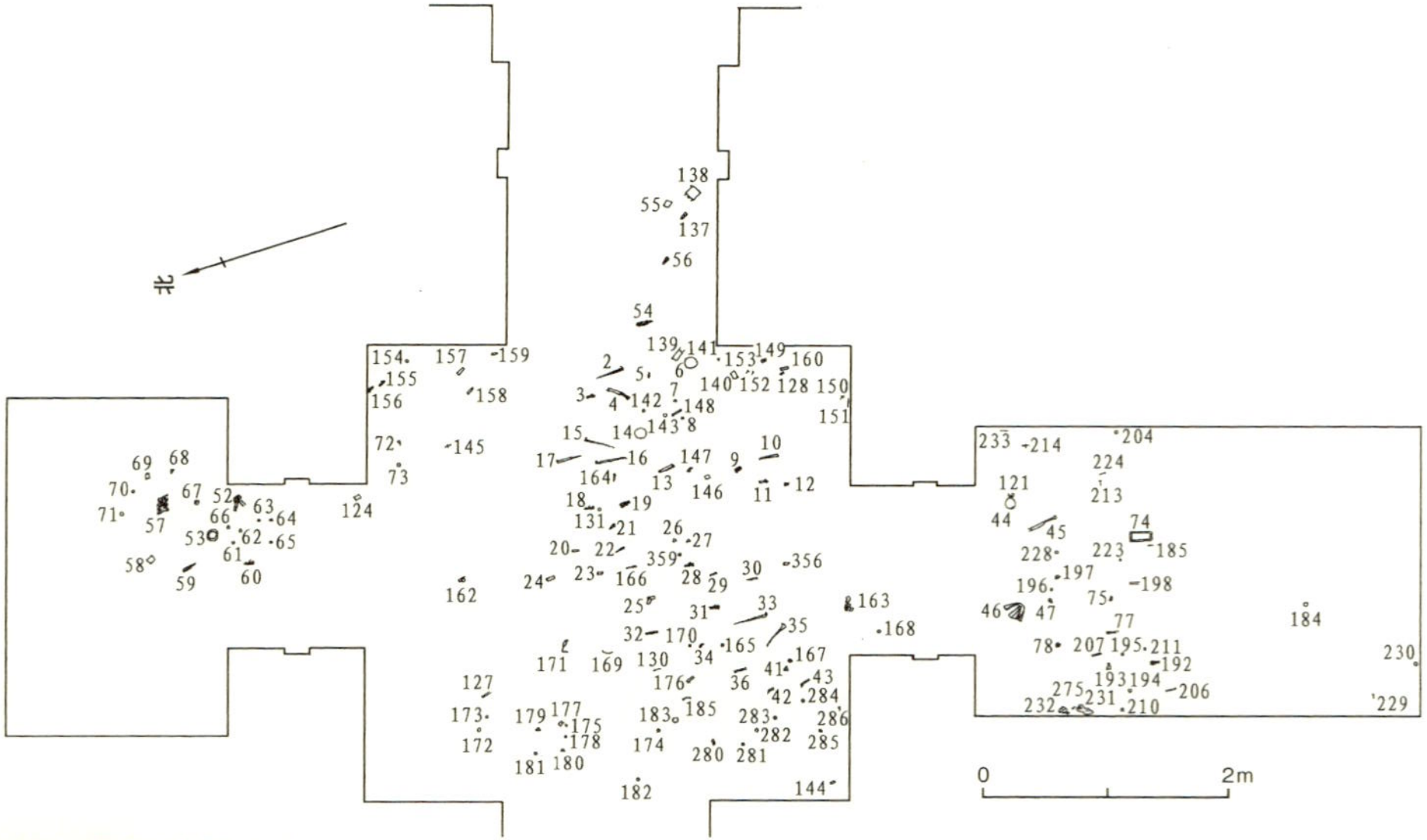

図5　西高穴曹操高陵副葬品分布図（一）

2・15～17・33・35：鉄釘　3・11・18・28・31・60・155・156：銅蓋弓帽　4・45：鉄削　5・23・42・56・57・69・163・185：銀飾り　6・14・44：陶器蓋　7・8・63・64・71・73・78・142・143・172・173・179～182・184・194・204・210・228・230・273・283・284：銅泡釘　9：鉄帯扣　10：鉄彫刻刀　12：石炭製虎彫　13：鉄剣　19・157・197：鉄飾り　20・43・127・130・145・158・159・166・198・206・207・224・233：骨器　21・29・32・36・72・76・128・164・192・193・214・356：銅飾り　22・54・59・151：鉄鏃　24：鉄鑿　25：石磬　26・27・41：銅鈴　30・77：骨簪　34：陶動物　40：陶罐　46：鉄甲残片　47：鉄鏈　52：鉄馬銜　53：鉄盞　55・58・124・139・140・146・176・177：石牌　61・62・66・70・154・281・282：銅環　65・196・211：銀環　67：銅銭　68：石弩機の部品　74：陶器　75・162：金絲　121・149：銅帯扣　131・165・170・174・175・178：瑪瑙珠　137：陶器脚　138：陶尊　141・213・229：銅釘　144：骨貝　147：玉佩　148・169・285：銅器残片　150：鉄蒺藜　152・275：鉄鉚釘　153：銅卡釘　160：鉄器　167・195：銅銜環　168：水晶珠　171：鉄釵　183：瑪瑙餅　231・232：陶俑　280：銅器足　286：鉄飾り（1：鉄鍤、38：銅五銖、39：銅飾りは墓道の埋土から出土）

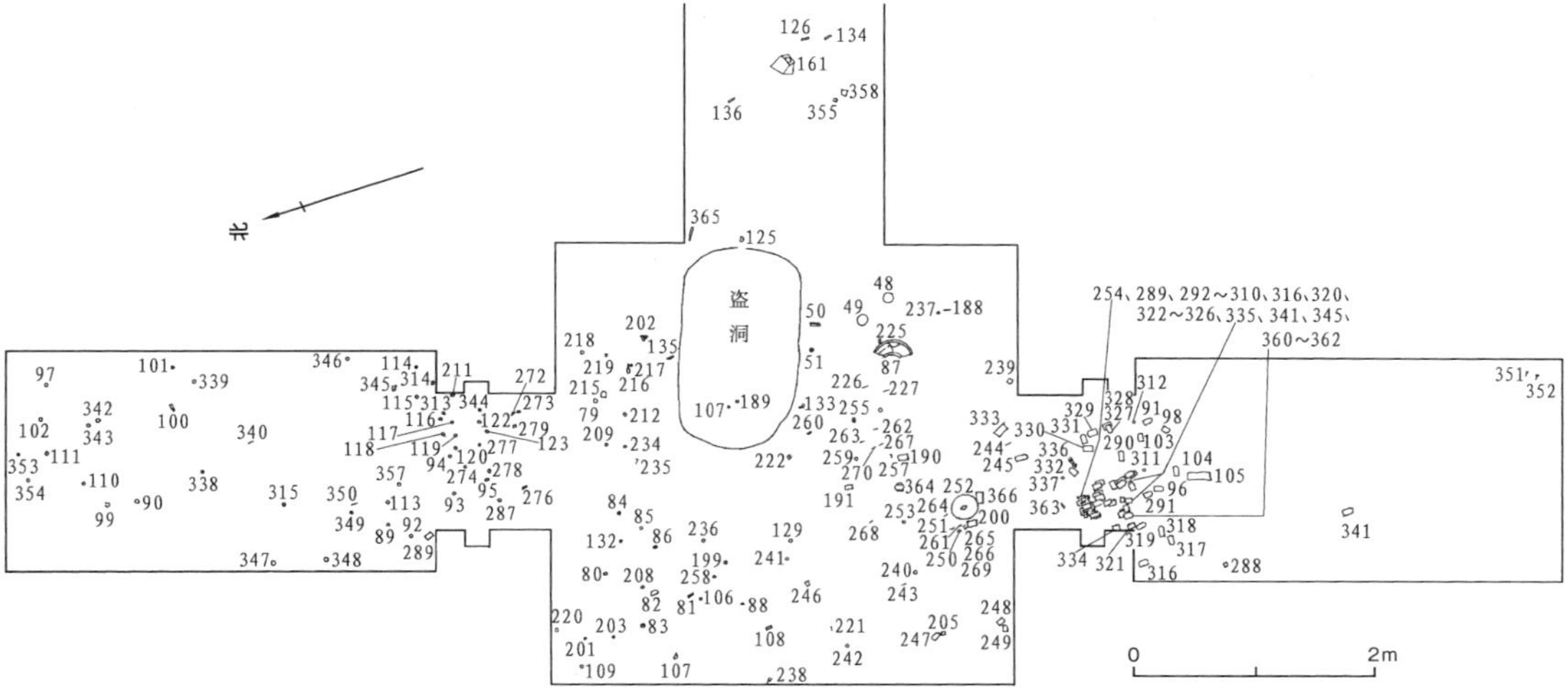

図6　西高穴曹操高陵副葬品分布図（二）

48・49：陶器蓋　50・95・99・215・216・225・260・272・336・365：銅飾り　51・83・銅銭　79・80・84・89・90・92～94・97・101・102・106・109～120・122・123・125・129・132・189・199・201・203・208・209・211・212・217～220・234・237・240～242・253・258・274・278・287・311・313～315・337～339・342～344・346～349・353・354・357：銅泡釘　81・134・276：銅管　82・136・238：銅器残片　85・126・135・186・188・226・227・243・244・251・261～270・279・340：骨簪　86・91・96・98・103～105・107・108・190・200・222・239・245～249・254・259・288～310・316～335・341・345・355・360～362・366：石牌　87：石璧　88：金紐扣　100・277：銅製の部品　133：金糸　161・358：陶臼　191・363：雲母片　202：玉璧　221・235・257・351・352：銅釘　205：銅印符　223：玉飾り　236：玉器残片　250：真珠　252：鉄鏡　255・256：銅銜環　312：玉珠　333：石圭　350：骨尺　364：陶耳杯（186：骨器、187・271：銅泡釘、256：銅環は攪乱土より出土。37・369・370：青磁罐、367：陶敞口罐、368：双系釉陶罐、371：陶三足器、372：陶釜鼎、373・374：陶灶、375：陶井、376・377：陶案、378：陶四系罐は破片を修復したもの）

は主に下部の厚さ〇・五m前後の堆積土内から出土した。そのほとんどは最底部から出土したものであるが、盗掘により多くは原位置から動かされていた（図5、図6）。前室内からは鎏金銅蓋弓帽・鉄鎧甲・鉄鏃・鉄剣や大量の陶器の破片、「魏武王常所用挌虎大戟」や「魏武王常所用挌虎短矛」などと刻まれた圭形石牌七点が出土した。前室南側室では陶俑二点が発見された。後室では多くの個所で漆木器が発見されたが、一部の形状を留めるのみで器種は不明である。このほか後室からは石圭・石璧や金糸・金ボタン・玉飾・雲母片・銅泡釘・鉄鏡・画像石の破片が出土した。また多数の棺釘も出土し、長さが二〇cmに達するものもある。後室南側室の門道部からは五〇点あまりの六角形の刻銘石牌が集中して出土した。

我々はまず上部の現代の攪乱土を整理し、その後下部の堆積土を整理した。また、墓室内の土を篩にかけ、洗い出す作業を行なった。

二、出土遺物

この墓葬は何度も盗掘を受け、かなり破壊されているが、それでもなお一群の遺物が出土した。金器・銀器・銅器・鉄器・玉器・骨器・漆器・磁器・釉陶器・陶器・石器などである。初歩的な統計によると、復元可能な出土文物は約四〇〇点ある。このうち、墓主の身分を反映するものとして、刻銘石牌や鉄甲・鉄剣・鉄鏃があり、時代的特徴が明確なものとして鉄製の帳の金具などがある。このほか、銅帯鈎・鎏金銅蓋弓帽や大量の雲母片および陶器の残片などがある。

（二）石器

石製の建築部材　すべて破片である。多くは地表より深さ五ｍの一号盗掘坑の周囲から出土したもので、一部は墓室から出土した。石刻瓦当・門柱・画像石の破片や彫龍などの破片がある。画像の内容には「神獣」「七女復仇」「宋王車」「文王十子」「咬人」「飲酒人」などがあり、絵は美しく技術は精細で、人物の生き生きとした様は、漢代画像石では稀に見る名品である。画像石の破片は非常に数が多くて損壊が激しく、また盗掘により原位置から移動しているため、編号せず数量のみを統計している。

圭　一点（M2-333）青石製で、長さ二八・八cm、幅七・四cm、厚さ〇・九cm（図7-1）。

璧　三点。青石製で、いずれも同じ大きさ・形状である。このうちM2-87は、内縁・外縁に凹弦紋がある。内径七・二cm、外径二八・八cm、厚さ一・一cm（図8-左）。

刻銘石牌　六二点。圭形・六角形の二種に分けられる。圭形の石牌は、いずれも長さ一〇・八cm、斜辺の長さ二・五cm、幅三・二cm、厚〇・六cm。尖頭部の中央に穿孔があり、銅製の環が嵌められている。銅環には銅鎖がつながっている。表面には「魏武王常所用挌虎大戟」、「魏武王常所用挌虎短矛」などの銘文が刻まれる。六角形の石牌は、いずれも同じ大きさで、上部の短辺の長さ二・一cm、下部の長辺の長さ四・二cm、短斜辺の長さ一・八cm、全長八・五cm、厚さ〇・五cm。上部の真ん中に穿孔がある。刻字の内容は副葬品の名称と数量で、たとえば衣服類では「黄綾袍錦領袖一」などがあり、用具類では「鏡台一」、「書案一」、「渠枕一」、他に「香嚢卅双」、「胡粉二斤」などがある（図7-2〜5）。

弩機の部品　二点。一点は攪乱土内から出土した。このうちM2-68は、一辺の長さ四・二cm。

虎彫　一点（M2-12）。石炭製で、長さ三・七五cm、幅三cm、高さ二・六五cm（図8-右）。

図7　1. 石圭（M2-333）　2～5. 刻銘石牌（M2-190・104・96・103）

図8　左. 石璧（M2-87）　右. 虎彫（M2-12）

(二) 鉄器

主なものとして鉄鎧甲、鉄剣、鉄鏃、鉄削などの武器がある。出土した刻銘石牌の記載によると、副葬品の武器には他に少なくとも短矛・大戟・大刀・長犀盾などがある。この他、鉄鏡や帳の金具などがある。鉄鎧甲は数が多く、錆び付いてひどく損壊しているため、編号せず数量のみを統計している。

鎧甲　数量が多く、ばらになったものが大量にある。錆び付いてひとつに固まり、扇形の魚鱗状になったものもある。甲片は四周に穿孔が空いている。錆び付いて固まった鎧甲によると、表面の縁に牛皮が縫い付けられ、牛筋で縫合されている。

鏃　ばらばらなものと束になったものとがある。このうちM2-54は、木製の柄である。鏃頭は四稜状を呈し、鋭利ではない。鏃鋌と木柄は糸を巻いて固定される。残長は八・六cm。

鏡　一面（M2-252）。外側は絹織物で包まれ、錆びている。紐は半球形で、縁に対称の支点が二つある。直径二一cm（図9-3）。刻銘石牌によると、墓内には鏡台が一つあった。この鏡は、埋葬時には鏡台の上に置かれていたのだろう。

(三) 銅器

鎏金蓋弓帽（図9-1）・傘帽・鈴・帯鈎・鋪首（図9-2）・環・釵・泡釘（図10-1～6）・帯扣・印符（図10-7、8）および後漢の五銖銭四枚などがある。

図9　1. 鎏金蓋弓帽（M2-156）　2. 銅鋪首（M2-255）
※門扉の握り輪を吊り下げる金具　3. 鉄鏡（M2-252）

(四) 金銀器

銀製の箱飾り・鋪首・飾り（図11）・環や金製のボタン・簧・金糸などがある。

(五) 陶器

未修復のため、数量は統計されていない。現段階で判明している器形としては、陶灶・耳杯・盤・案・壺・三足鼎・甑・罐・托盤・盆・薫炉・尊・圏厠・匕・硯・陶俑、さらに釉陶罐・青磁罐などがある。

案　七点。泥質灰陶。形状から二つの型に分類できる。いずれも足が付いていた痕跡はない。

A型：二点。円形。このうちM2-377は、口縁部が幅広で低く、やや外反りである。口径三七・八cm、底径三六cm、厚さ一・八cm（図12-上）。

B型：五点。長方形。このうちM2-376は、口縁部が幅広で低い。長さ四五cm、幅三一・八cm、厚さ二cm（図12-下）。

図10　1～6. 銅泡釘（M2-271・273・274・278・283・284）　7・8. 銅印符（M2-205）

井　一点（M2-375）。泥質灰陶。井口は方形に近く、井台は円形。井縁は方形で、四本の角材で構成される。四隅には柱が立ち、井台と井縁はほぞ組みで組み立てられ、半円形のほぞの頭部が露出している。角材の両端は井台の縁から突出し、井字形になっている。円形の井台の下部の縁は波状に装飾され、底部には喇叭形の圏足がある。井台は直径二七cm、圏足の直径一六・三cm、井戸枠の長さ一三・二cm、幅一三cm、全高二三cm（図13-2）。

灶　三点。泥質灰陶。形状から二つの型に分類できる。

A型：一点（M2-374）。中空で、全体は長方形を呈している。灶台の表面には円形の燃焼部、前面には五辺形の火口、その上には四段の低い山形の防火壁がある。灶台の右面、後面には低い壁がある。燃焼部の後方には方柱形の煙突があり、蓋が付いている。火口の両側は五条の平

図11　銀飾り（M2-5）

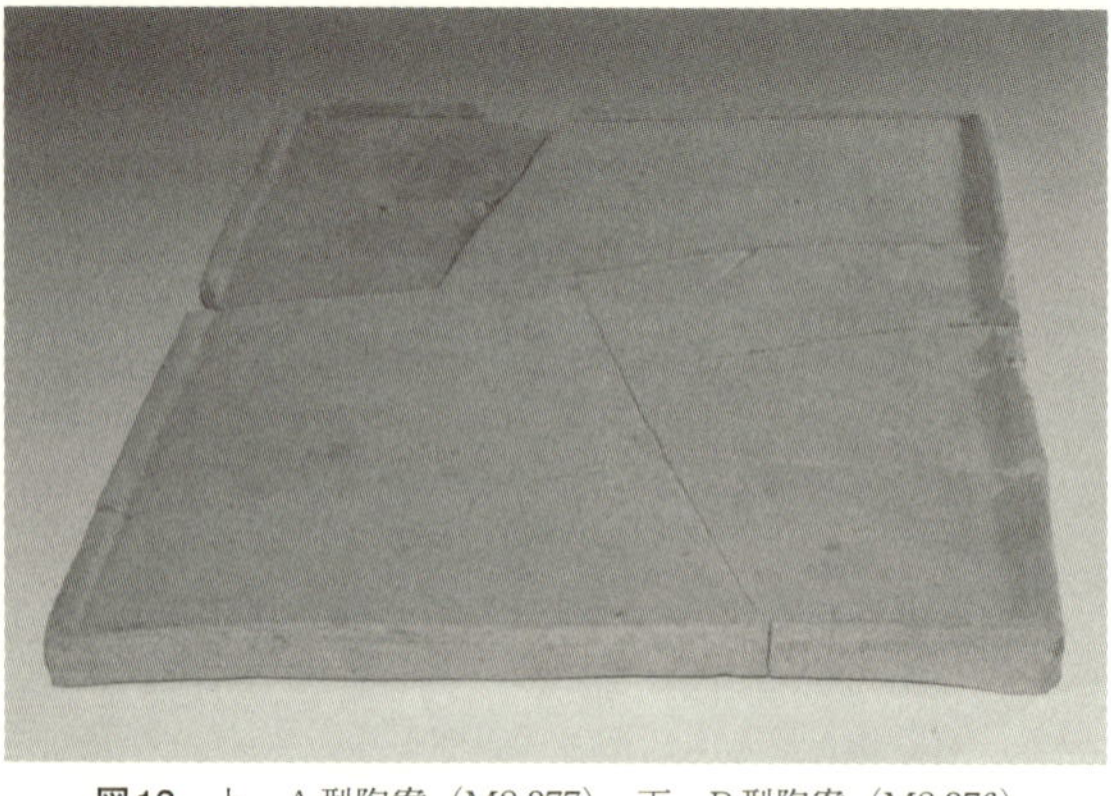

図12　上．A型陶案（M2-377）　下．B型陶案（M2-376）

行の凹弦紋で装飾され、上部は二条、下方は一条の凹弦紋で飾られている。灶の部分は長さ三三・二cm、幅二四・五cm、高さ二七・五cm（図13―8）。

B型：二点。このうちM2―373は中空で、全体は長方形を呈している。台の表面には前後二つの円形の燃焼部があり、その上には斂口折腹の陶釜が置かれている。前面に介字形の火口があり、その上の防火壁は破損して形状は不明である。長さ二三cm、幅一八cm、高さ八cm（図13―5）。

耳杯　三点。泥質灰陶。すべて同じ形状である。このうちM2―364は、口部が楕円形。唇部は丸みがあり口部はややすぼまる。弧腹で幅広の両耳を持つ。口部は長径八cm、短径六・三cm、底部は長径四・二cm、短径二・四cm（図13―1）。

釜形鼎　一点（M2―372）。泥製灰陶。唇部は丸みがあり口部はすぼまる。首部は低く折腹、両耳は外側に広がり、三つの蹄形足を持つ。口径一〇・四cm、足の高さ五cm、高さ一二・一cm（図13―6）。

尊　三点。泥質灰陶。すべて同じ形状である。このうちM2―138は円筒状で、口部は底部よりもやや大きい。唇部は方形で口縁の下に双耳が付く。斜腹、平底で、三つの低い蹄形足を持つ。口径一〇・八cm、底径九・三cm、全体の高さ一〇・二cm（図13―7）。

三足器　一点（M2―371）。泥質灰陶。唇部は方形で口部はすぼまり、口縁は広い。丸底で、中央に中空の柱があり、下部に三つの獣形足がある。口部は内径一六・五cm、外径二一cm、底径一一・二cm、足の高さ四・五cm（図13―3）。

四系罐　一点（M2―378）。泥質灰陶。口縁部は平らで唇部は尖っている。首部はまっすぐで肩部は膨らみ、直腹、大平底である。肩部に四つの横向きの橋形鈕がつく。口径一二・四cm、最大腹径二〇・八cm、高さ二三cm

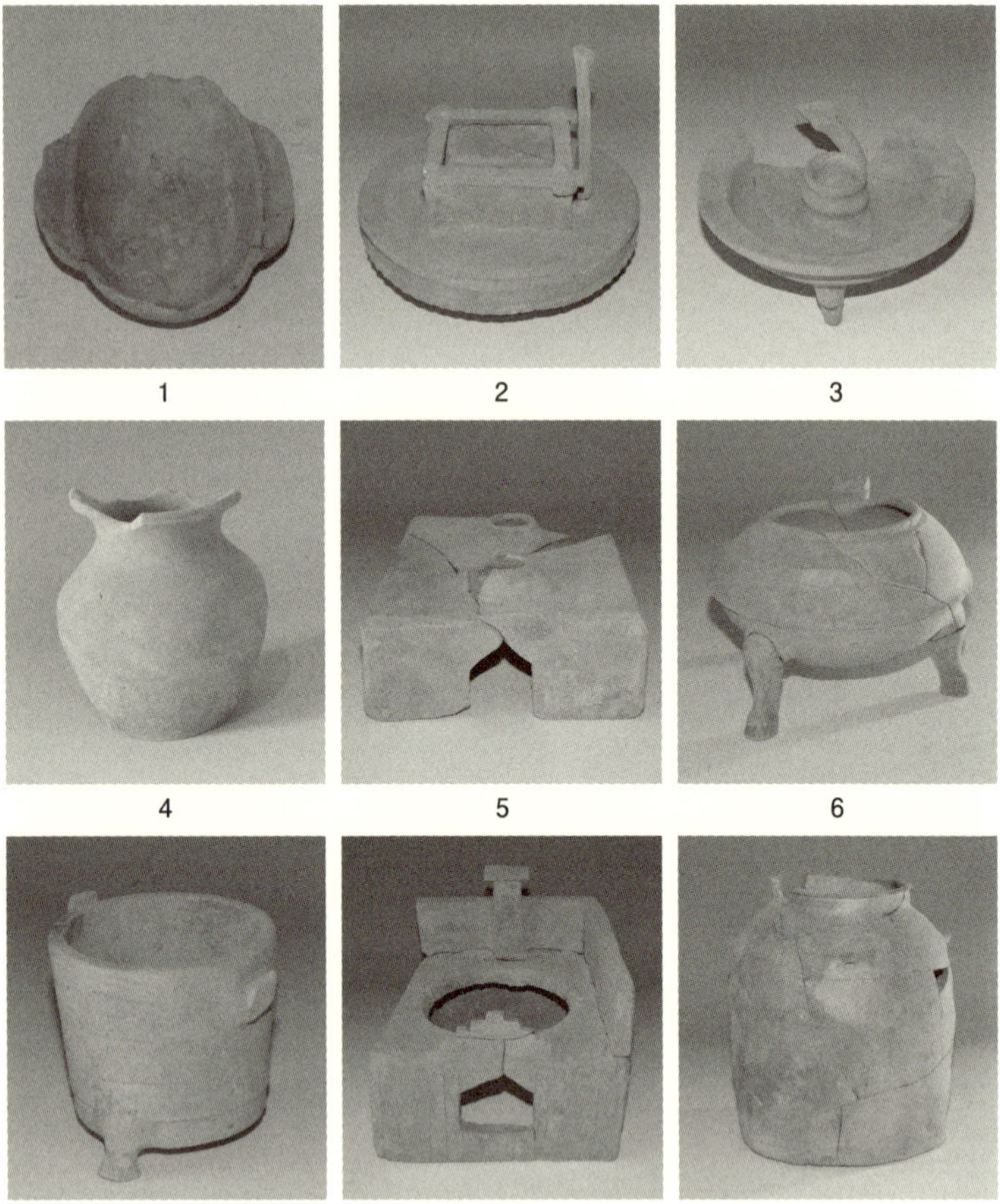

図13 1. 陶耳杯（M2-364） 2. 陶井（M2-375） 3. 陶三足器（M2-371）
4. 陶敞口罐（M2-367） 5. B型陶灶（M2-373） 6. 陶釜形鼎（M2-372）
7. 陶尊（M2-138） 8. A型陶灶（M2-374） 9. 陶四系罐（M2-378）

（図13－9）。

敞口罐　一点（M2－367）。泥質灰陶。唇部は方形で、首部は収束し、肩部は膨らみ、鼓腹、平底である。口径一〇・五cm、最大腹径一三・四cm、底径八・二cm、高さ一四・五cm（図13－4）。

釉陶罐　二点。どちらも四系があり、二つの型に分類できる。

A型：一点（M2－368）。泥質紅陶。全体に濃褐色の釉薬が施されている。唇部は丸く口部はややすぼまる。首部は斜めにまっすぐで、肩部は膨らみ、鼓腹、腹部の下方は収斂し、小平底である。肩部は環状の突起を呈し、下方は凹弦紋で装飾され、その上に四つの横系が付く。口径一一・八cm、最大腹径二三・四cm、高さ二二・四cm（図14－3）。

B型：一点（M2－40）。泥質紅陶で、全体に青色の釉薬が施されている。釉薬の層は非常に薄く、剥落している部分もある。唇部は丸く、首部は高くてまっすぐ、肩部は膨らみ、鼓腹、小平底である。肩部に四つの横鈕が等間隔に並び、その上下は凹弦紋で装飾されている。口径八・二cm、最大腹径一四・二cm、底径八・六cm、高さ一二・二cm（図14－1）。

青磁罐　三点。すべて四系があり、三つの型に分けられる。

A型：一点（M2－37）。胎土は粗く、赤みがかっている。唇部は丸く口部はやや収斂し、首部は斜めにまっすぐ、肩部は膨らみ、鼓腹、小平底である。肩部は上下ふた組の水波紋で装飾され、それぞれ七条の平行曲線で構成されている。もっとも下の水波紋上には四つの横橋形鈕が等間隔に並ぶ。釉薬は白っぽくガラス質で、やや薄く、半分ほどに施されている。口径九・八cm、最大腹径一五・九cm、底径一一・一cm、高さ一四・一cm。

B型：一点（M2－369）。胎土は細かく、白色である。唇部は丸く、首部は高くてまっすぐ、肩部は膨らみ、

図14　1．B型釉陶罐（M2-40）　2．C型青磁罐（M2-370）　3．A型釉陶罐（M2-368）　4．B型青磁罐（M2-369）

鼓腹、小平底である。肩部は突起し、下方に四つの横鈕が等間隔に並ぶ。青釉は黄色味を帯び、薄く均一ではない。口径九・一cm、最大腹径一七・二cm、底径一〇・二cm、高さ一八・六cm（図14―4）。

C型：一点（M2-370）。唇部は円形で首部はまっすぐ、口部はやや収斂し、鼓腹、小平底である。肩部に四つの横鈕が付き、その上部は凸弦紋で装飾されている。横鈕を挟んで正対する凹弦紋もある。口径一三cm、最大腹径一六cm、底径一三・五cm、高さ二二・五cm（図14―2）。

(六) その他

骨器、玉器、漆木器などがある。骨器には残欠した骨尺・簪などがある。玉器には璧・珠・瑪瑙餅・水晶珠・瑪瑙珠・佩などの装飾品があり、他に真珠一点、雲母片数点がある。漆木器はいずれも破片であり、器形は判断しがたい。

三、結　語

(一) 墓葬の年代

この墓葬の形態と構造は、西高穴二号墓は洛陽で発見された曹魏正始八年大墓と基本的に同じである[i]。どちらも長めのスロープ状墓道をともなう大型多墓室磚室墓であり、前室は二つの側室を有し、西に座しやや南寄りの東に向いている。前室の平面は正方形で、四角攢尖式の天井である。また、鉄製の帳の金具が出土している。これらのことは、両墓の年代が近く、明確な継承関係があることを示している。出土器物の形態から見ると、西高穴二号墓からは典型的な後漢晩期の器物が出土している。たとえば陶鼎・陶敦・陶壺・陶案などは、明らかに後漢晩期の時代的特徴を具え、魏晋より早い時代のものである。この他、二号墓に用いられる磚は長さ〇・四八m、幅〇・二四m、厚さ〇・一mの特製の大型墓磚であり、洛陽邙山で発掘された後漢墓の磚と基本的に同じである。出土した四枚の五銖銭は、「五」字「銖」字の上部と銭穿などの部分が平らで、「銖」字の「金」部の四つの点がやや長く、「銖」字の上下の筆画は円折を呈している。これは後漢時代の五銖銭の特徴である。このように、墓葬の形態と構造、出土陶器の形態や、後漢の五銖銭、画像石の内容など多方面の証拠を結びつけると、西高穴二号墓の時代は後漢晩期であると考えられる。

（二）墓主の身分

この墓葬は魏武王曹操の高陵であると考えられる。その理由は以下の如くである。

まず、この墓は後漢末の大墓であり、曹操の時代と符合する。この墓から出土した刻銘石牌の多くは後室の南側室でまとまって発見され、漆木器や錆びた帳の金具の下で圧迫されていたものもあり、原位置から動いていない。これらの石牌は当時流行していた「物疏」の性格を有し、表面に刻まれた「木墨行清」「香囊卅双」などの文字は、いずれもこの時代特有の用語である。これらの石牌の字体は、俗に「八分体」と呼ばれる漢隷で、当時の字体と同じである。

前室から出土した「魏武王常所用挌虎大戟」などと刻まれた石牌の「魏」字の書法もまた、後漢末の時代的特徴を具えている。すなわち「委」字と「鬼」字の間に「山」字が加えられており、これは後漢から魏晉期の特徴的な書法である。北魏以降は「山」字は見られなくなる。このことも、この墓が後漢から曹魏の時代のものであると判定する有力な証拠である。「常所用」などの用語もまた当時の語法の習慣と符合する。たとえば『三国志』呉書の裴松之注引『江表伝』に、孫権が周泰に「敕して己の常に用ひる所の御幘・青縑蓋を以て之に賜ふ」という記載がある。

次に、この墓と同時期の墓葬を比較すると、規模が大きく複雑な構造で、深く埋葬されている。その一端は墓道にも表れている。墓道の長さは四〇m近く、上方の入り口の幅は一〇m近く、最深部は一三mにある。この幅は、北斉の初代皇帝・高洋の墓と認定されている湾漳大墓の二倍以上で、長さも一〇m以上長い。したがって、この墓は王侯クラスのものと考えられ、魏武王曹操の身分と符合する。また墓室の深さが一五mに達するということは、曹植の『誄文』の「窈窈とした弦宇、三光も入らず」という描写と符合する。

第三に、曹操は建安二十三年（二一八）六月に下した令の中で「高きに因りて基と為し、封せず樹せず」と言っている。[ii] この墓葬は海抜一〇三～一〇七mに位置し、三km先にある固岸北朝墓地よりも一〇m高く、「因高為基」の要求と符合する。また今回の発掘では、墓室の上に墳丘は確認できなかった。これもまた曹操の令に言う「不封不樹」の要求と符合する。

第四に、この墓は西門豹祠の西方に位置し、曹操の令に言う「古の葬なる者は、必ず瘠薄の地に居る。其れ西門豹祠の西原上を規りて寿陵を為れ」と符合する。西門豹祠は鄴城故城の西、漳河南岸に位置し、現在の漳河大橋の南一kmにある。この地は河南省安陽県安豊郷豊楽鎮に属する。その故址は現存し、現在は二～三m高い台地となっている。その上には後漢から南北朝時代の遺址があり、地表には現在も少なからぬ後漢・東魏・北斉時期の磚瓦の破片が散乱している。このことは当時ここに地上建築があったことを示している。『水経注』濁漳水条には、「漳水又た東して武城の南を径る。……漳水又た東北して西門豹祠の前を径る。祠の東側に碑有り、隠起して字を為る。祠堂の東頭の石柱あり、勒銘に曰く、「趙の建武中に修むる所なり」と」とある。これは現在確認できる西門豹祠に関するもっとも早い記録である。この碑が建てられた建武年間とは、三三五～三四八年である。この勒柱石刻は臨漳県の文物保管所に現存する。

唐代の『元和郡県図志』相州鄴県条には「魏武帝西陵は県の西三十里に在り」と明記されている。同書ではまた、西門豹祠が「県の西十五里」にあると記されており、現在の西門豹祠の位置と符合する。さらに西高穴村の東一四・五kmには鄴城故址があり、文献に記載される曹操高陵の位置と符合する。

第五に、一九九八年四月、西高穴村で後趙建武十一年（三四五）の大僕卿・駙馬都尉魯潜墓誌が発見された。墓誌には「故の魏の武帝の陵の西北角より西行すること四十三歩、北に廻りて墓の明堂に至ること二百五十歩」

とある。この墓誌は魏武帝陵の具体的位置を明記したもっとも早い出土文献であり、魏武帝曹操高陵の位置を漳河南岸の西高穴村の範囲内に限定するものである。この墓誌に記される墓主・魯潜の死は曹操の死よりわずか一二五年後であり、魯潜墓誌の記載は信頼できる。

第六に、この墓葬からは「魏武王」の三字が刻銘されている石牌が七点出土した。このうちもっとも完全なものは、前室で出土した「魏の武王 常に用ひる所の挌虎の大戟」の石牌である。この石牌は出土時に二つに割れており、一つは南壁から一・四〇m、西壁から三・七五mの位置で出土し、もう一つは西壁から二・七〇m、南壁から一・一五mおよび墓底から〇・五〇mの位置で出土した。この石牌の出土位置は明確で、その情報も正確であり、墓主の身分を認定する直接の証拠となる。

『三国志』魏書・武帝紀には、以下の記載がある。建安十八年（二一三）五月丙申、天子は策命して曹公（曹操）を魏公とした。この後また分封されて魏王となり、建安二十五年（二二〇）一月、「庚子、王 洛陽に崩ず、年は六十六。……謚して武王と曰ふ。二月丁卯、高陵に葬らる」とある。同年十月、曹丕は漢に代わって魏朝を建て、父を追尊して武皇帝、廟号を太祖とした。これによると、曹操の爵位はまず魏公、次いで魏王であり、死去した際には魏武王と謚され、後に魏武帝となった。この順序は非常に明確である。魏武王は曹操が埋葬された時点の称号であり、石牌と符合する。

第七に、『三国志』魏書・武帝紀に、建安二十一年（二一六）夏五月、天子は曹操を魏王に封じ、邑三万戸、位は諸侯王の上に置き「賛拝するに名のらず、剣を履いて上殿す」る権限を与えた。この墓から出土した圭や璧は大きく、墓葬が王侯クラスであることを反映しており、また圭と璧の併用は帝王の陵墓にきわめて特徴的なことである。このことは墓主が王クラスの身分と地位を具えていたことを示している。現在までに発見されている七基の後漢諸侯王墓のうち、この墓の規格はきわめて高く、文献中の「位は諸侯王の上に在り」という記載内容と符合する。

第八に、曹操は「遺令」の中で後人に「斂めるに時服を以てし、金玉珍宝を蔵すること無かれ」と言いつけている。(iii) この墓からは、埋葬用に製作された金玉製の礼器は発見されていない。出土した金糸・金ボタンなどはいずれも衣服を装飾するものであり、副葬品を記載した石牌にも、金銀珠玉に関するものはない。また、圭や璧などの大型礼器はいずれも石製である。このうち玉佩一点は、先端が欠けており、墓主が生前に使用していたものと考えられる。このこともまた「斂めるに時服を以てす」の有力な証拠である。

第九に、この墓から出土した陶器はやや小型で作りも粗く、いずれも泥製で無地の灰陶であり、漢代の墓葬によく見られるような彩陶は発見されていない。これもまた曹植の『誄文』に見える「明器は飾無く、陶素をば是れ嘉す」の記載と符合する。

第十に、この墓の墓室からは三体の人骨が出土し、いずれも原位置から移動されている。鑑定の結果、男性の人骨の年齢は六〇歳前後であり、魏武帝曹操が世を去った六六歳という年齢とほぼ同じである。人骨が出土したことは、この墓が疑塚である可能性を排除するものである。これもまた曹操墓であると認定する物証の一つである。

以上を総合し、我々は西高穴二号墓の墓主は魏武帝曹操であり、墓は魏武帝曹操の高陵であると初歩的に認定する。

附記：発掘と整理作業には、潘偉斌・尚金山・任成磊・潘金県・李秋華・楊振・陳金鶴・信応超・朱樹奎・

賈慧娟・潘金敏・曹帥・鄭益軍・李竹亭・耿金亮・李建海・宋継章・劉鋳が参加した。人骨鑑定は王明輝、線図は李秋華、写真撮影は潘偉斌が担当した。

執筆者：潘偉斌　朱樹奎

（i）洛陽市文物工作隊「洛陽曹魏正始八年墓発掘報告」（『考古』一九八九年第四期）。

（ii）『三国志』魏書・武帝紀。

（iii）（ii）と同じ。

※『考古』二〇一〇年第八月期に原載。本訳は『曹操高陵考古発現与研究』（文物出版社、二〇一〇年十一月）に再録された修正版に依拠した。

㈡　魯潜墓誌およびその関連問題

龍振山

一九九八年四月、筆者は後趙建武十一年（三四五）の魯潜墓誌の拓本を手に入れた。墓誌の実物は、安陽県安豊郷西高穴村の西北にて、地下二m以下の土層から発見されたものである。この墓誌の大きさは、高さ二〇・七cm、幅三二・五cm、厚さ四・五cmであり、青石に刻まれた魏書の誌文は計一四行、行ごとに九字が刻まれている。誌文の内容は以下の如くである（15頁の図参照）。

趙建武十一年大歳在／乙巳十一月丁卯朔故／大僕卿駙馬都尉勃海／趙安県魯潜年七十五／字世甫以其年九月廿／一日戊子卒七日癸酉／葬墓在高決橋陌西行／一千四百廿歩南下去／陌一百七十歩故魏武／帝陵西北角西行卌三／歩北廻至墓明堂二百／五十歩師上党解建字／子奉所安墓入四丈神／道南向（文中の／は改行）

墓主の魯潜は、字は世甫、勃海郡趙安県の人で、後趙の大僕卿・駙馬都尉となった。建武十一年の九月二十一日に七十五歳で死去し、同年の十一月初七日に葬られた。後趙の官制によると、魯潜は正三品の官に至っており、朝廷の重臣であるといえよう。この墓誌は、墓主の官界における生涯を考察するための資料のみならず、後趙の官制・政治・文化を研究するための物証を提供してくれる。

これに先立つ一九九二年、西高穴村のレンガ製作所が土取りをした際、魯潜墓誌の出土場所から北に約

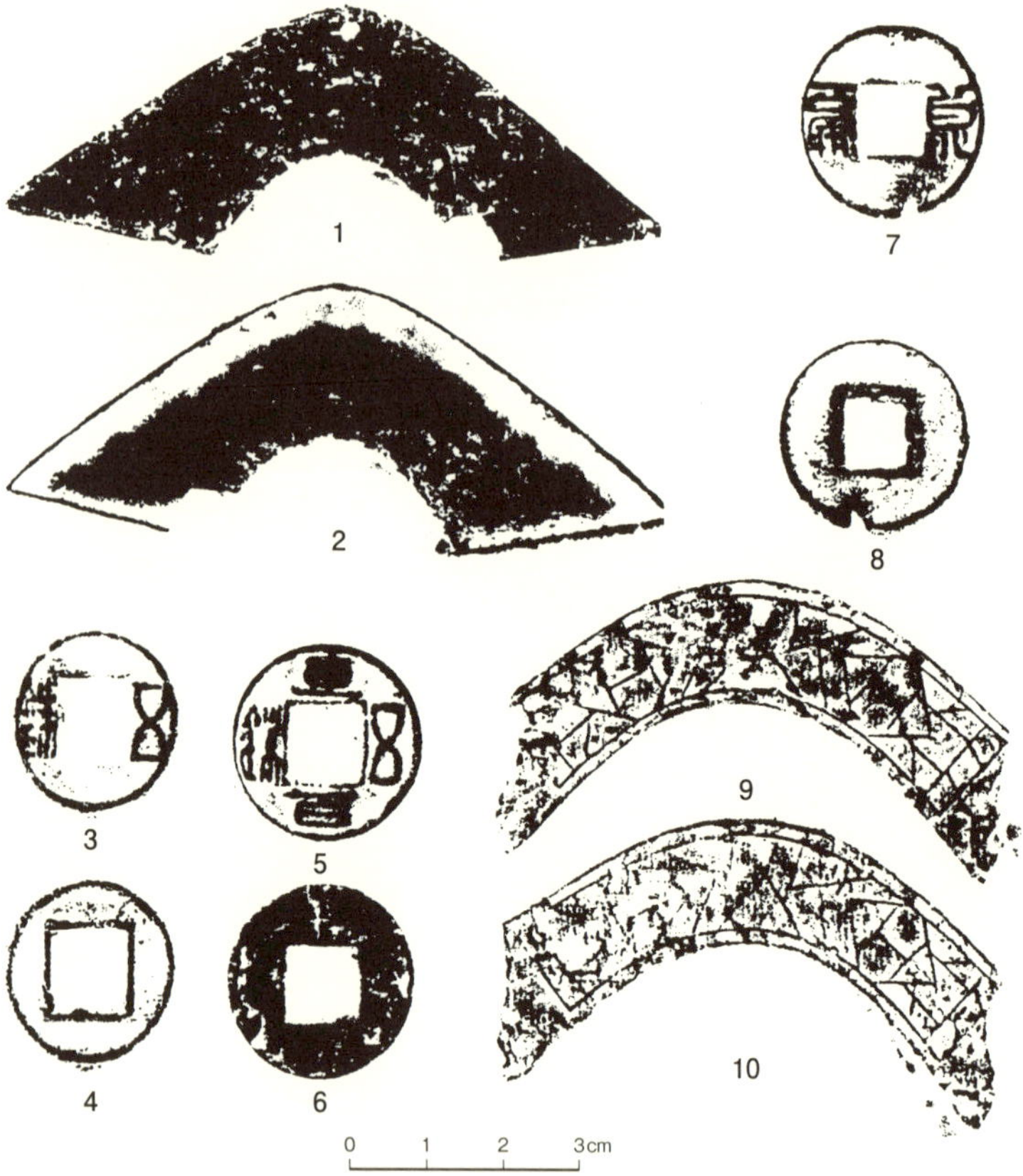

図1　1・2. 橋幣（正面・背面）　3・4. 曹魏五銖（正面・背面）
5・6. 直百五銖（正面・背面）　7・8. 豊貨（正面・背面）
9・10. 橋幣（正面・背面）

八mの個所で、一基の古墓が掘り出された。この墓は盗掘を受けたと考えられ、完全な遺骨および多数の橋幣（図1-1、2、9、10）と豊貨幣一枚（図1-7、8）が残るのみであった。のちにこの地から数多くの古墓が次々と発見されたが、いずれも規模が大きく、一般民の墓葬ではないようである。遺物の分析により、ここは後趙時期の墓群であり、魯潜墓はそのうちの一つであると考えられる。

墓誌の中で言及されている「魏武帝陵」とは、一代の梟雄曹操の陵墓を指すのだろう。魏武帝陵の具体的方位については、従来諸説が紛々とし、見解の一致を見ていない。ただし『三国志』魏書・武帝紀には「建安廿五年正月庚子、王崩於洛陽、二月丁卯葬高陵」とある。晋・陸機「吊魏武帝文・遺令」には、曹操は「葬於鄴之西崗上、与西門豹祠相近」とあり、『資治通鑑』魏紀にも「高陵在鄴城西」とある。また、魯潜墓誌の出土地である高穴村の名がもっとも早くに見えるのは、地方志の『鄴乘』である。この村は現在、東西の二村に分かれているが、村名の来歴は、魏晉時期にあるのだろう。すなわち伝説によると、高穴とは高陵の穴を意味するもので、高穴村が魏武帝陵と内在的な関係にあった可能性を示している。

地方志である『鄴乘』と『河朔訪古記』には、ともに次のような記載がある。すなわち「西陵は即ち高陵なり。鄴鎮の西南三十里に在り、周回は一百七十歩、高さは一丈六尺」とある。現在の西高穴村一帯は、まさに古鄴都の西三〇里、西門豹祠の西に位置し、文献記載と符合する。また村の西北約〇・五kmには、東側は大城岸地、西側は小城岸地と呼ばれる地がある。魯潜墓誌はこの小城岸地から出土した。近年、ここからさまざまな貨幣が出土し、その多くは後漢の五銖銭・曹魏の五銖銭・大泉当千銭・直百五銖銭および綖環銭などであった（図1-3、4、5、6）。また大量の磚瓦陶片、金銀銅器、大型の瓦当や宮門の鍍金銅泡、銅鈴なども出土しており、瓦当は直径一四・六cm、等間隔に四つの巻雲紋が飾られている（図2）。これらのうちいくつかは明らかに当時の大型建築の付属品と考えられ、ここが一般民衆のための建築物ではなかったことを示している。あるいはこれらの建築物は、魏陵と関係があるのかもしれない。

図2　瓦当拓本

曹陵の所在地は、北方は漳河南岸に依り、南には漁洋古溝がある。東は緩やかな坂であり、西には丘陵があり、渠岸に囲まれている。これらのことは基本的に史書の記載と符合し、魯潜墓誌が示す魏武帝陵の方位が正確であることを実証している。

『三国志』の記載によると、魏の明帝太和四年（二三〇）五月、卞氏が世を去り、七月に高陵に合葬された。このことは、曹陵の所在地を知るものがいなかったわけではないことを示している。魯潜墓誌の示す方位によれば、曹陵は漳水から一〇〇m足らずに位置していた。王公や重臣たちは水上交通の便を利用し、鄴都から船で漳水をさかのぼり、祭奠を行なったのだろう。

原載：『華夏考古』二〇〇三年第二期

◎監修/訳者プロフィール

唐　際根（とう さいこん）

1964年生。北京大学と中国社会科学院で学び、2004年にイギリス・ロンドン大学で博士の学位を取得。現職は中国社会科学院考古研究所研究員・安陽師範学院に勤務。長きに渡り中国青銅器時代の考古研究に従事。著書に『考古与文化遺産論集』・『中国古代鉱冶簡史』、共同編集に『多維視域——商王朝与中国早期文明研究』・『安陽殷墟出土玉器』、共同翻訳に『另一種古史——青銅器紋飾・徽識与図像解読』など多数。

渡邉　義浩（わたなべ よしひろ）

1962年生。筑波大学大学院博士課程歴史・人類学研究科修了。

文学博士。現在、大東文化大学文学部教授。三国志学会事務局長。

主要著書:『後漢国家の支配と儒教』（雄山閣出版、1995）、『三国政権の構造と「名士」』（汲古書院、2004）、『後漢における「儒教国家」の成立』（汲古書院、2009）、『西晉「儒教国家」と貴族制』（汲古書院、2010）。

谷口　建速（たにぐち たけはや）

1981年生。早稲田大学文学研究科博士後期課程在籍。

大東文化大学文学部・早稲田大学本庄高等学院非常勤講師。

主要論文:「長沙走馬楼呉簡よりみる孫呉政権の穀物搬出システム」（『中国出土資料研究』10、2006）、「長沙走馬楼呉簡にみえる「限米」——孫呉政権の財政に関する一考察」（『三国志研究』3、2008）、「長沙走馬樓呉簡所見孫呉政權的地方財政機構」（『簡帛』5、上海古籍出版社、2010）。

曹《そう》操《そう》墓《ぼ》の真相《しんそう》

2011年9月15日　初版第1刷発行

編著：河南省文物考古研究所
総監修：唐際根
学術顧問：劉慶柱
顧問：孫英民 孫新民
執筆参加：張志清 潘偉斌

監訳・解説：渡邉義浩
訳：谷口建速

発行　科学出版社東京株式会社
〒113-0034　東京都文京区湯島2-9-10石川ビル1F
電話03-6803-2978　ファックス03-6803-2928
http://www.sptokyo.com

発売　株式会社国書刊行会
〒174-0056　東京都板橋区志村1-13-15
電話03-5970-7421　ファックス 03-5970-7427
http://www.kokusho.co.jp

組版　株式会社シーフォース
印刷・製本　中央精版印刷株式会社

ISBN978-4-336-05417-3